LAMA ANAGARIKA GOVINDA
(Anangavajra Khamsum Wangchuk)

DIE DYNAMIK DES GEISTES

Die psychologische Haltung
der frühbuddhistischen Philosophie und
ihre systematische Darstellung nach
der Tradition des Abhidhamma

OTTO WILHELM BARTH VERLAG

1. Auflage der Neuausgabe 1992

Schutzumschlag von Gerhard Noltkämper.

INHALTSVERZEICHNIS

Vierter Teil

GRUNDPRINZIPIEN DER BUDDHISTISCHEN BEWUSSTSEINS-LEHRE

Fünfter Teil

DIE FAKTOREN DES BEWUSSTSEINS (CETASIKA)

Sechster Teil

DIE FUNKTIONEN DES BEWUSSTSEINS UND DER WAHRNEHMUNGSVORGANG

ANHANG

REGISTER

DIAGRAMME UND TABELLEN

Erster Teil

Dritter Teil

Vierter Teil

Fünfter Teil

Sechster Teil

Anhang

EINLEITUNG

Es ist oft die Frage aufgeworfen worden, ob der Buddhismus eine Religion, eine Philosophie, ein psychologisches System oder eine reine Morallehre sei. Die Antwort hierauf ließe sich etwa folgendermaßen formulieren: Als Erlebnis und Weg der praktischen Verwirklichung ist der Buddhismus eine Religion; als gedankliche Formulierung dieses Erlebens ist er Philosophie; als Resultat systematischer Selbstbeobachtung ist er Psychologie; und aus diesem allem ergibt sich eine Norm des Verhaltens, die wir innerlich als Ethik, von außen gesehen als Moral bezeichnen.

Hierdurch wird es klar, daß Moral nicht der Ausgangspunkt, sondern die Folge einer Weltanschauung oder eines religiösen Erlebens sein muß. Darum beginnt der «achtfache Pfad» des Buddha nicht mit rechter Rede, rechtem Tun und rechter Lebensweise, sondern mit rechter Erkenntnis, d. h. mit der unvoreingenommenen Einsicht in die Natur des Daseins und der Dinge und der sich daraus ergebenden Zielsetzung. Denn «recht» (*sammâ*) – um bei diesem leider sehr abgebrauchten, aber in der buddhistischen Literatur eingebürgerten Wort zu bleiben – bedeutet mehr als eine Übereinstimmung mit gewissen vorgefaßten dogmatischen oder moralischen Ideen, sondern das, was über den Gegensatzpaaren eines einseitigen, ichbedingten Standpunktes liegt. In anderen Worten, *«sammâ»* ist das, was vollständig, ganz (weder zwiespältig noch einseitig) völlig und in diesem Sinne das jeder Bewußtseinsstufe *vollkommen* angemessene ist. Die Bedeutung dieses Wortes erweist sich an dem Ausdruck *«Sammâ-Sambuddha»*, was einen «völlig» oder «vollkommen» Erleuchteten, nicht aber einen «recht» (oder «richtig») Erleuchteten bedeutet.

Ein Mensch mit rechter Einsicht ist somit ein Mensch, der die Dinge nicht einseitig betrachtet, sondern unparteiisch, unvoreingenommen; und der in seinen Absichten, seinem Handeln und Reden nicht nur den eigenen, sondern auch den Standpunkt anderer sehen und berücksichtigen kann.

Die Grundlage des Buddhismus ist also die Erkenntnis, und das hat manche westliche Beobachter dazu verführt, den Buddhismus als eine bloße Vernunftlehre zu betrachten, die mit rein verstandesmäßigen epistemologischen Prinzipien zu erschöpfen sei. Erkenntnis im Buddhismus ist ein Produkt unmittelbarer Erfahrung (beginnend mit der Leidenserfahrung als aller-allgemeingültigstem Axiom), denn nur das Erlebte, nicht aber das Erdachte, hat Wirklichkeitswert. Hier erweist sich der Buddhismus als echte Religion, obwohl er mehr ist als ein bloßes Glaubensbekenntnis; und er ist gleichermaßen mehr als eine reine Philosophie, da er seine Erkenntnisse nicht aus logischer Deduktion bezieht, obwohl er weder Vernunft noch Logik verachtet, sondern sich ihrer im Rahmen des Möglichen bedient; er ist mehr als ein psychologisches System, denn er beschränkt sich nicht auf eine bloße Analyse und Klassifizierung gegebener psychischer Kräfte und Phänomene, sondern lehrt ihre Anwendung, ihre Verwandlung und Transzendierung. Und dementsprechend kann auch der Buddhismus sich nicht auf einen festgelegten Moralkodex oder auf eine Anleitung zum «Gutestun» beschränken, sondern muß zur Sphäre jenseits von Gut und Böse vordringen, zur Sphäre eines über alle Dualismen erhabenen, auf tiefster Erkenntnis und innerer Schauung basierenden Ethos.

Philosophien und «streng wissenschaftliche» Systeme der Psychologie waren nie imstande, einen dominierenden Einfluß auf das Leben der Menschheit auszuüben – nicht, weil sie als Systeme untauglich waren oder weil es ihnen an Wahrheitsgehalt fehlte, sondern weil die in ihnen enthaltene Wahrheit nur theoretischen Wert hatte, dem Gehirn und nicht dem Herzen entsprungen, vom Intellekt erdacht und nicht im Leben verwirklicht war.

Wahrheit allein ist augenscheinlich nicht genug, um einen bleibenden Einfluß auf die Menschheit auszuüben; um das zu bewerkstelligen, muß sie vom Hauche lebendigen Lebens durchdrungen sein. Abstrakte Wahrheit ist wie Büchsennahrung ohne Vitamine, die unseren Geschmack zwar befriedigt und auch den Körper für eine Zeit aufrecht erhält, von der wir aber nicht auf die Dauer leben können. Das Lebendige wird unserem Geist erst durch jene religiösen Impulse vermittelt, die im Menschen den Wunsch zur Verwirklichung anregen und ihn zu seinem Ziel leiten. Es kann kein Zweifel daran bestehen – und die Geschichte des Buddhismus beweist es –, daß diese Impulse im Buddhismus ebenso stark vertreten sind wie seine philosophischen Qualitäten. (Der Grund, warum einige Beurteiler zögern, den Buddhismus eine Religion zu nennen, ist, daß sie Religion mit Dogma verwechseln, oder mit organisierter Tradition oder Glauben an eine göttliche Offenbarung oder ähnliche Dinge, die allerdings nicht in der Lehre des Buddha zu finden sind.)

Wenn wir daher von buddhistischer Philosophie sprechen, so sollten wir uns dessen bewußt sein, daß wir es hier nur mit der theoretischen Seite des Buddhismus zu tun haben, nicht aber mit seiner Ganzheit. Und ebenso wie es unmöglich ist, über den Buddhismus zu sprechen, ohne den philosophischen Aspekt zu berühren, in gleicher Weise ist es unmöglich, die buddhistische Philosophie zu verstehen, ohne ihren Zusammenhang mit der religiösen Seite zu sehen. Die religiöse Seite ist der durch praktische Erfahrung geschaffene Weg (so wie ein Pfad sich im Vorgang des Gehens bildet). Die Philosophie ist die Definition seiner Richtung, während die Psychologie in der Analyse der Kräfte und Bedingungen besteht, die den Fortschritt auf diesem Wege begünstigen oder hindern. Aber ehe wir die Richtung, in der dieser Weg führt, betrachten, wollen wir zurückblicken, von wo er kam.

Erster Teil

DER URSPRUNG DER RELIGION UND DIE FRÜHEN STADIEN DES INDISCHEN DENKENS

Ein Kenner des Dhamma, o Bhikkhus, streitet nie mit der Welt. Was die Weisen in der Welt als nichtbestehend erklären, o Bhikkhus, das lehre auch ich als nichtbestehend. Und was, o Bhikkhus, die Weisen in der Welt als bestehend anerkennen, das lehre auch ich als bestehend.

(*Saṃyutta-Nikâya III, 138*)

I

EIGENGESETZLICHKEIT DES RELIGIÖSEN LEBENS

Religionen werden nicht «gemacht». Sie sind der formale Ausdruck überindividueller, durch lange Zeiträume sich kristallisierender innerer Erfahrung. Sie tragen den Charakter einer höheren Gemeinsamkeit, einer Anteilnahme an einem weiteren Bewußtsein. Sie finden ihre entscheidende Ausdrucksform und Verwirklichung in den am höchsten entwickelten und sensitivsten Geistern, welche die Fähigkeit besitzen, am überindividuellen Leben ihrer Mitmenschen (wenn nicht gar der Menschheit) teilzunehmen. Religion ist daher mehr als ein bloßes «kollektives Denken», welch letzteres ein Kennzeichen intellektuell geschaffener und organisierter Massenbewegungen ist und somit nicht einem überindividuellen Bewußtsein angehört, sondern im Gegenteil, der unterindividuellen Stufe der Herdenmentalität.

Religionen aber können nicht intellektuell geschaffen oder gemacht werden, sie wachsen (so wie eine Pflanze wächst) nach gewissen, ihrer Natur entsprechenden Gesetzen: sie sind sozusagen Naturereignisse des Geistes, an denen das Individuum teilnimmt. Die Universalität ihrer Gesetzmäßigkeit bedeutet jedoch nicht die Gleichartigkeit ihrer Auswirkungen, denn dasselbe Gesetz wirkt verschieden unter verschiedenartigen Bedingungen. Wir können daher zwar von einem Parallelismus religiöser Wachstumsvorgänge, und vielleicht sogar von einem Parallelismus religiöser Ideen reden, aber nirgends von einer Identität. Ja, gerade da, wo gleiche Worte oder Symbole verwandt werden, ist der ihnen zugrundeliegende Sinn oft gänzlich verschieden, da die Gleichheit der Form nicht eine Gleichheit des Inhalts garantiert, denn der Sinn jeder Form hängt von den mit ihr verbundenen Assoziationen ab.

Es ist daher ebenso sinnlos, alle Religionen auf den gleichen Nenner bringen zu wollen, wie alle Bäume eines Gartens gleichmachen zu wollen oder ihre Verschiedenheiten als Unvollkommenheiten zu erklären. So wie die Schönheit eines Gartens gerade in der Vielfältigkeit und Verschiedenartigkeit seiner Bäume und Blumen besteht, von denen jede ihren eigenen Vollkommenheitsstandard besitzt, so erhält auch der Garten des Geistes seine Schönheit und seinen lebendigen Sinn durch die Vielfältigkeiten und Verschiedenheiten seiner Erlebnis- und Ausdrucksformen. Aber wie alle Bäume eines Gartens aus dem gleichen Boden wachsen, die gleiche Luft atmen und sich der gleichen Sonne entgegenstrecken, so wachsen alle Religionen aus dem gleichen Boden innerer Wirklichkeit und nähren sich von denselben kosmischen Kräften. Hierin liegt ihre Gemeinsamkeit. Ihr Charakter und ihre eigentümliche Schönheit (worin der ihnen innewohnende Wert [1] besteht), beruht auf jenen Zügen, in denen sie sich voneinander unterscheiden und auf Grund welcher eine jede Art ihre eigene Vollkommenheit besitzt.

Diejenigen, welche die Differenzen der Religionen wegzuerklären versuchen, indem sie dieselben entweder bagatellisieren oder als fehlerhafte Auslegungen und Mißverständnisse bezeichnen, um auf diese Weise zu einer abstrakten Übereinstimmung zu kommen oder zu einer absoluten Einheit, die sie für die einzige Wirklichkeit halten, sind wie Kinder, die die Blütenblätter einer Blume ausrupfen, um zur «wirklichen» Blüte zu gelangen.

Wenn eine Anzahl von Künstlern denselben Gegenstand oder dieselbe Landschaft malen, so wird dennoch jeder von ihnen ein anderes Bild schaffen. Wenn aber eine Anzahl von Leuten dasselbe Objekt vom gleichen Standpunkt (und zur gleichen Tageszeit) photographieren würden, so würde jeder von ihnen das gleiche Bild hervorbringen. Diese Gleichheit und Übereinstimmung (in dem wir das Kriterium der Wahrheit sehen), ist nicht ein Zeichen der Überlegenheit, sondern der Abwesenheit schöpferischer Kräfte, ja des Lebens. Die Verschiedenheiten künstlerischer Auffassungen hingegen sind gerade das, was dem Kunstwerk seinen wesentlichen Wert gibt. Einzigkeit und Ursprünglichkeit sind die Kennzeichen des Genius, der Genialität, in allen Lebenssphären. Gleichheit und Standardisierung sind

[1] den wir mit dem abstrakten Begriff der Wahrheit verwechseln, aus dem sich die ebenso lebensfremden Dogmen der Religionen entwickeln.

die Kennzeichen der Mechanisierung, der Mittelmäßigkeit und des geistigen Stagnierens.

Wenn wir die Religionen zu den höchsten Errungenschaften der Menschheit zählen wollen, so müssen wir ihnen die gleichen Privilegien zugestehen, die wir dem schöpferischen Werk eines Genius einzuräumen bereit sind. Auf der anderen Seite müssen wir uns darüber klar sein, daß bloße Verschiedenheiten oder sogenannte Originalität noch kein Beweis für schöpferische Leistung ist, und wir würden uns eines anderen Extrems schuldig machen, wenn wir jegliche Möglichkeit der Übereinstimmung in religiösen Erfahrungen und Formulierungen oder einer die Unterschiede umfassenden Einheit ableugnen wollten. Aber Einheit sollte nie auf Kosten produktiver Verschiedenheit und Lebendigkeit hergestellt werden, sondern durch eine Koordinierung der wesentlichen Differenzen zu einer Harmonie, die stark genug ist, um auch die größten Gegensätze zu überbrücken und zusammenzuhalten.

II

DAS ZEITALTER DER MAGIE

Wir müssen uns hüten, unsere eigenen religiösen Maßstäbe auf andere Religionen anzuwenden, und noch weniger auf die frühesten Stufen des geistigen Lebens der Menschheit. Was wir heutzutage unter Religion verstehen, ist ebenso verschieden von ihrem Ursprung wie die heutige Menschheit von derjenigen der Steinzeit. Wir haben uns daran gewöhnt, Religion mit Moralität oder der Gottesidee oder mit einem Glauben an gewisse Dogmen gleichzusetzen – und dennoch hat dieses alles nichts mit der religiösen Haltung des primitiven Menschen zu tun.

Der Grund hiefür ist, daß er den Unterschied zwischen der inneren und der äußeren Welt noch nicht geschaffen und somit nicht erfahren hatte. Seine Religion war weder eine Art Idealismus noch ein gelegentliches «Sonntagmorgen-Gefühl». Für ihn war Religion eine Lebensfrage: nämlich eine Frage der Selbsterhaltung und des Widerstandes gegen die ihn umgebenden unbekannten Mächte, sowie eine Frage der inneren Sicherheit und Harmonie. Jene unbekannten Kräfte waren nicht nur die Kräfte der Natur, sondern der rätselhafte Charakter selbst der einfachsten Dinge und der übermächtigen psychischen Kräfte in seinem Inneren. Diese letzteren, die im Laufe der Zeit durch den Intellekt unter die Schwelle unseres sogenannten normalen Tagesbewußtseins verdrängt worden sind und die auf diese Weise auf den Bereich des Unterbewußtseins beschränkt wurden, waren früher ein wichtiger Teil der menschlichen Welt. Sie nahmen nicht nur am Wachbewußtsein des Menschen teil, sondern wurden in die sichtbare Welt seiner Umgebung projiziert, während andererseits die materiellen Objekte, mit denen er in Berührung kam, von ihm als Teile seiner psychischen Welt akzeptiert wurden.

In einem Bewußtseinszustand, der die Projektionen unseres Geistes und unserer Gemütsempfindungen auf dieselbe Ebene stellt wie die materiellen Objekte und sie beide als Wirklichkeiten gleichen Wertes und gleicher Gesetzmäßigkeit erlebt: in einem solchen Zustand ist die Grenze zwischen subjektiver Erfahrung und objektiven Dingen noch nicht hergestellt. Alles Bestehende ist belebt und nimmt am Leben des wahrnehmenden, erlebenden Subjektes teil. Es ist mit ihm in vielfältiger Weise verbunden von dem Augenblick an, in dem es in den Bereich der bewußten Wahrnehmung tritt. Jeder Kontakt hat seine Reaktionen auf beiden Seiten und schafft so immer neue Relationen [2].

Es ist daher vom Standpunkt der Selbsterhaltung notwendig, diese Relationen zu definieren, sie abzugrenzen und in rechte

[2] Leben wohnt selbst in den Werkzeugen des Menschen. Der Krieger verehrt den Gott «Kriegswagen», den Gott «Pfeil», die Trommel; der Bauer verehrt den Pflug, der Spieler die Würfel. Der Opferpriester — über den wir natürlich am besten unterrichtet sind — verehrt den Stein mit dem er den Soma quetscht, das Strohbett, auf dem die Götter sich niedersetzen sollen, den Pfahl an dem das Opfertier angebunden wird.» (Oldenberg: «Die Religion des Veda», S. 38.)

Diese Gebräuche haben sich in Indien bis zum heutigen Tage erhalten: Der Musiker verehrt seine Musikinstrumente, der Maler seine Pinsel und Farben, der Handwerker seine Werkzeuge. Ein Bauer würde es als ein Sakrileg empfinden, einen alten, nutzlos gewordenen Pflug zu vernichten.

Bahnen zu lenken, um zu verhindern, daß die Flut der Erscheinungen die erwachende menschliche Seele überwältigt und erdrückt – steht sie doch noch allen Eindrücken offen und schutzlos gegenüber, wie die eines Kindes.

Man stelle sich einen Schiffbrüchigen vor, der, nachdem er lange Zeit mit dem Wrack auf dem Meere umhergetrieben worden ist, an einer unbekannten Küste landet. Das erste, was er zu tun versucht, ist den Namen des Landes oder der Örtlichkeit, an der er landete, zu ermitteln. Von diesem Namen hängt seine Rettung ab, denn sobald er den Namen weiß, kann er seine Situation beurteilen und entscheiden, was zu tun ist. Ohne den Namen ist er ohne Richtung und irrt ebenso hilflos umher, als ob er nie den Fuß auf festes Land gesetzt hätte. Und wenn er sich in einer unerforschten Gegend der Erde befände, so würde er sorgfältig die ihn umgebenden Dinge und die Formationen der Landschaft beobachten und sie mit Namen bezeichnen, bevor er weiter vordringen würde. Auf diese Weise nimmt er geistig Besitz von seiner Umgebung, die für ihn im gleichen Maße ihren Schrecken verliert, in dem sie ihm vertraut wird.

Aber wie findet er Namen für die Objekte und Formen, die ihn umgeben? Durch Vergleich mit jenen Formen und Dingen, die ihm bekannt sind und durch Anwendung der sie beschreibenden oder bezeichnenden Worte auf die neue Umgebung.

Wer sich je allein in den weglosen Einöden und Wildnissen unerforschter oder menschenleerer Gebiete aufgehalten hat, kann sich leicht die ähnliche, aber noch viel intensivere Erfahrung und das tiefe Erleben des primitiven Menschen vorstellen, der Schritt für Schritt ein ganzes Universum unbekannter Kräfte und Formerscheinungen zu assimilieren hatte. Für ihn war die Bedeutung eines Dinges oder einer Kraft, die Beschreibung eines Ereignisses, die Formulierung eines Gedankens oder eines Eindrucks eine grundlegende Erweiterung seiner Welt. Dinge, die benannt werden konnten, verloren ihre geheime Macht über den Menschen, den Schrecken des Unbekannten.

Den Namen eines Dinges zu wissen bedeutete, Macht über es auszuüben. Das *Śatapatha Brâhmaṇa* XI, 2, 3; 1 ff. sagt: «Das Brahman, nachdem es die Welt geschaffen hatte, dachte: ‚Wie könnte ich wieder in diese Welt hinabsteigen?' Es stieg durch zwei Dinge in sie hinab, nämlich mit Hilfe von Name und Form. So weit als Name und Form sich erstrecken, so weit erstreckt sich die Welt. Sie sind die zwei großen Mächte des Brahman. Wer diese zwei großen Mächte des Brahman kennt, erwirbt große Macht.»

In *Bṛhad-Âraṇyaka Upaniṣad* III, 2, 11 ff., heißt es: «*Yâjña-valkya,* wenn ein Mensch hier stirbt, was ist es, das ihn nicht verläßt?» «Der Name. Der Name hat kein Ende, kein Ende hat die Welt, die er mit seiner Hilfe erobert.»

Dieser Satz kann nur verstanden werden vom Standpunkt der magischen Weltauffassung, in der «Name» (*nâma*) mehr ist als ein willkürliches Lautsymbol zur Bezeichnung eines Gegenstandes, einer Person oder einer Kraft, sondern die Bewußtwerdung, Vergeistigung eines individualisierten kosmischen Wertes. Die Welt ist *unsere* Welt nur so weit, als wir uns ihrer bewußt sind, und wir gewinnen die Welt nur soweit, als wir uns mit ihr identifizieren. Dieser Identifizierungsprozeß ist der schöpferische Akt der Benennung, der Formulierung, der Einordnung in unser Bewußtsein. Ein Akt der Benennung ist ein Akt der Bewußtwerdung und dadurch zu gleicher Zeit eine partielle Identifikation und ein Vorgang der Objektivierung. Solange als dieser Vorgang lebendig ist, bleibt er in unmittelbarer Beziehung zum erlebenden Subjekt. Sobald diese Beziehung aufhört, hat auch der lebendige Vorgang sein Ende erreicht und das Geistige erstarrt zum intellektuellen Begriff, zum bloßen, vom Individuum abgespaltenen, ihm gegenüberstehenden («gegenständlichen» und darum entfremdeten) Objekt. Damit geht Hand in Hand eine völlige Entfremdung des Sinnes, wie wir dies in der geistlosen Interpretierung moderner indischer Gelehrter beobachten können, die zu der obigen Stelle «wahrlich, der Name ist unendlich» (*anantaṃ vai nâma*), die Erklärung hinzufügen, daß die Unendlichkeit des Namens darin bestünde, daß er unbegrenzt im Munde der Menschen fortdauern würde!

Nâma und *rûpa* aber verhalten sich wie die schöpferische Kraft des Geistes zur geschaffenen, seelisch und sinnlich wahrnehmbaren Form. Sie sind das Formende und das Geformte, die sich in ständiger Wechselwirkung befinden. Hierauf beruht die gesamte magische Weltanschauung.

Jedes Ding, jeder Vorgang, wurde als die Verkörperung seines «Namens» aufgefaßt, denn Benennung war gleichbedeutend mit Gestaltung. Der «Name» war identisch mit seinem Objekt. Den «Namen» einer Kraft, eines Wesens oder eines Dinges zu «wissen», d. h. voll und ganz im Bewußtsein zu vergegenwärtigen, bedeutete so viel als es zu beherrschen.

Um aber diese Kraft wirksam zu machen, mußte der Name und die mit ihm assoziierten Qualitäten in rhythmischer und feierlicher Weise im Geist und im gesprochenen Wort wiederholt werden, so daß das Bewußtsein völlig auf das gewünschte Objekt konzentriert uund abgestimmt war.

So wurde die Magie mit dem Worte geboren, denn das Wort war in der Stunde seiner Geburt ein Zentrum wirkender Kräfte. Erst spätere Zeiten sterilisierten es zu einer bloßen Konvention, zur leblosen Münze, die wir gewohnheitsmäßig handhaben, ohne uns ihres lebendigen Ursprunges und Wertes bewußt zu sein. Durch das Wort nahm der Mensch Besitz von der Welt, durch das Wort erhob er sich über das Tier.

«Die Essenz aller Wesen ist die Erde,
Die Essenz der Erde ist das Wasser,
Die Essenz des Wassers ist das Pflanzenreich,
Die Essenz der Pflanzen ist der Mensch,
Die Essenz des Menschen ist die Rede,
Die Essenz der Rede ist der *Ṛgveda,*
Die Essenz des *Ṛgveda* ist der *Sâmaveda,*
Die Essenz des *Sâmaveda* ist der *Udgîtha.*
Jener *Udgîtha* ist die beste aller Essenzen, die höchste,
Die den höchsten Platz verdient, den achten.»

(*Chândogya Upaniṣad*)

Der *Udgîtha* ist das heilige Wort OṂ, die höchste und konzentrierteste mantrische Ausdrucksform, in der das Wesen des Universums, wie es sich im menschlichen Bewußtsein darstellt, zusammengefaßt ist.

Aber der Mensch konnte nicht ständig in den Höhen universalen Erlebens verweilen. Auch die Gefühle, Wünsche und Notwendigkeiten des gewöhnlichen menschlichen Lebens mußten ausgedrückt, geleitet und befriedigt werden, und so wurde eine unendliche Anzahl von Mantras, magischen Formeln und Beschwörungen geschaffen.

Der Atharvaveda enthält magische Formeln gegen Krankheiten (*bhaiṣajyâni*), Gebete für langes Leben und Gesundheit (*âyuṣyâni*), Beschwörungen zum Schutze gegen Dämonen, Zauberer und Feinde (*âbhicârikâṇi* und *kṛtyâpratiharaṇâni*), Liebeszauber (*strîkarmâṇi*), Königszauber (*râjakarmâṇi*), Wohlstandszauber für Haus, Feld, Vieh, Geschäft und Würfelspiel, Schutzformeln gegen Schlangen und andere Gefahren, Formeln zur Reinigung von Sünde und Befleckung und dergleichen.

Hier nur zwei Beispiele:

Liebeszauber

(1) So wie die Schlingpflanze den Baum von allen Seiten umschlingt, so mögest auch du mich umschlingen, o Weib, so daß du mich lieben mögest, so daß du mir nicht abgeneigt seist.
(2) Wie der Adler im Abflug seine Schwingen gegen die Erde preßt, so zwinge ich deinen Geist nieder, o Weib, so daß du mich lieben mögest, daß du mir nicht abgeneigt seist.
(3) So wie die Sonne des Tags Himmel und Erde umkreist, so umkreise ich deinen Geist, o Weib, daß du mich lieben mögest, daß du mir nicht abgeneigt seist.

(*Atharvaveda* VI, 8)

Segensspruch während der Aussaat

(1) Erhebe dich, wachse und gedeihe durch eigene Kraft, o Korn! Sprenge alle Gefäße! Möge der Blitz des Himmels dich nicht zerstören!
(2) Wenn wir dich anrufen, Gott Korn, und du uns hörst, dann erhebe dich dem Himmel gleich; sei unerschöpflich wie das Meer!

(3) Unerschöpflich seien alle, die dir dienen, unerschöpflich deine Haufen. Mögen diejenigen, die dich als Geschenk geben, unerschöpflich sein und ebenso die, welche sich von dir nähren! (*Atharvaveda* VI, 142)

Es gab Mantras, magische Formeln, Segens- und Zaubersprüche, Beschwörungen und Invokationen für jede Situation des Lebens. Sie waren ebenso frei von moralischen oder religiösen Gesichtspunkten wie die Rezepte eines Arztes (und sie waren in der Tat vorwiegend auf körperliche Wohlfahrt abgestellt). Und dies ist nur natürlich, denn Religion war noch nicht zu einem selbständigen oder unabhängigen Wert geworden; sie hatte sich noch nicht von der Fülle des Lebens getrennt – ebenso wie das Individuum, das sich noch nicht von der es umgebenden Natur getrennt hatte.

Ein Kind befriedigt seine Wünsche mit einem natürlichen und unschuldigen Egoismus – unschuldig, weil noch nicht ichbewußt. Moralität ist auf Selbstverantwortlichkeit begründet. Wenn aber noch kein bewußtes Selbst da ist, oder wenn das Selbst sich noch nicht seiner selbst bewußt geworden ist (und es besteht ja nur in dieser Fähigkeit des reflexiven Bewußtwerdens), so kann es auch keinen Moralitätsbegriff geben. Die Individualität des Menschen spielte noch keine Rolle, und aus diesem Grunde konnte auch die Idee ihrer Erhaltung noch nicht aufkommen. Metempsychosis war unbekannt im rigvedischen Zeitalter.

Aber der Mensch war um so mehr lebensbewußt und nahm um so größeren Anteil an dem ihn umgebenden Leben. Wenn er vielleicht mehr um seine körperliche Existenz besorgt war, dann muß auf der anderen Seite bemerkt werden, daß sein Körper sich weit mehr in das Universum erstreckte, als wir uns vorstellen können. Er erlebte körperlich und handgreiflich, was wir nur noch theoretisch «begreifen». Die Kräfte der Natur, die in unserem Intellekt zu bloßen Abstraktionen degeneriert sind, waren ihm unmittelbare Erlebnisse und körperliche Realitäten.

III

DAS ANTHROPOMORPHE UNIVERSUM UND DER POLYTHEISMUS

Die Welt war zum erweiterten Körper des Menschen geworden: ein anthropomorphes Universum.

Dementsprechend kehrten die verschiedenen Qualitäten des Menschen beim Tode zurück zu ihren größeren Vorbildern oder Prototypen in der Natur. Die Qualitäten des Gesichtssinnes vereinten sich mit der Sonne, die des Gehörs mit dem Raum, die des Geistes oder der Rede mit dem Feuer, die des Atems mit dem Winde, die des Herzens mit dem alldurchdringenden Äther, die des Körpers mit der Erde, die des Blutes und des Samens mit dem Wasser und so weiter.

Wir können somit sagen, daß der Mensch universalisiert und die Welt vermenschlicht wurde.

Als ein Beispiel für die anthropomorphe Natur- und Weltauffassung zitiere ich hier die für das vedische Zeitalter charakteristische Hymne an die Maruts, die Sturmgötter:

> «Kommt her, o Maruts, auf euren blitzerfüllten Wagen,
> die von Gesängen tönen, mit Speeren beladen
> und von Pferden beflügelt sind!
> Fliegt zu uns wie Vögel, ihr Mächtigen, mit eurer besten Nahrung!
> Sie kommen herrlich auf ihren roten oder fahlen Pferden,
> die ihre Wagen beflügeln.
> Der, welcher die Axt hält, strahlt wie Gold.
> Die Räder seines Wagens haben die Erde getroffen.
> Eure Leiber sind mit Dolchen geziert:
> Mögen sie unseren Geist aufrühren,
> so wie sie die Wälder in Aufruhr bringen.»

Die anthropomorphen Naturprinzipien in Form von Göttern und Dämonen waren nur Teile des magischen Spieles der Kräfte und Gegenkräfte und waren gänzlich abhängig von den verborgenen Gesetzen dieses kosmischen Spieles. Derjenige, der im

Besitz der Geheimwissenschaft dieser Gesetze war und der die magischen Riten mit den ihnen angemessenen Mantras auszuführen wußte, konnte die Götter zu seinem Dienst herbeirufen und die seinen Bestrebungen feindlichen Kräfte bannen.

Im Laufe der Zeit entdeckte man die gegenseitigen Beziehungen zwischen den verschiedenen Naturgottheiten, und dies führte zur Formung eines regelrechten Pantheons, dem eine beschränkte Anzahl mächtiger Gottheiten vorstand. Dieser Vereinfachungsvorgang konzentrierte die Kräfte des Universums in der Hand einiger göttlicher Exponenten und verwies die geringeren Gottheiten in den Hintergrund. Dies hatte zur Folge, daß die Aufmerksamkeit von den magischen Kräften des Menschen auf die der Götter abgelenkt wurde, die man als die «Magier» des Universums betrachtete und deren Hilfe man dementsprechend anflehte. Obwohl magische Riten auch im «Zeitalter der Götter» beibehalten wurden, hatte ihre Bedeutung und Auffassung sich allmählich verändert, denn die Kräfte, die der Mensch in sich selbst gefunden und entwickelt hatte, wurden nun auf Wesenheiten außerhalb seiner selbst projiziert oder übertragen, die nicht mehr unter seiner Kontrolle standen.

Ehe wir fortfahren, ist es vielleicht angebracht, die Resultate unserer bisherigen Untersuchungen zusammenzufassen:

Die erste Stufe der religiösen Praxis ist Magie, d. h. unmittelbare Auswirkung der im menschlichen Tiefenbewußtsein schlummernden überindividuellen Kräfte. Das Motiv dieser Magie ist die seelische Tendenz zur Ausdehnung, Erweiterung, Assimilierung und Stabilisierung. Es ist nicht nur die Verteidigung gegen unbekannte Kräfte der Außenwelt, also eine von Furcht diktierte Haltung, wie dies von der materialistischen Weltanschauung des vorigen Jahrhunderts angenommen und in gewissen Kreisen bis zum heutigen Tag aufrecht erhalten wird, sondern es hat weit mehr mit der kühnen Haltung eines Eroberers zu tun, denn es ist der erste mutige Versuch, die Welt zu meistern, ein Versuch, der aus dem jugendlichen Übermaß schöpferischer Kraft geboren wurde. Der Mensch war weder unterwürfig noch servil, er kroch weder im Staube vor einem Gott, noch gab er vor, moralische Aspirationen zu haben. Ganz im Gegenteil: es war *er,* der die Götter nach *seinem* Bilde schuf; – aber sein Bild, wahrlich, war noch das der ungezähmten Natur in all ihrer Größe und der unbekümmerten Verfolgung der ihr eingeborenen Triebe – und als diese Götter nicht mehr seinem Bilde entsprachen, entließ er sie. Nur der unschöpferische Geist oder die gedankenlose Masse machen die Religion, die ursprünglich ein Produkt des inneren Überflusses war, zu einem Produkt der Furcht und der geistigen Armut.

Ebenso wie der Forschungsgeist der modernen Wissenschaft mit all ihren kühnen Theorien und Experimenten nicht nur das Produkt reiner Notwendigkeit ist, sondern etwas vom Wagemut eines Abenteurers an sich hat, der in unbekannte Gegenden vordringt, ohne sich darum zu kümmern, was dabei herauskommt oder was ihm dabei geschieht, so ging der primitive Mensch in seiner Weise darauf aus, die Welt zu erobern. Solange als ein Gefühl der Minderwertigkeit und der Unterwerfung unter äußere Umstände vorherrscht, kann keine Religion entstehen, denn echte Religion ist positiv und konstruktiv und kann nie aus einer negativen Geisteshaltung entstehen. Hierin liegt der Unterschied zwischen Religion und Aberglaube.

Religion teilt jedoch das Schicksal der Kunst: der Künstler schafft ein Werk aus der Fülle seiner Visionen, aber der gewöhnliche Mensch ordnet es seinen eigenen trivialen Zwecken unter, sei es zur Ausschmückung seiner Behausung, zur Unterhaltung, zur Selbstglorifizierung oder zur Anpreisung seiner Waren usw. Aber ebensowenig, wie man die wirkliche Natur der Kunst von solch inadäquaten Anwendungen beurteilen kann, so kann man die wahre Natur der Religion nicht aus ihrem Mißbrauch verstehen.

Die ältesten Veden sind rhythmische, musikalische Schöpfungen, meist Hymnen zur Verherrlichung der Naturkräfte als Reflexe innerer Erfahrung. Der Mensch befreit sich von psychischem Druck, sei es Freude, Schmerz oder Ehrfurcht vor dem Gewaltigen oder Unbegreiflichen. Indem er eine Empfindung oder Gemütsbewegung in Worten ausdrückt, fängt er an sie zu bemeistern und zeigt, daß er der Situation gewachsen ist.

In dem Augenblick, in dem das Wort «Gott» geschaffen

wurde, war die Macht, die es zum Ausdruck brachte, nicht mehr allmächtig. Als das Wort aber zum «Begriff» wurde, war zu gleicher Zeit auch sein Gegenteil geschaffen: das Nichtgotthafte, Nichtgöttliche – und die Welt zerfiel in zwei unversöhnliche Teile.

IV

DAS GOTTESPROBLEM

In der altvedischen Religion, die noch nicht von Dogmatik beschwert war, können wir diese Entwicklung leicht verfolgen. Die *Brâhmaṇas*, die am Anfang eine lebendige Quelle der Inspiration in der Form magischer Beschwörungen und Gesänge sind, werden schließlich selber zu Objekten der Verehrung. Die ihnen innewohnende Macht, das *Brahman*, wird in einen Gott verwandelt und von dem ursprünglichen Erlebnis losgelöst; es wird zum Gegenstand der Spekulation, ein bloßer Begriff, der trotz aller Unendlichkeitsepithete, eine Einschränkung bedeutet. Und im letzten Entwicklungsstadium löst sich die im Begriff sterilisierte Macht im Zweifel auf.

In den folgenden Hymnen sind bereits die ersten feinen Schwingungen des Zweifels zu spüren. Wo früher die Gewißheit des direkten Erlebens war, da tauchen jetzt Probleme am geistigen Horizont auf.

1. Damals war nicht das Nichtsein, noch das Sein,
Kein Luftraum war, kein Himmel drüber her. –
Wer hielt in Hut die Welt; wer schloß sie ein?
Wo war der tiefe Abgrund, wo das Meer?

2. Nicht Tod war damals, noch Unsterblichkeit,
Nicht war die Nacht, der Tag nicht offenbar. –
Es hauchte windlos in Ursprünglichkeit
Das Eine, außer dem kein andres war.

3. Von Dunkel war die ganze Welt bedeckt,
Ein Ozean ohne Licht, in Nacht verloren; –

Da ward, was in der Schale war versteckt,
Das Eine durch der Glutpein Kraft geboren.

4. Aus diesem ging hervor, zuerst entstanden
Als der Erkenntnis Samenkeim, die Liebe; –
Des Daseins Wurzelung im Nichtsein fanden
Die Weisen, forschend in des Herzens Triebe.

5. Als quer hindurch sie ihre Meßschnur legten,
Was war da unterhalb? und was war oben? –
Keimträger waren, Kräfte, die sich regten,
Selbstsetzung drunten, Angespanntheit droben.

6. Doch, wem ist auszuforschen es gelungen,
Wer hat, woher die Schöpfung stammt, vernommen? –
Die Götter sind diesseits von ihr entsprungen!
Wer sagt es also, wo sie hergekommen? –

7. Er, der die Schöpfung hat hervorgebracht,
Der auf sie schaut im höchsten Himmelslicht,
Der sie gemacht hat oder nicht gemacht,
Der weiß es! – *oder weiß auch er es nicht?*
(*Ṛgveda X, 129;* übersetzt von Paul Deussen)

Hier ein weiterer Hymnus an den «Unbekannten Gott» über allen Göttern:

Der uns das Leben gibt, der uns die Kraft gibt,
Des' Machtgebot die Götter all' gehorchen,
Des' Schatten die Unsterblichkeit, der Tod sind:
Wer ist der Gott, den wir mit Opfern ehren? (2)
Er, dessen Größe diese Schneegebirge,
Das Meer verkündet mit dem fernen Strome;
Des' Arme sind die Himmelsregionen:
Wer ist der Gott, den wir mit Opfern ehren? (4)
Wohin ins All die mächt'gen Wasser flossen,
Den Samen legend und das Feuer zeugend,
Da sprang hervor der Götter Eines Ursein:
Wer ist der Gott, den wir mit Opfern ehren? (7)

Der über Wolkenströme selbst hinaussah,
Der Kraft verleihen und das Feuer zeugen,
Er, der allein *Gott über alle Götter:*
Wer ist der Gott, den wir mit Opfern ehren? (8)
(*Ṛgveda X, 121;* übersetzt von H. Brunnhofer)

So werden endlich die alten Götter durch einen Übergott verdrängt, in dessen Schatten sie ein geisterhaftes Dasein fristen. Aber dieser Übergott selbst ist nicht mehr als eine letzte Abstraktion, über die nichts ausgesagt oder gewußt werden kann und die daher keinen Einfluß auf das Leben haben kann.

Es unterliegt keinem Zweifel, daß dieser Gott eine logische Notwendigkeit war, sobald der Prozeß der Vereinfachung und Vereinheitlichung begonnen hatte. Aber logische Notwendigkeiten, die den Philosophen befriedigen, stillen nicht immer das Verlangen und die Nöte des Menschen und lösen seine Lebensprobleme. Jeder der früheren Götter hatte seine eigene Funktion und seinen sichtbaren Ausdruck in der Natur. In den magischen Praktiken, die auf dem Parallelismus psychischer und kosmischer Kräfte aufgebaut waren, war die Macht der *Brâhmaṇas* eine psychologische Tatsache und war mit definitiven Handlungen und Resultaten verbunden. Aber mit einer Macht, die jenseits aller Erfahrung liegt, mit einem Prinzip, das über alle Beschreibungs- und Ausdrucksmöglichkeit hinausgeht, kann der Mensch in keine unmittelbare Beziehung treten, noch irgendwelche Hilfe erwarten.

Der Mensch war somit an die Grenzen seiner Welterforschung gelangt und mußte sich zu seinem Ausgangspunkt zurückwenden: zu sich selbst. Und nun beginnt er, sich selbst zu entdekken und wird sich seiner Individualität bewußt. Damit aber geht Hand in Hand, daß er sich auch seiner Unvollkommenheiten und Leiden bewußt wird und daß daher eine Wendung von dem naiv-optimistischen zu einem zunächst pessimistisch anmutenden Weltbild eintritt.

«Neben dem Brahman, das in seiner ewigen Ruhe hocherhaben über den Geschicken der menschlichen Welt ruht, bleibt als die einzige wirklich aktive Person in dem großen Werke der

Befreiung der *Mensch selbst,* der die ihm innewohnende Macht besitzt, sich von dieser Welt, diesem hoffnungslosen Zustand des Leidens abzuwenden» (Oldenberg: «Buddha», p. 52).

V

DAS PROBLEM DES MENSCHEN

Das erste Element, das in der Selbsterforschung des Menschen seine Aufmerksamkeit auf sich zieht, ist der Atem.

Der Atem ist das Kriterium, das Element des Lebens. Es ist das, was das Individuum mit der Außenwelt verbindet. Der Rhythmus des Atems ist der Rhythmus des Universums. Es ist das Zunehmen und Abnehmen, die Entfaltung und Wiedereinschmelzung, die Materialisierung und Auflösung der Welten und aller anderen Erscheinungsformen des Lebens.

Schon in rigvedischen Zeiten wurde der Atem als die Hauptfunktion des Lebens betrachtet, aber erst nachdem die alten Götter in den Hintergrund getreten waren, wurde der Atem zum Mittelpunkt des Interesses. Er wurde als *prâṇa* oder *âtman* bezeichnet. Während ersteres hauptsächlich im körperlichen Sinne gebraucht wurde und eng mit den Sinnesorganen, deren Funktionen während des Schlafes in den *prâṇa* eingingen, verbunden war, wurde der Ausdruck *âtman* mehr in einem allgemeinen Sinne gebraucht: als die Macht des Atems, der sich im Körper sowohl wie in allen anderen Phänomen des Universums manifestiert. «Die Atemkräfte durchdringen den menschlichen Körper und geben ihm Leben; der *âtman* ist der Herr aller Atemkräfte ... er ist die ‚unbenannte Atemkraft', von der die ‚benannten' Atemkräfte ihr Dasein erhalten.» «Eine Dekade von Atemhauchen, wahrlich», so heißt es im *Brâhmaṇa,* «wohnt im Menschen; der *Âtman* ist der elfte, von ihm hängen die Atemkräfte ab» (Oldenberg: «Buddha», p. 25).

Die einfache, aber so tiefe Erfahrung des lebenspendenden Rhythmus des Atems, wie sie in dem Wort *âtman* zum Ausdruck kommt – das bis zum heutigen Tage in dem deutschen

Wort «Atem» oder «atmen» seine ursprüngliche Bedeutung erhalten hat – wurde bald ein Opfer philosophischer Spekulationen und degenerierte zu einem abstrakten Begriff, in dem der dynamische Charakter des ursprünglichen Erlebens in den statischen Zustand eines absoluten «Ich» verkehrt wurde. Es war derselbe logische Prozeß der Vereinheitlichung und Vereinfachung, der immer stattfindet, wenn das Denken sich von der Wirklichkeit unabhängig macht und wenn das Erleben durch Begriffe ersetzt und damit außer Kurs gesetzt wird.

So wie der Mensch die Grenzen seiner Welterforschung in der Idee eines über alle Definition erhabenen höchsten Gottes erreicht hatte, so erreichte der Mensch in seiner Suche nach einem geistigen Einheitsprinzip in sich selber die Grenzen seiner begrifflichen Fähigkeiten im Âtman-Begriff. Wir müssen daher *âtman* und *brahman* als Grenzwerte verstehen, die einander entsprechen und endlich ineinander aufgehen (les extrêmes se touchent). Sie selbst aber haben keinen Inhalt: sie können ebensowohl als «alles» wie als «nichts» definiert werden. Sie bezeichnen die Unendlichkeit innerhalb und außerhalb unserer selbst; aber nur in Form von Begriffen – nicht mehr als erlebte Wirklichkeit.

Der berühmte Dialog zwischen Yâjñavalkya und seiner Gattin Maitreyî zeigt diese letzte Phase der Âtman-Spekulation.

«So wie ein ins Wasser geworfener Salzklumpen sich auflöst und nicht wieder herausgenommen werden kann, während das Wasser, von welcher Stelle man es auch nimmt, nur einen salzigen Geschmack hat, ebenso, wahrlich, ist dies endlose und unbegrenzte große Wesen (*mahad-bhûtam*) nur reine Intelligenz (*vijñâna-ghana*). Auf Grund dieser Elemente (*etebhyo bhûtebhyaḥ*) (individueller Verkörperung) trat es in Erscheinung und mit ihnen wird es zerstört. Danach (nach dem Tode) gibt es kein Bewußtsein, sage ich.» So sprach Yâjñavalkya. – Maitreyî sagte: «Diese deine Rede verwirrt mich, Ehrwürdiger: ‚Es gibt kein Bewußtsein nach dem Tode!'»

Yâjñavalkya antwortete: «Was ich dir sage, ist nicht verwirrend; es ist durchaus begreiflich: Wo eine Zweiheit besteht, da kann man einander riechen, da kann man einander sehen, einander hören, einander sprechen, an einander denken, einander erkennen. Wenn aber alles das eigene Selbst geworden ist (der Âtman), was könnte man riechen und durch was? Was und wodurch könnte man sehen, hören, sprechen, denken, erkennen? Wodurch sollte man das (Absolute) erkennen, durch das alles erkannt wird; wodurch sollte man den Kenner erkennen?» (*Bṛhadâraṇyaka Upaniṣad*, 2, 4, 12–14)

So endet die Âtman-Spekulation in einem Spiel reiner Dialektik, verbleicht zu einem bloßen Begriff, zu einem blutleeren abstrakten (d. h. von aller Wirklichkeit abgezogenen) Prinzip, das weder eine Funktion hat, noch einer bewußten Erfahrung entspricht. Es steht dem menschlichen Leben ebenso fern wie jenes Brahman über den Geschicken der Welt.

Dennoch war der Kampf um die Anerkennung des Menschen und der menschlichen Werte nicht verloren. Der Mensch war bereits genügend seiner selbst bewußt geworden, als daß er sich durch negative Resultate von seiner Selbsterforschung hätte abschrecken lassen. Wenn es nicht möglich war, vom Standpunkt eines Âtman weiterzudringen, warum sollte man dann nicht vom umgekehrten Ende das Problem angreifen: nämlich von dem des Nicht-Âtman?

Dies ist, was der Buddha tat. Auf diese Weise entging er dem Dschungel der Spekulation und den Kontroversen, die um die Âtma-Idee entstanden waren, und war weder gezwungen, diese Idee zu bejahen noch sie zu verneinen. Mit der Negation aller Inhalte und Bewußtwerdungsmöglichkeiten hatte diese Idee allen praktischen Wert für das religiöse Leben verloren, so wie jene aller spezifischen Eigenschaften enthobene Allgottheit. Der Buddha konnte daher diese vorwiegend epistemologischen Probleme den Philosophen überlassen und sich dem Wege der praktischen Verwirklichung widmen. Dieser Weg war weder abhängig vom upanischadischen Denken, noch auch im Widerspruch zu ihm, denn die Upanischaden stellten kein geschlossenes philosophisches System dar, sondern eine Reihe von Vorstößen einzelner Denker, von denen jeder einen wertvollen, den Problemen seiner Zeit entsprechenden Beitrag lieferte. Obwohl der Buddha, wie viele seiner Redewendungen und die grundlegenden Lehrbegriffe seiner Darlegungen zeigen, mit den Lehren der Upanischaden und der vedischen Vorzeit wohlvertraut war, hielt er sich von allen rein theoretischen Erörterungen und «Ansichten» fern und beschränkte sich auf die unmittelbar erfahrbaren und zu verwirklichenden Schritte des Heilspfades, die nicht von dem abhängen, was der Mensch glaubt oder für wahr hält, sondern einzig und allein von dem, was er tut, d. h. was er aus sich selbst macht. «Es ist bezeichnend, daß obwohl die Spekulationen der Upanischaden betreffs Âtma und Brahma schon lange vor der Zeit des Buddha bekannt gewesen sein müssen und Teil des anerkannten Wissensgutes aller Vedabeflissenen war, die buddhistischen Texte nie auf sie eingehen und sich nicht einmal polemisch mit ihnen beschäftigen. Das universelle Brahma wird von den Buddhisten nicht erwähnt, weder als ein Element eines fremden noch ihres eigenen Glaubens, obwohl der Gott Brahmâ häufig von ihnen erwähnt wird» (Oldenberg: «Buddha», p. 63).

Auch der Buddha ist überzeugt davon, daß die höchste Wirklichkeit in uns selbst wohnt, und dies ist für ihn nicht eine Theorie, weil er es selbst erlebt hat; aber er betont, daß solange als wir nicht unser Bewußtsein in das Gefäß einer solchen Wirklichkeit verwandelt haben, wir nicht imstande sind, an ihr teilzunehmen. Diese Wirklichkeit ist überindividuell, und darum müssen wir erst die individuellen Beschränkungen überwinden, wenn wir sie erreichen wollen – andernfalls sind wir wie ein Mensch, der das Elixier der Unsterblichkeit gefunden hat, der aber kein Gefäß besitzt, um es aufzubewahren.

VI

ZUSAMMENFASSUNG

Die Probleme des menschlichen Geistes sind somit in jeder Epoche verschieden. In den frühesten Zeitaltern ist alles, was zur Intensivierung des Selbstbewußtseins führt, ein notwendiges Mittel zur Selbsterhaltung. Diese Tendenz zur Formung eines

Ich-betonten Zentrums und Bewußtseins ist ein natürlicher Schutzinstinkt; denn durch Fixierung der Grenzen zwischen Ich und Nicht-Ich verteidigt der Mensch sich gegen eine grenzenlose in ihn und auf ihn eindringende Welt. Nachdem aber diese Selbstabgrenzung erreicht ist, wird die Betonung der Ichheit zur Gefahr. Sie wird allmählich zur geistigen Sklerose.

Um die völlige Isolierung und Trennung von der Umwelt und die damit zusammenhängende Verknöcherung und Verhärtung des Geistes zu verhindern, muß eine der egozentrischen entgegengesetzte altruistische Tendenz einsetzen. Nach Stabilisierung der Individualität muß die Verbindung mit dem Überindividuellen wieder hergestellt werden. Nachdem somit die Tendenz zur Selbstbehauptung ihren Höhepunkt erreicht hat, kann geistige Entwicklung nur in umgekehrter Richtung liegen, nämlich in der Wiederherstellung des Gleichgewichtes und der Harmonie durch Selbstverleugnung oder Auflockerung des Ich-Bewußtseins.

In modern-psychologischer Sprache ausgedrückt: die Tendenz der Selbstbehauptung ist extravertiert und geht mit der Besitzergreifung oder Durchdringung der äußeren Welt Hand in Hand; die Tendenz der Selbstverleugnung ist introvertiert und geht mit der Bewußtwerdung der inneren Welt zusammen, in der die Ich-Illusion sich auflöst, denn ein «Ich» kann nur im Gegensatz zur Außenwelt erlebt werden. Die extravertierten und introvertierten Bewegungen im Leben einer Kultur sind ebenso notwendig wie die Ein- und Ausatmung im Leben eines Individuums.

Das folgende Diagramm soll die «extravertierten» und «introvertierten» Tendenzen der indischen Geistesentwicklung andeuten, in der wir drei Hauptperioden unterscheiden können: das Zeitalter der Magie, das Zeitalter der Götter und das Zeitalter des Menschen. Diese Zeitalter fallen zusammen mit der Entdeckung dreier Denkformen: der Analogie, der Logik und der Relativität.

Der Übergang von einer Periode zur anderen besteht nicht in einem mehr oder weniger völligen Verschwinden gewisser Elemente und dem Entstehen gänzlich neuer, sondern in einem

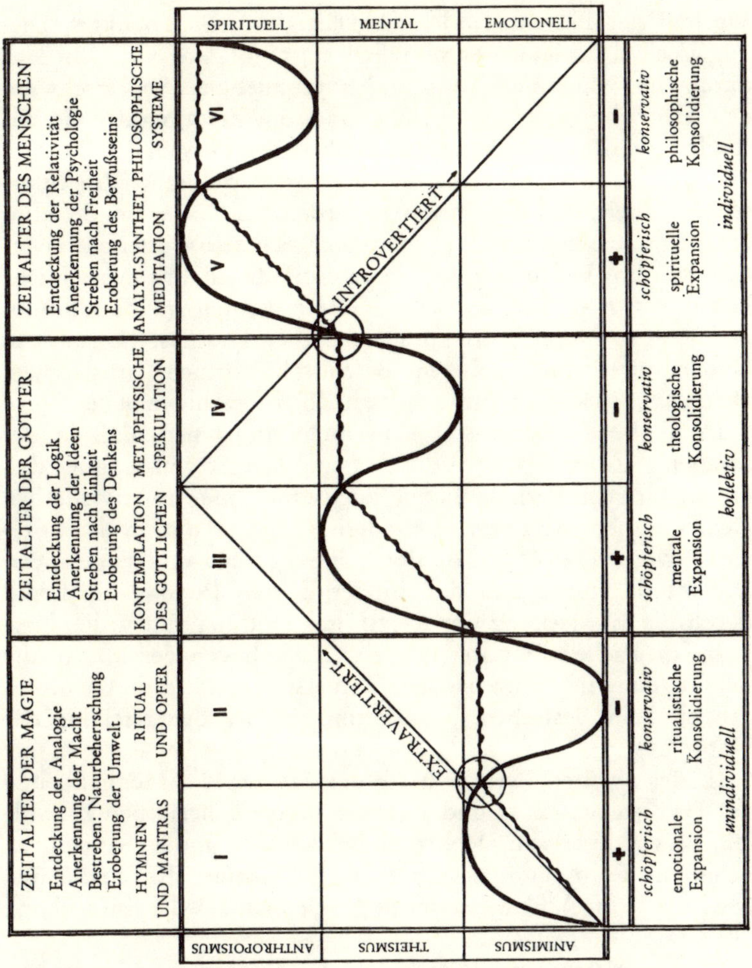

DIE DREI PERIODEN IN DER ENTWICKLUNG DES GEISTIGEN LEBENS IM ALTEN INDIEN

Wechsel der Betonung oder des geistigen Schwerpunktes. Dieser Wechsel findet nicht plötzlich statt, sondern vollzieht sich durch eine langsame Schwerpunktsverschiebung. So verschwanden magische Praktiken nicht einfach im Zeitalter der Götter, sondern wurden zu sekundären Funktionen, die sich dem Dienste der Götter unterordneten, die nun im Mittelpunkt des Interesses standen; und ebensowenig wurden die Götter im Zeitalter des Menschen entthront, sondern nur sich selbst überlassen, indem sie ihre Bedeutung und ihren Einfluß auf das menschliche Leben verloren. Die vedischen Götter werden im Buddhismus nur noch zu Nebenfiguren des kosmischen Dramas, die gewissen Daseinsstufen und höheren Bewußtseinsformen entsprechen, aber keine Macht über die menschlichen Geschicke haben.

In ähnlicher Weise soll man nicht annehmen, daß in der zweiten Periode Analogie durch Logik ersetzt wurde, oder daß in der dritten Periode Logik zugunsten einer relativistischen Denkweise beseitigt wurde, sondern vielmehr, daß in der zweiten Periode Logik zur Analogie hinzugefügt und zunehmend angewandt wurde und daß in der dritten Periode die Logik durch die Entdeckung der Relativität modifiziert wurde.

Im magischen Zeitalter war der Mensch von der Macht, die sich in dem ihn umgebenden Universum manifestierte, beeindruckt. Sein Bestreben ging darum auf die Beherrschung der Natur aus.

In der zweiten Periode hatte der Mensch die Möglichkeiten des Denkens entdeckt und statt die Natur beherrschen zu wollen, versuchte er sein Denken zu beherrschen und zu vereinheitlichen in Form umfassenderer Ideen (Götter als Exponenten gewisser Kräfte). Sein Bestreben ging daher auf die Entdeckung der letzten Einheit aus.

In der dritten Periode erkannte der Mensch die Möglichkeiten seines eigenen Bewußtseins, seiner psychischen und geistigen Kräfte, und sein Streben wandte sich von der Einheit des Universums zur Ganzheit und Harmonie des eigenen Inneren, d. h. zur inneren Freiheit. Jede dieser drei Perioden hat einen positiven oder schöpferischen und einen negativen oder konservativen (rückwirkenden) Aspekt.

Die Hauptkurve stellt den Verlauf der indischen Geistesentwicklung (die vielleicht auch als ein Beispiel der allgemeinen Geistesentwicklung dienen kann) durch die erwähnten drei Perioden und durch die ihnen entsprechenden drei Schichten der menschlichen Psyche dar, die in emotioneller, mentaler und spiritueller Aktivität resultieren und ihrerseits wieder den drei Bewußtseinslagen des Animismus, des Theismus und des Anthropoismus entsprechen. Mentale Aktivität schließt selbstverständlich nicht die emotionelle aus, und ebensowenig steht die spirituelle Aktivität der emotionellen oder der mentalen entgegen. Im Gegenteil: das Spirituelle besteht in der harmonischen Vereinigung und Zusammenwirkung aller psychischen Eigenschaften im Dienste der Befreiung. Die sekundäre (leicht gewellte) stufenförmig ansteigende Linie soll den mittleren Fortschritt (welchem Ausdruck hier kein Werturteil beigemessen werden soll) darstellen. Die Punkte, von denen die extravertierten und introvertierten Tendenzen ihren entscheidenden Einfluß auszuüben beginnen, sind durch kleine Kreise angedeutet. Diese Tendenzen stehen im engen Zusammenhang mit der mehr optimistischen oder mehr pessimistischen Weltauffassung der vedischen Frühzeit und der upanischadisch-buddhistischen Spätzeit (d. h. die Zeit der späteren Upanischaden und der Anfänge des Buddhismus). Die Ausdrücke «extravertiert» und «introvertiert» sollen hier nur in dieser eingeschränkten Bedeutung der größeren oder geringeren Weltzugewandtheit oder Weltabgewandtheit verstanden werden.

Was die fortschreitende Individualisierung des Menschen anbelangt, so ist im Zeitalter der Magie der Mensch noch nicht zur vollen Bewußtheit seiner Individualität gelangt, im Zeitalter der Götter wird sie auf die kollektiven Symbole außer- oder übermenschlicher Kräfte projiziert, und erst in der dritten Periode (die ich darum als «Zeitalter des Menschen» bezeichne) wird sich der Mensch seiner Individualität voll bewußt.

Zweiter Teil

PSYCHOLOGIE UND METAPHYSIK IM LICHTE DES ABHIDHAMMA

Sollte jemand sagen, daß er nicht das heilige Leben unter dem Erhabenen zu führen wünsche, es sei denn, daß der Erhabene ihm zuerst erkläre, ob die Welt ewig oder zeitbegrenzt ist, ob sie endlich oder unendlich ist, ob das Lebensprinzip mit dem Körper identisch ist oder nicht, ob der Vollkommene nach dem Tode fortdauert oder nicht, usw. – ein solcher würde sterben, bevor der Erhabene ihm dies alles erklären könnte.

Es ist als ob ein Mann von einem vergifteten Pfeil getroffen wäre und seine Freunde, Genossen oder nahen Verwandten einen Arzt herbeirufen würden und dieser Mann würde sagen: «Ich will diesen Pfeil nicht herausziehen lassen, als bis ich weiß, wer der Mann ist, der mich verwundet hat; ob er ein Edelmann ist oder ein Prinz, oder ein Bürger oder ein Diener»; oder «was sein Name ist und zu welcher Familie er gehört» oder «ob er groß ist oder klein oder von mittlerer Größe». – Wahrlich, ein solcher Mensch würde sterben, bevor er alles dies erfahren hätte.

(Majjhima-Nikâya 63)

I

DIE ZWEI ARTEN DER PSYCHOLOGIE

Psychologie kann in zweierlei Weise betrieben werden: entweder um ihrer selbst willen – d. h. als reine Wissenschaft, welche die Brauchbarkeit oder Nichtbrauchbarkeit ihrer Resultate unberührt läßt und es dem Praktiker anheimstellt, das ihm Verwendbare herauszusuchen –, oder um eines bestimmten Zieles willen, d. h. unter Voraussetzung gewisser Richtlinien. In ersterem Falle entsteht eine Beschreibung aller wahrnehmbaren und logisch erschließbaren Phänomene des menschlichen Innenlebens und seiner Beziehungen zur Außenwelt (viele sehen hierin eine Erklärung, indem sie beschreiben mit erklären verwechseln!), in letzterem Falle handelt es sich um eine Auswahl psychischer Vorgänge aus dem Reiche innerer Erfahrungen, als auch ihrer Reaktionen auf äußere Reize im Hinblick auf ihre praktische Anwendbarkeit in bestimmter Richtung.

Die wissenschaftlich-theoretische Psychologie nimmt zwar auch Erfahrungstatsachen zum Ausgangspunkt, gelangt jedoch zu ihren Resultaten auf dem Wege logischer Folgerungen und macht den Aufbau ihres Systems von diesen abhängig. Die praktische Psychologie bleibt in den Grenzen des Gegebenen, wobei Logik nur der Gestaltung und Anordnung des Stoffes zu dienen und, im Falle mangelnder Anpassungsfähigkeit, hinter den gegebenen Tatsachen zurückzutreten hat. Die Weite der Grenzen des Gegebenen ist für den Wert einer solchen Psychologie ausschlaggebend.

Im Falle des Buddhismus, dessen Psychologie der letztgenannten Kategorie angehört, sind diese Grenzen überaus weit, da sie nicht nur die Erfahrungen des Durchschnittsmenschen, sondern auch die Ebene der höchsten Erlebnisse, der noch keine Wissenschaft des Westens sich zu nahen gewagt hat, umschließt. Während die nur auf logischem Wege erschlossenen Resultate theoretischer Psychologie mehr oder weniger hypothetisch bleiben und des Beweises bedürfen, sind gerade die Zielpunkte buddhistischer Psychologie der Erfahrung entnommen.

Es verhält sich mit dieser Psychologie wie mit einem Menschen, der von hoher Bergeswarte das Land zu seinen Füßen überblickt und nun nachträglich die Merkmale seines Weges aus der Gesamtheit des Landschaftsbildes herausschält und in der entsprechenden Reihenfolge beschreibt. Seine Beschreibung macht nicht darauf Anspruch, eine Beschreibung der gesamten Landschaft zu sein, sondern nur desjenigen Teiles derselben, der für seinen Weg wichtig ist. Was er von der Landschaft aussagt, ist das objektiv Gegebene. Die Wahl seines Weges, die *Anordnung* der Merkmale (Logik), die Art seiner Beschreibung (Komposition) sind das subjektiv Gestaltete.

Der gerade Weg entspricht den Gesetzen einfacher Logik. Da es aber Hindernisse gibt, die leichter zu umgehen als zu übersteigen sind, so mag es kommen, daß Wirklichkeit und Logik nicht immer übereinstimmen. Von oben gesehen werden auch manche Dinge harmonisch, die von unten oder auf gleicher Ebene gesehen, unvereinbar schienen. – «Darum die Zurückweisung aller Spekulation, darum die Erklärung, daß die höchsten Welten- und Menschengeheimnisse für das abstrakte, philosophische Denken unerreichbar sind; nicht logisches Denken, sondern nur ein *höheres Bewußtsein* (*bodhi-citta*) löst die Widersprüche, in die das niedere, an die Sinnlichkeit gebundene Denken sich hoffnungslos verstrickt. – Kant zeigt theoretisch, wo innerhalb des gegebenen Bewußtseins die Grenzen der Erkenntnis liegen, Buddha lehrt die Praxis, den Weg, wie jene gegebene Bewußtseinsform überschritten werden kann. Während also Kant beweist, wie innerhalb des an die Sinnlichkeit gebundenen Denkens, der reinen Vernunft, die Erkenntnis des in höherem Sinne Realen unerreichbar ist, will Buddha durch Überwindung des an die Sinnlichkeit gebundenen Denkens zu höherer Erkenntnis aufsteigen [1].»

Hieraus erhellt, daß im Buddhismus Psychologie und Philosophie, als Weg des Erkennens und Formulierung des Erkannten, untrennbar zusammengehören. Die Schulung des Bewußtseins ist die unerläßliche Voraussetzung höherer Erkenntnis.

[1] H. Beckh «Buddhismus» I, p. 120 f. (Sammlung Göschen, 1916).

Bewußtsein ist das Gefäß, von dessen Weite der *Umfang* des Aufzunehmenden, bzw. die Aufnahmefähigkeit des Individuums, abhängt. Erkenntnis wiederum ist die Voraussetzung für die *Auswahl* des aufzunehmenden Stoffes, für den Richtungsablauf zu seiner Durchdringung. Ohne das Vorhandensein einer Tradition, in der die Erfahrungen und Erkenntnisse früherer Generationen formuliert sind (Philosophie, geistige Tradition) würde jeder Einzelne gezwungen sein, das gesamte Gebiet seelischer Erlebnismöglichkeiten und geistiger Erfahrung zu durchdringen, und nur wenige Begnadete würden zum Ziel der Erkenntnis gelangen.

Ebensowenig ausreichend wäre aber die Kenntnis oder intellektuelle Verarbeitung der als Philosophie niedergelegten Resultate jener vorangegangenen Wahrheitssucher, sondern jeder Einzelne muß selbst den Weg inneren Erlebens gehen, denn nur die so gewonnenen Erkenntnisse haben lebendigen, d. h. lebengestaltenden Wert. Hierin unterscheidet sich die Philosophie des Buddhismus von den philosophischen Systemen des Westens, die sich im abstrakten Denken erschöpfen, ohne ihre Träger umzugestalten, so wie sich die westliche Psychologie von der östlichen in obenerwähnter Weise unterscheidet. Wesentlich für den Osten ist auch die engere Verflechtung von Philosophie und Psychologie. Die Frage nach dem Wesen des Abhidhamma läßt sich daher weder zugunsten der einen noch zugunsten der anderen Anschauungsform entscheiden.

II

DIE BEDEUTUNG DES ABHIDHAMMA

Der *Abhidhamma* ist die Gesamtheit der psychologischen und philosophischen Grundlehren des Buddhismus, der Ausgangspunkt aller buddhistischen Schulen und Richtungen, ohne dessen Kenntnis Wesen und Entwicklung des Buddhismus unklar bleiben. Obwohl zweifellos die Lehrreden (*Sutta-Piṭaka*) der anziehendste Teil des Pâli-Kanons sind, so darf man doch nicht vergessen, daß sie quasi die Außenfront des buddhistischen Lehrgebäudes darstellen und somit größtenteils auf das Verständnis einer größeren Zuhörerschaft zugeschnitten sind. Damit soll keineswegs gesagt sein, daß in ihnen nicht ebensowohl die tiefsten Probleme enthalten seien, sondern nur darauf hingewiesen werden, daß es sich hier um eine einzigartige, unter bestimmten Gesichtspunkten gestaltete Form handelt, deren alleinige Kenntnis, trotz aller Tiefgründigkeit, zu einer mehr oder weniger einseitigen Auffassung führen muß. Zu Zeiten des Buddha lag eine solche Gefahr nicht vor, da der Hörer in unmittelbarer Beziehung zum Vortragenden und auf dem gleichen sprachlichen und kulturellen Boden stand. Uns aber fehlen nicht nur zunächst alle diese Vorbedingungen, sondern im Gegenteil, wir bringen auch noch falsche Voraussetzungen mit und dürfen froh sein, wenn es uns gelingt, diese Hemmnisse zu überwinden.

Dafür gibt es aber kein besseres Mittel als das Studium der buddhistischen Psychologie und Philosophie des *Abhidhamma-Piṭaka.* Wenn auch die Lehrreden das Ursprünglichere sind, so ist es dennoch wahrscheinlich, daß die wesentlichsten Teile des *Abhidhamma-Piṭaka* zu gleicher Zeit mit ersteren aufgezeichnet wurden, um so mehr als sie die Quintessenz der Lehrreden darstellen. Es wäre sogar denkbar, daß die Lehrreden nach dem *Abhidhamma* redigiert worden sind, denn ebensolange als es einen *Saṅgha* gab, gab es auch einen *Abhidhamma,* d. h. eine Form, in der die Lehre des Erhabenen in ihrem tiefsten Sinne konzentriert war: ein ideelles Gerüst, das die gewaltige Fülle geistiger Überlieferung zusammenzuhalten imstande war.

Wenn man die Reden des Buddha verfolgt, so gewahrt man eine bis in die letzten Details gehende Systematik, die mit derartiger Strenge durchgeführt ist, daß man sie nicht auf die freie Redeform zurückführen kann. Man denke an die stereotypen Formeln und Redewendungen, die langen Aufzählungen in immer genau der gleichen Reihenfolge, wie wir sie selbst in den lebendigsten Lehrreden des *Majjhima-Nikâya* und des *Dîgha-Nikâya* finden. Das *Abhidhamma-Piṭaka* hingegen enthält in seinen wichtigsten Stücken gerade jene allerfeinsten Ideengewebe und geistigen Voraussetzungen, aus denen die Reden sich aufbauen. Vieles, was durch die sprachlich auseinanderfaltende und konkretisierende Form der Rede notwendigerweise verhüllt wird, löst sich erst in der formelhaften Eindeutigkeit des *Abhidhamma,* und in der größeren Gedrängtheit der Begriffe leuchten Zusammenhänge auf, deren Existenz sonst verborgen geblieben wäre. Um diese Zusammenhänge nicht nur begrifflich, sondern *visuell,* im Rahmen eines konstanten Koordinatensystems klarzumachen, ist diesem Buch ein Anhang mit Tafeln beigefügt, in denen jeder Begriff und jedes Element des Bewußtseins in seiner *Position* im Gesamtschema, in seiner Beziehung zu allen übrigen Elementen und der Anzahl seiner Auftretensmöglichkeiten übersehen werden können.

Schon im Jahre 1918 wies der leider so früh verstorbene Professor O. Rosenberg in der Einleitung seines grundlegenden Werkes «Die Probleme der buddhistischen Philosophie[2]» auf die Notwendigkeit des Abhidharma-Studiums hin, in den Worten: «*Das Studium des älteren Buddhismus muß mit den in der Sammlung des Abhidharma enthaltenen systematischen Traktaten beginnen* – welche tatsächlich den späteren buddhistischen Organisationen zugrundeliegen, und *nicht mit* den *Sûtra.* Bisher sind in Europa immer die Sûtra in den Vordergrund geschoben worden, in Sonderheit die Pâli-sûtra, welche den wirklichen, reinen Buddhismus enthalten sollen.» Der Pâli-Abhidharma gibt uns, wie es weiter unten heißt, «autoritative Hinweise in bezug auf die Gedanken, welche wirklich unter den führenden Buddhisten vorgeherrscht haben, und nicht auf diejenigen, welche wir auf Grund einer mehr oder weniger willkürlichen Auslegung der sûtra anzunehmen geneigt sind, der sûtra, in denen wir lakonische Formeln finden, *die ohne Kenntnis des Abhidharma sich nur einer künstlichen Gruppierung* unterwerfen lassen. Die erste und bisher einzige Übersetzung eines der Pâli-Traktate erschien erst im Jahre 1900, als sich in der europäi-

[2] Herausgegeben von Prof. Walleser («Materialien zur Kunde des Buddhismus») in Kommission bei O. Harrassowitz, Leipzig, 1924.

Sûtra und Abhidharma sind die Sanskritformen des nördlichen Buddhismus, Sutta und Abhidhamma die Pâliformen des südlichen.

schen Literatur das Bild des Buddhismus auf Grund der Literatur der sûtra im allgemeinen schon fixiert hatte.»

Diese historischen und textkritischen Begründungen sollen jedoch keineswegs ausschlaggebend für den Wert der Abhidhamma-Texte sein, denn selbst zu Lebzeiten des Buddha gab es keinen «absoluten» Buddhismus, keine dogmatische Form der Wahrheit, sondern nur eine Andeutung der Richtung und der Methode, durch welche das Hoheziel der Erleuchtung individuell verwirklicht werden konnte. Solange der *Abhidhamma* diesem Zwecke dient, indem er uns die klaren Umrisse des buddhistischen Denkens zeigt, ist es im Grunde genommen nebensächlich, zu welchem Zeitpunkte er in Erscheinung trat.

III

METAPHYSIK UND EMPIRIE

Der *Abhidhamma* wurde lange als eine mehr oder weniger willkürliche Elaborierung des ursprünglichen *«Dhamma»* aufgefaßt. Dieses könnte jedoch auch den Lehrtexten vorgeworfen werden, die, ebenso wie der *Abhidhamma,* erst vier Jahrhunderte nach dem *Parinirvâṇa* des Buddha schriftlich fixiert wurden. Während auf der einen Seite der Ausdruck *«Abhidhamma»* mit «Nebengesetz» wiedergegeben wurde, wurde er von anderer Seite mit «Metaphysik» identifiziert, was, statt zu klären, nur neue Verwirrung anrichtete; denn es kommt darauf an, was man unter Metaphysik verstehen will: ob man sie nur im engeren, spekulativen Sinne der Philosophie oder der Offenbarungsreligionen oder im weiteren Sinne nimmt, in dem schließlich jede Erkenntnis, jede Schlußfolgerung, ja, jede Form der Wissenschaft, Metaphysik ist (und dies trifft in noch höherem Maße auf die moderne Atomphysik zu).

«Die einfachste Gegenüberstellung, Unterscheidung und Beschreibung und noch mehr die Berechnung zweier mit mechanischer Kraft aufeinanderwirkender Körper, überhaupt jede Berechnung oder Voraussicht einer Wirkung auf Grund von Erfahrung, ist volle Metaphysik und Symbolik und nur als solche möglich. Bringen wir doch schon das grundlegende mechanische Gesetz von der Kräftewirkung durchaus metaphysisch an die Natur heran. Das Gesetz von Ursache und Wirkung, an das wir alle glauben, ja *glauben*, ist Metaphysik. Und vollends die Einsicht in die Welt des Organischen [3].»

In diesem Sinne ist natürlich auch die Dogmatik des Buddhismus, d. h. seine Formulierung als Lehre, sei es in religiöser, philosophischer, erkenntnistheoretischer oder psychologischer Weise, Metaphysik und fordert als solche zunächst Vertrauen (*saddhâ*), bzw. Glauben an die Richtigkeit des Gesagten: in anderen Worten, Annahme der Voraussetzungen, wie jede Wissenschaft und, in noch höherem Maße, jede Religion sie verlangt.

Der Unterschied zwischen Offenbarungsreligion und Wissenschaft einerseits und Buddhismus andererseits gehört ins Gebiet der Psychologie: die ersteren legen den Schwerpunkt außerhalb des Individuums, indem sie von der Autorität der Tradition oder des Experimentes und dessen stillschweigenden Voraussetzungen oder von allen diesen zusammen abhängen. Im Buddhismus liegt der Schwerpunkt im Inneren des Individuums, im eigenen Erleben, das die Wahrheit des vorerst vertrauensvoll Angenommenen erweisen muß.

Nicht der Glaube macht hier selig (im Sinne der Anerkennung eines bestimmten Dogmas), sondern das Bewußtwerden der Wirklichkeit, die für uns nur solange Metaphysik ist, als wir sie nicht erlebt haben. Wir kommen daher zu folgender Definition: von außen gesehen (als System) ist der Buddhismus Metaphysik, von innen gesehen (als Wirklichkeitsform des Erlebens) Empirie.

Soweit «Metaphysisches» auf dem Wege innerer Erfahrung erschlossen wurde, wurde es vom Buddha nicht abgelehnt, sondern nur dann, wenn es auf spekulativem Wege «zusammengedacht» wurde. Metaphysik ist ein durchaus relativer Begriff, dessen Grenzen von der jeweiligen Bewußtseinsform und -Weite abhängen. Der Buddha überwand die spekulative Metaphysik

[3] Dacqué: «Urwelt, Sage und Menschheit», p. 234.

und ihre Problematik nicht durch einfache Ablehnung, sondern auf positive Weise: durch Verschiebung der Grenzen, durch Training und Erweiterung des Bewußtseins, wodurch Metaphysisches zum Empirischen wurde [4].

[4] Rosenberg erklärt sich die Tatsache, daß die europäischen Autoren mit solchem Nachdruck die Metaphysik des ursprünglichen Buddhismus bestreiten, teilweise daraus, daß einerseits die christlichen Missionare in ihren Arbeiten unwillkürlich und mitunter wohl auch absichtlich die Metaphysiklosigkeit des Buddhismus betont haben, um seine Unvollkommenheit als religiöses System zu beweisen; daß man aber andererseits die Abwesenheit der Metaphysik im Hinblick auf die modern-wissenschaftliche Weltanschauung, mit der man den Buddhismus in Einklang zu bringen suchte, als einen Vorzug betrachtete. «Man darf nicht vergessen, daß der Beginn der Erforschung des Buddhismus in Europa mit dem Verfall der metaphysischen Philosophie und mit dem Aufblühen materialistischer Systeme zusammenfällt.» (Op. cit., p. 59.)

In der Zwischenzeit ist die «modern-wissenschaftliche» Weltanschauung so gründlich vom Begriff der «Materie» abgekommen, daß eine materialistische Weltanschauung zum Anachronismus geworden ist und die moderne Atomphysik mehr Ähnlichkeit mit Metaphysik als mit der landläufigen Physik des letzten Jahrhunderts hat. Das Pendel ist in die umgekehrte Richtung geschwungen!

Etwas ähnliches ist auch in der buddhistischen Forschung der letzten Jahrzehnte vor sich gegangen, die inzwischen zu dem Ergebnis gekommen ist, daß die Ableugnung des metaphysischen Hintergrundes des Buddhismus keine andere Ursache hatte, als die mangelnde Kenntnis der Abhidarma-Literatur. «Der Umstand, daß man früher nichts von der Dharma-Theorie wußte», sagt Glasenapp in seinem «Beitrag zur buddhistischen Dharma-Theorie», «ist die Ursache davon, daß manche Forscher in den kanonischen Lehrreden eine metaphysische Grundlage vermißten und dann je nach ihrem Temperament Buddha als Agnostiker und reinen Ethiker charakterisierten.» (Zeitschrift der Deutschen Morgenländischen Gesellschaft, Band 92, p. 414, 1938.)

IV

WAHRHEIT UND METHODE

Da der Buddha sich der Relativität aller begrifflichen Formulierungen bewußt war, war es ihm nicht um die Verkündung einer abstrakten Wahrheit zu tun – denn es hat weder Indien noch der Menschheit je an Wahrheiten gefehlt –, sondern um die *Methode,* die es dem Menschen ermöglichte, selbst den Stand der Wahrheitsschau zu erreichen, zum Erlebnis der Wirklichkeit vorzudringen. Der Buddha verkündet dem Menschen daher keine «Offenbarungen», keinen neuen «Glauben». Der Buddha sagt nicht «dies ist die Wahrheit», sondern: «dies ist der Weg zur Verwirklichung der Wahrheit.»

So wie Gesundheit eine Bedingung unseres Körpers ist, so ist Wahrheit eine Bedingung unseres Geistes. Und so, wie wir Gesundheit nicht vom Körper abstrahieren können, so können wir Wahrheit nicht vom Geiste abstrahieren. Von «objektiver Wahrheit» zu sprechen, ist ebenso unmöglich, wie von «objektiver Gesundheit». Beide sind Beziehungen, die nur *subjektiv* erfahren werden können. Niemand hat je zu erklären vermocht, was Gesundheit «als solche» ist. Aber ein intelligenter Mensch ist sehr wohl imstande, die Methode darzulegen, wie Gesundheit zu erlangen und aufrechtzuerhalten ist. Es ist somit die *Methode,* auf die es ankommt.

Der vielleicht größte Beitrag des Buddhismus zur indischen Geisteskultur war die Befreiung des Denkens von den Vorurteilen dogmatischer Glaubenssätze. Für den Buddha war es nicht wichtig, was der Mensch glaubt oder nicht glaubt. Wem der Glaube an einen oder viele Götter etwas bedeutete, dem nahm er nicht diesen Glauben. Im Reiche des Denkens und Handelns aber forderte er Folgerichtigkeit und Unvoreingenommenheit. Denn was auch an übermenschlichen oder untermenschlichen Kräften existieren mag, sie können nicht die Gesetze geistigen Handelns, d. h. bewußter und somit *wirkender Tat* (Skt. *karma,* Pâli *kamma*), ändern.

Der Buddha war augenscheinlich der erste unter den großen

Religionsstiftern und Denkern der Menschheit, der die Entdekkung machte, daß es nicht so sehr auf die formulierten Endresultate menschlichen Denkens ankommt, d. h. auf unser begriffliches Wissen – sei es in Form von Ideen, religiösen Bekenntnissen und «ewigen Wahrheiten» oder in der Form wissenschaftlicher «Tatsachen» und Formeln –, sondern auf das, was zu diesem Wissen führte: nämlich die Methode des geistigen Handelns und Denkens.

Selbst wenn wir alle unsere kostbaren wissenschaftlichen Ergebnisse und Erfindungen verlieren würden, so könnte uns das auf die Dauer keinen Schaden zufügen, solange wir im Besitz der Methode sind, durch die diese Resultate erlangt wurden. Wenn uns aber die Methode verloren geht, so kann uns auch die größte Ansammlung wissenschaftlicher Tatsachen und Resultate nichts nützen.

Ein schlagendes Beispiel hierfür liefert uns die Kultur des europäischen Mittelalters, die, obwohl sie das Wissenserbe griechischer und römischer Denker und Gelehrter antrat, nicht imstande war, es zu verwerten oder weiterzuentwickeln, weil ihr die Methode fehlte. Die Übernahme der Resultate fremden Denkens oder bloßen Tatsachenmaterials gereicht dem menschlichen Geist eher zum Hindernis als zum Vorteil und kann zu einer direkten Gefahr werden. Aus dem gleichen Grunde kann eine Erziehung, die aus einer bloßen Anhäufung von Tatsachenwissen und fertig-zugeschnittenen Gedankenschablonen besteht, nur zu geistiger Sterilität führen. Denn so wie Nahrung zu Gift wird, wenn sie zu lange aufbewahrt wird, so wird ein Wissen, das seinen Zusammenhang mit dem Leben verloren hat, zum Nichtwissen, zum Aberglauben.

Wichtiger als Tatsachenwissen ist die Fähigkeit zur Konzentration und zum schöpferischen Denken. Statt Gelehrsamkeit zu erstreben, sollten wir uns die Fähigkeit des Lernens bewahren und unseren Geist offen und empfänglich halten.

Dies ist, was der Buddha wollte, und aus diesem Grunde weigerte er sich, die Welt in ein System metaphysischer Definitionen und philosophischer Spekulationen zu bringen. Es ist gewiß, daß er sich über die Welt wie über metaphysische Probleme völlig im Klaren war, und wenn er sich weigerte, gewisse Fragen zu beantworten, so hatte dies seinen Grund nicht darin, daß er diesen Fragen gleichgültig gegenüberstand, sondern in der Tatsache, daß er sich infolge seiner tiefen Einsicht in die wahre Natur der Dinge, der Unzulänglichkeit aller Definitionen bewußt war.

Er hatte diese Einsicht nicht durch philosophische Spekulationen und Diskussionen oder auf dem Wege logischer Schlußfolgerungen und Deduktionen erlangt, sondern durch die Umwandlung des Bewußtseins, im Zustande meditativer Versenkung. Das so Erlebte und Erfahrene konnte daher weder in Worten ausgedrückt noch gelehrt werden, wohl aber der *Weg*, auf dem dieses höhere Bewußtsein zu erreichen war. Der Buddha beschränkte sich daher darauf, diesen Weg bewußter Geistesentfaltung durch Schulung und Verwandlung des Bewußtseins aufzuzeigen.

Metaphysische Probleme auf der Ebene des gewöhnlichen «weltlichen» Bewußtseins zu diskutieren, ist als ob man sexuelle Probleme mit Kindern, die noch nicht die Geschlechtsreife erreicht haben, erörtern wollte. Solche Erörterungen wären nicht nur sinnlos, sondern auch schädlich. Wir können von der Welt nur soviel begreifen, als wir in uns selbst entwickelt haben. Das Universum, das wir begreifen und erleben, ist das Spiegelbild unseres eigenen Geistes.

«Wahrheit ist darum», wie Plotinus (der alexandrinische Philosoph des dritten Jahrhunderts n. Chr.) sagt, «nicht die Übereinstimmung unserer Wahrnehmung eines äußeren Objektes mit dem Objekt selbst. Es ist die Übereinstimmung des Geistes mit sich selbst. Bewußtsein ist darum die ganze (und einzige) Basis der Gewißheit. Der Geist ist sein eigener Zeuge. Vernunft sieht in sich selbst, das was über ihr steht und ihre Quelle ist, wie auch das, was unter ihr liegt und noch einmal sie selber ist.

Wissen hat drei Grade: Meinung, Wissenschaft, Erleuchtung. Das Mittel oder Werkzeug des ersten besteht in der Sinnentätigkeit; das des zweiten in der Dialektik; das des dritten in der Intuition. Letzterer ordne ich die Vernunft unter. Es ist das absolute Wissen, das auf der Identität des erkennenden Geistes mit dem erkannten Objekt beruht.»

V

DIE DREI GRADE DES WISSENS

Der erste Grad entspricht jenem Geisteszustand, der in der buddhistischen Terminologie als «*diṭṭhi*» bezeichnet wird, nämlich Meinungen oder Ansichten, die nicht unter dem Einfluß der Vernunft (*paññindriya*), sondern unter dem des Begehrens (*taṇhâ*) und der durch dieses bedingten Sinneseindrücke.

Der zweite Grad ist auf Überlegung und Erwägung (*vitakka-vicâra*) begründet, d. h. auf logischen Folgerungen, und führt – soweit diese innerhalb der Grenzen begrifflichen Denkens und seiner Gesetze sachgemäß angewandt werden – zu wissenschaftlichen und philosophischen Erkenntnissen, die mehr oder weniger dem buddhistischen Terminus «ñâṇa» entsprechen.

Der dritte Erkenntnisgrad, der höchste Wissenstand, ist «*bodhi*», der Zustand der Erleuchtung, der mit Hilfe von *paññindriya*, dem leitenden Prinzip des Geistes, verwirklicht wird und seine Grundlage in jenem intuitiven Bewußtseinszustand (*jhâna*) der Meditation (*bhâvanâ*) hat, in dem «die Identität des erkennenden Geistes mit dem erkannten Objekt» vollkommen hergestellt ist (*appanâ bhâvanâ*).

Obwohl strenggenommen alles Wissen subjektiv ist, d. h. auf individueller Erfahrung, Beobachtung und Gedankenkombination beruht, können wir den ersten Wissensgrad als im engeren Sinne «subjektiv» bezeichnen, nämlich insofern es das erlebende Subjekt betont; und in ähnlich begrenztem Sinne können wir den zweiten Wissensgrad als «objektiv» bezeichnen, während der dritte Grad die Vereinigung von Subjekt und Objekt darstellt. Das «begrenzt-subjektive» Wissen ist mit den augenblicklichen Problemen der sinnlichen (körperlichen) und emotionellen Seite unserer Existenz beschäftigt. Der zweite Grad, der dem intellektuellen Wissen entspricht, betont die Objekte unserer Wahrnehmung, indem er sie von dem wahrnehmenden Subjekt abstrahiert (nur in diesem relativen Sinne können wir von «objektivem» Wissen sprechen) und beschäftigt sich mit Wissenschaft und Philosophie, den Problemen der Erscheinungswelt, die als «Dinge» oder «Begriffe» dargestellt werden, d. h. als materielle oder gedankliche Einheiten, begrenzt durch Form oder Definition.

Intuitives Wissen, das den dritten Grad bildet, ist frei von Parteilichkeit, Vorurteil oder Dualismus: es hat die Extreme der Subjekt- oder Objektbetontheit überwunden und führt zu einer integralen Weltanschauung, zum Erlebnis eines kosmischen Bewußtseins, in dem das Unendliche nicht bloß verbegrifflicht, sondern verwirklicht wird.

Obwohl in jeder der niederen Bewußtseins- und Wissensstufen etwas da ist, das auf die Eigenschaften der nächst-höheren hinweist oder hinführt, ist es nicht möglich, die Probleme der höheren Wissensordnung von einer niederen Bewußtseinsebene her zu lösen. So können wissenschaftliche Probleme nicht von einem emotionellen Standpunkt gelöst werden, und metaphysische Probleme, die jenseits des Bereiches des Endlichen liegen, können nicht durch die Gesetze einer dreidimensionalen, d. h. endlichen Logik gelöst werden, und ebensowenig können sie durch Begriffe ausgedrückt werden, die (was auch ihr Inhalt sein mag) begrenzte Einheiten darstellen, da andernfalls das Gesetz der Identität oder Nichtidentität nicht auf sie angewandt werden könnte.

«Wenn wir der dreidimensionalen Welt zu entgehen und über sie hinauszugelangen wünschen, müssen wir zunächst die grundlegenden logischen Prinzipien ausarbeiten, die es uns erlauben würden, die Beziehungen der Dinge in einer Welt vieler Dimensionen zu beobachten – um sie mit einer gewissen Vernünftigkeit und nicht als eine vollkommene Absurdität zu sehen. Wenn wir beim Eintritt in diese vieldimensionale Welt nur mit den Prinzipien der dreidimensionalen Welt ausgerüstet sind, werden diese Prinzipien uns zum Hemmschuh und geben uns keine Gelegenheit, uns von der Erde zu erheben» (Ouspensky).

So hat jede Ebene ihre eigenen Gesetze und ihre eigenen Probleme, und die Methode, die im einen Falle sich zur Lösung des Problems als nützlich erweist, mag im anderen Falle zum Hindernis werden. Bevor wir daher eine Frage beantworten können, müssen wir feststellen, zu welcher Kategorie sie gehört.

Im neunzehnten Buch des Abhidharma-Kośa werden vier Kategorien beschrieben:

1. Fragen, die *direkt* eindeutig beantwortet werden können, d. h. mit Ja oder Nein.
   Beispiel: Müssen alle lebenden Wesen sterben? Ja, sie alle müssen sterben.
2. Fragen, die nur mit *Vorbehalt* beantwortet werden können.
   Beispiel: Werden alle Wesen wiedergeboren? Ja und Nein. Diejenigen, die noch nicht ihre Leidenschaften überwunden haben, werden wiedergeboren; diejenigen, die sie überwunden haben, werden nicht wiedergeboren.
3. Fragen, die eine *Gegenfrage* benötigen.
   Beispiel: Ist der Mensch stark oder schwach?
   Gegenfrage: In Beziehung zu wem oder zu was? In Beziehung zu Tieren ist der Mensch stark; verglichen mit den Kräften höherer Wesen (*devatâ*) ist er schwach.
4. Fragen, die *nicht beantwortet* werden können.
   Dieses sind die bekannten vierzehn Fragen, die der Buddha sich weigerte zu beantworten:
   (1–4) Ist die Welt beständig? Oder nicht? Oder beides? Oder keins von beiden?
   (5–8) Ist die Welt zeitbegrenzt? Oder nicht? Oder beides? Oder keins von beidem?
   (9–12) Existiert der Vollendete nach dem Tode? Oder nicht? Oder beides? Oder keines von beidem?
   (13–14) Sind Leben und Körper identisch oder nicht?

Obwohl die Gegenstände dieser letzterwähnten Fragen ihrer Natur nach unendlich und unbegrenzt sind («Welt», «Vollendeter», «Leben»), werden sie durch Begriffe dargestellt, die – gemäß der Natur alles Begrifflichen und der Gesetze ihres Ursprungs – begrenzt und den Regeln einer auf diese dreidimensionale Erfahrungswelt zugeschnittenen Logik unterworfen sind. Diese Fragen können daher nicht in angemessener Weise beantwortet werden.

Aber wie können wir das Unendliche wahrnehmen oder erkennen? «Nicht durch den Verstand», sagt Plotinus. Die Funktion des Verstandes besteht im Unterscheiden und Definieren.

Das Unendliche kann darum nicht zu seinen Objekten gezählt werden. Wir können das Unendliche nur durch eine über den Verstand hinausgehende Fähigkeit wahrnehmen, indem wir in einen Zustand eintreten, in dem wir nicht mehr unser begrenztes Selbst sind.»

Dies ist, was wir als *«bodhi»* oder den dritten Wissensgrad bezeichneten. Während die ersten drei Kategorien von Fragen zur Hauptsache von der zweiten Wissenstufe aus beantwortet werden können, kann die vierte Kategorie nur von der höchsten (dritten) Stufe beantwortet werden. Genau genommen, werden die Fragen in diesem höchsten Bewußtseinszustand nicht «beantwortet», sondern hören – im Lichte höherer Erkenntnis – auf, Fragen zu sein. Sie sind nicht mehr möglich, weil ihre Probleme, die auf falschen Voraussetzungen beruhten, nicht mehr existieren.

Im normalen Verlauf unseres Lebens können wir Ähnliches beobachten: geistige Entwicklung besteht nicht so sehr in der *Lösung* unserer Probleme als in einem «Über-sie-Hinaus-wachsen». Was wir intellektuell zu lösen imstande sind, sind nur die kleineren Probleme. Wenn wir alle Probleme, die uns begegnen, zu lösen versuchten, so würde unsere Entwicklung bereits in ihren Anfangsstadien zum Stillstand kommen. Die meisten Menschen würden unter der Last unlösbarer Probleme erdrückt werden.

Der Buddha vermied es darum, die geistige Entwicklung seiner Jünger durch Dogmas, metaphysische Probleme und «ewige» (stagnierende!) Wahrheiten aufzuhalten und bestand darauf, daß jeder seine eigene Leuchte sein müsse, seinen eigenen Weg zu gehen habe, um den *Dharma* (das Gesetz der inneren Mitte) in sich selbst zu verwirklichen. Dies aber kann nur geschehen durch ein Hinauswachsen über die Probleme, die der menschliche Intellekt von jeher vergeblich zu lösen versuchte und die nur auf der höchsten Ebene des erleuchteten Bewußtseins (*bodhicitta*) überwunden werden können.

Zu gleicher Zeit weist der Buddha darauf hin, daß wir, um diesen Zustand zu erreichen oder zu entwickeln, nicht in den Sternen zu suchen brauchen oder in jenseitigen Welten, noch in irgendwelchen Geheimlehren heiliger Bücher oder in den verborgenen Prinzipien der Natur – sondern nur in uns selbst. Dort können wir alles finden, was zur Erreichung des höchsten Zieles vonnöten ist.

Selbst die einfachsten körperlichen Funktionen können uns mehr lehren als die größten metaphysischen Spekulationen – nein, sie selbst sind metaphysisch im wahrsten Sinne des Wortes, gehen sie doch bei weitem über das rein Physische hinaus –, wenn wir uns nur die Mühe geben, sie «ernsthaft, mit voller Aufmerksamkeit und klar bewußt» zu sehen, wie es im *Satipaṭṭhâna-Sutta* gelehrt wird. Auch in seinen Vier Edlen Wahrheiten hat der Buddha uns ein Beispiel gegeben, das zeigt, daß selbst im Bereiche unserer alltäglichsten Erfahrungen und in den Gesetzen unserer eigenen innersten Natur die größten Entdekkungen gemacht werden können. Nur wenn wir dieses völlig verstanden haben, werden wir imstande sein, den tiefen Sinn der Ermahnung zu fassen, die der Buddha seinen Jüngern in den letzten Tagen seines Erdenlebens gab:

«Seid euch selbst eine Leuchte, seid euch selbst eine Zuflucht, ohne andere Zuflucht, den *Dhamma* als Leuchte, den *Dhamma* als Zuflucht nehmend, ohne andere Zuflucht. Und wie, Ânanda, ist ein Bhikkhu sich selbst eine Leuchte, sich selbst eine Zuflucht, ohne andere Zuflucht, den *Dhamma* zur Leuchte habend, den *Dhamma* zur Zuflucht habend, ohne andere Zuflucht? – Da wacht *Ânanda,* ein Bhikkhu beim Körper über dem Körper, ernsthaft strebend, besonnen und klar bewußt, nachdem er alle weltlichen Begehrungen und Sorgen abgelegt hat. Er wacht bei den Empfindungen über die Empfindungen, ernsthaft, besonnen und klar bewußt ... Er wacht beim Geiste über den Geist, ernsthaft, besonnen und klar bewußt ... Er wacht bei den Erscheinungen (den Geistesobjekten) ernsthaft, besonnen und klar bewußt, nachdem er alle weltlichen Begehrungen und Sorgen abgelegt hat. So, Ânanda, ist der Bhikkhu sich selbst eine Leuchte, sich selbst eine Zuflucht, ohne eine andere Zuflucht, den *Dhamma* zur Leuchte habend, den *Dhamma* zur Zuflucht habend, ohne andere Zuflucht.» (*Mahâparinibbâna-Sutta II, Dîgha-Nikâya 16*)

Dritter Teil

DIE VIER EDLEN WAHRHEITEN ALS AUSGANGSPUNKT UND LOGISCHER RAHMEN DER BUDDHISTISCHEN PHILOSOPHIE

Ye dhammâ hetuppabhavâ
Tesaṃ hetuṃ tathâgato âha
Tesañ ca yo nirodho
Evaṃ vâdi mahâsamaṇo.

Von allen Dingen, die aus
Ursachen entsprungen sind,
Hat der Tathâgata
die Ursache erklärt,
Wie auch ihr Aufhören.
Das ist die Lehre
des großen Asketen.

(*Mahâvagga*)

I

DIE AXIOMATISCHE WAHRHEIT VOM LEIDEN

1. Die Universalität des buddhistischen Axioms

Die heiligen Schriften des Buddhismus sind von so gewaltigem Umfang, daß eine Lebenszeit nicht ausreicht, sie in ihrer ganzen Fülle zu erforschen. Das klingt entmutigend, denn wie kann der Durchschnittsmensch je hoffen, zu einem tieferen Verständnis des Buddhismus vorzudringen oder gar einer Lehre zu folgen, die eine so lange Zeit für ihr Studium erfordert.

Glücklicherweise war der Buddha nicht nur ein großer Seher, sondern ein ebenso großer Lehrer. Er war imstande, seine Schauungen in Worte zu fassen und seine Worte lebendig zu machen, indem er sie mit der Kraft schöpferischer Gedanken erfüllte. Ein Gedanke ist nur dann schöpferisch, wenn er andere zum Denken veranlaßt, d. h. wenn er über sich selbst hinausweist, ein direktives Moment enthält, das zur Weiterbewegung in der angedeuteten Richtung anregt. Das so durch unsere eigene Anstrengung erlangte Resultat wird zu unserem geistigen Eigentum und zu einem Teil unseres eigenen Lebens.

Wenn wir dasselbe Resultat ohne eigene Bemühung – ohne den Weg, der zu ihm führte, selbst gegangen zu sein – übernehmen würden, so würde es keinen lebendigen Wert haben, trotz seines Wahrheitsgehaltes. Eine tote Wahrheit ist nicht besser als eine Unwahrheit; denn sie führt zu geistiger Erstarrung, der unheilbarsten Form der Unwissenheit.

Es ist ein besonderer Zug der Lehrmethode des Buddha, daß er nie einen Gedanken aussprach oder ein Ziel proklamierte, ohne den Weg zu ihm aufzuzeigen. Er faßte seine grundlegenden Lehren zu einem so klar umrissenen System zusammen, daß jeder denkende Mensch sie prüfen und aus eigener Kraft verwirklichen kann. Das direktive Moment liegt in der logischen Struktur der Gedanken und der methodischen Behandlung der Tatsachen und Erfahrungen, die auf jeder Lebens- oder Entwicklungsstufe zugänglich sind und zu gleicher Zeit den Antrieb geben, über sie hinauszugehen. Es dürfte wohl kaum eine andere Religion oder Philosophie geben, die sich leichter zugänglicher Formulierungen rühmen könnte – Formulierungen, die weder eine wissenschaftliche Schulung, noch auch einen Glauben an phantastische Theorien oder andere intellektuelle Opfer fordern.

Der Buddha war ein «Freidenker» im besten Sinne des Wortes, nicht nur weil er jedem Menschen das Recht zugestand, unabhängig zu denken, sondern vor allem, weil er seinen eigenen Geist frei hielt von Theorien und sich weigerte, seine Lehren auf bloße Glaubenssätze oder Dogmen zu begründen. Als echter Denker war er darum bemüht, ein Axiom zu finden, eine selbst-evidente und allgemeingültige Formulierung der Wahrheit, oder richtiger, eines Wirklichkeitskriteriums.

Der französische Philosoph Descartes ging in seiner Lehre von dem Satze aus: «Cogito, ergo sum», Ich denke, also bin ich.» Der Buddha ging einen Schritt weiter, indem er von einem noch universelleren Prinzip ausging, das sich auf einer Erfahrung begründet, die allen lebenden und empfindenden Wesen gemeinsam ist: das Erlebnis des Leidens (*«sabbe saṅkhârâ dukkhâ»*).

Leiden ist jedoch im Buddhismus nicht ein Ausdruck des Pessimismus, des Weltschmerzes oder der Lebensmüdigkeit einer alternden Zivilisation; es ist die grundlegende These einer weltumspannenden Idee, denn es gibt keine Erfahrung, die sich größerer Universalität rühmen könnte. Nicht alle lebenden Wesen sind denkende Wesen. Und nicht alle denkenden Wesen erreichen die Stufe, auf der diese Fähigkeit des Denkens ihre eigene Natur und Bedeutung erfaßt. Aber alle empfindenden Wesen erfahren Leid, denn sie alle sind Alter, Krankheit und Tod unterworfen.

Es ist diese Erfahrung, die das verbindende Glied zwischen den Wesen bildet, die sonst wenig gemeinsam hätten; es ist die Brücke, die die Welt der Menschen mit dem Tierreich verbindet; es ist die Grundlage einer universellen Wesensverbundenheit. Der Gedanke, daß man das Leiden anderer als das eigene fühlen soll, wird auch in den Anfangsversen des zehnten Kapitels des *Dhammapada* ausgesprochen, wo es heißt:

«Sabbe tasanti daṇḍassa, sabbe bhâyanti maccuno,
Attânaṃ upamaṃ katvâ, na haneyya na ghâtaye.»

«Ein jedes Wesen scheuet Qual,
Ein jedes Wesen flieht den Tod:
Erkenn' dich selbst in jedem Sein [1],
Und quäle nicht und töte nicht [2].»

Es war dieses Erlebnis des gemeinsamen Leidens, des Mitleidens im edelsten Sinne, das den Bodhisattva (den der Erleuchtung entgegengehenden, «werdenden» Buddha) veranlaßte, seinen Reichtum und sein Wohlleben aufzugeben, sein Heim und seine Familie zu verlassen und seine königliche Stellung zu opfern. Es war darum nur folgerichtig, daß er dieses Erlebnis zum Ausgangspunkt seines ethischen und philosophischen Systems machte.

Sofern man diese axiomatische Leidenswahrheit nicht völlig begriffen hat, kann man nicht zu einem wirklichen Verständnis der übrigen Teile seiner Lehre vordringen. Aus diesem Grunde beginnen die Vier Edlen Wahrheiten, in der das geistige Programm der Buddhalehre zusammengefaßt ist, mit einer Analyse des Leidens und seiner Symptome (*dukkhaṃ ariya-saccaṃ*), auf die eine Erforschung der Leidensursachen (*dukkha-samudayo ariya-saccaṃ*) folgt.

So wie ein algebraische Formel keine feststehenden Werte enthält, sondern nur Symbole (a, b, x, y), in welche jeweils die ihnen entsprechenden bekannten Größen eingesetzt werden können, so sind Freude und Leid, Glücksgefühl und Kummer die Symbole für positive und negative Lebens- bzw. Bewußtseins-Zustände. Freude und Leid können nicht eindeutig definiert oder als objektive Bewußtseinsinhalte beschrieben werden. Man kann nur ihre relativen Ursachen und Symptome und ihre

[1] Wie verschieden ist diese Haltung von der des Descartes, der, gemäß seines so viel exklusiveren Axioms «cogito, ergo sum», die Tiere als eine Art lebender Automaten betrachtete.

[2] Nach Karl Eugen Neumanns schöner deutschen Übersetzung des *Dhammapada* (Vers 129), Piper Verlag, München 1921.

wechselseitige Abhängigkeit aufzeigen. Jedes Individuum hat seinen eigenen Maßstab für Freude und Leid, je nach dem Niveau seiner Entwicklung. Umstände, die für ein Individuum höchstes Glück bedeuten, mögen von einem anderen als leidvoll empfunden werden.

2. Die drei Stufen des Leidens

Auf der untersten Stufe ist Leiden nur *körperlich:* physischer Schmerz, Entbehrung und Unwohlsein. Auf der nächst-höheren Stufe ist es vorwiegend *mental* und besteht in der Diskrepanz zwischen unseren Illusionen und der Wirklichkeit, den Enttäuschungen des Lebens, der Unmöglichkeit, unsere Wünsche zu befriedigen. Auf der dritten Stufe besteht das Leiden nicht mehr in der Sorge um das Wohlergehen unserer eigenen Person, sondern wird mehr und mehr *universell* und *essentiell,* d. h. das Wesen alles Daseins betreffend. Dann nehmen wir Teil an den Leiden anderer, und statt unsere Persönlichkeit, unsere zeit- und tatbedingte Individualität als den höchsten Wert zu betrachten, begreifen wir, daß sie solange wir uns an sie klammern, zum Hindernis, zur Beschränkung und zur Fessel wird: zu einem Symbol unserer Begrenztheit und Unvollkommenheit.

Diese drei Stufen des Leidens schließen sich jedoch innerhalb desselben Individuums nicht notwendigerweise aus – und dies um so weniger, je höher ein Individuum entwickelt ist – obwohl man sagen kann, daß im allgemeinen eine dieser Stufen vorherrscht. In der primitivsten Bewußtseinsform (Tiere, unentwickelte menschliche Wesen) erscheint Leiden vorwiegend als körperliches Unbehagen, körperlicher Schmerz oder Entbehrung der zum physischen Wohlsein notwendigen Bedingungen und in geringerem Maße als ein mentaler Reflex dieser Gegebenheiten. Ein Mensch, der auf dem Wege zur Erleuchtung ist, wird mehr mit der essentiellen Form des Leidens (der dritten Stufe) zu tun haben, während der Durchschnittsmensch mehr von mentalem Leiden (zweite Stufe) heimgesucht wird, obwohl körperliches Leiden daneben einen breiten Raum einnehmen mag und gelegentlich auch die verfeinerte dritte Stufe erreicht wird.

Diese drei Stufen lassen sich auch in der Definition des Leidens, wie wir sie an vielen Stellen des Pâli-Kanons finden, erkennen. In seiner ersten Darlegung der Lehre im Gazellenhain von Isipatana bei Benares erklärte der Buddha:

«Jâti pi dukkhâ, jarâ pi dukkhâ, vyâdhi pi dukkhâ, maraṇam pi dukkhaṃ (I)
appiyehi sampayogo dukkho, piyehi vippayogo dukkho (II)
yaṃ p'icchaṃ na labhati taṃ pi dukkhaṃ (II)
saṃkhittena pañc'upâdânakkhandhâ pi dukkhâ (III).

«Geburt, Alter, Krankheit und Tod» – die erste Gruppe – sind die Symptome körperlichen Leidens. (I)

«Mit Unliebem vereint sein, von Liebem getrennt sein, nicht zu erhalten, was man wünscht», charakterisiert die zweite Stufe: mentales Leiden. (II)

«Die fünf Daseinsaggregate» oder «Gruppen des Haftens», d. h. die Erfahrungskomplexe unserer Persönlichkeit, stellen die essentielle Form des Leidens dar: die dritte Stufe. (III)

Die Formel «Vereint sein mit Unliebem ist Leiden; getrennt sein von Liebem ist Leiden» kann natürlich auf alle Gegebenheiten der anderen zwei Gruppen angewandt werden, d. h. jede von ihnen kann ein Gegenstand mentalen Leidens werden, wenn sie vom Standpunkt individueller Neigungen oder Abneigungen gesehen werden.

Die Tatsache, daß die drei Stufen des Leidens sich nicht unbedingt gegenseitig ausschließen, trifft nicht nur in bezug auf das einzelne Individuum zu, sondern auch auf die oben wiedergegebenen Definitionen. Sie dürfen nicht in einer rein äußerlichen oder einseitigen Weise verstanden werden. Wenn man z. B. die Aussage «Geburt ist Leiden» nur dahin verstehen würde, daß die Geburt eines Kindes für die Mutter und vielleicht auch für das Kind (obwohl wir dafür keinen Nachweis erbringen können) mit Schmerzen verbunden ist, dann entgeht uns der tiefere Sinn dieser Aussage. «Geburt» (*jâti*) im buddhistischen Sinne ist nicht nur ein bestimmter einmaliger Augenblick des Lebens, d. h. nicht nur der körperliche Vorgang des Geborenwerdens (*sañjâti*) oder der Empfängnis (*okkanti*) – die man mit größerem Recht als den Beginn einer neuen Lebensform betrachten kann als den Augenblick, in dem das neue Lebewesen den Mutterleib verläßt – sondern das «Empfangen», die dauernd sich vollziehende Konzeption, die im Bewußtsein durch die begehrenserfüllten Sinne hervorgerufen wird, wodurch die Daseinsaggregate, die Gruppen oder Komplexe des Haftens ins Leben gerufen (*khandhânaṃ pâtubhavo*) und die Sinnenbereiche ergriffen werden (*âyatanânaṃ paṭilâbho*): kurz, der dauernde Vorgang der Materialisierung, der Selbstbegrenzung und karmischen Bindung. Es ist hierin, worin im tiefsten Sinne das Leiden besteht: es ist das Leiden an der Unfreiheit, das durch Isolierung, Abspaltung, Zwiespalt, Trennung von der lebendigen Ganzheit des Seins hervorgerufen wird.

In gleicher Weise ist der «Tod» (*maraṇaṃ*), nach der Auffassung des Buddhismus, nicht nur ein einmaliger Augenblick am Ende des Lebens, sondern ein notwendiges Element des Lebens selbst. Die Funktion des Todes besteht in der Auflösung, dem Zerfall, dem dauernden Wechsel der physischen, mentalen und psychischen Elemente oder Aggregate des Daseins (*khandhânaṃ bhedo)* – für die Richard Wilhelm den sehr zutreffenden Ausdruck «Erfahrungskomplexe» prägte – nämlich, das Aggregat der körperlichen Form (*rûpakkhandha*), der Empfindung (*vedanâkkhandha*), der Wahrnehmung (*saññâkkhandha*), der willensbedingten Gestaltungskräfte (*saṅkhârakkhandha*) und des koordinierenden geistigen Bewußtseins (*viññâṇakkhandha*).

Buddhaghosa sagt diesbezüglich im *Visuddhimagga:* «Derjenige, der keine klare Idee vom Tode hat und sich nicht der Tatsache bewußt ist, daß der Tod immer und überall in der Auflösung der Gruppen (*khandhâ*) besteht, kommt zu Schlußfolgerungen, wie z. B. ‚ein Lebewesen stirbt und wandert in einen anderen Körper.' – Derjenige, der keine klare Idee betreffs der Wiedergeburt hat und sich nicht der Tatsache bewußt ist, daß das Erscheinen der Gruppen immer und überall Wiedergeburt bedeutet, kommt zu allerhand Schlußfolgerungen, wie:

‚Ein Lebewesen ist geboren und hat einen neuen Körper erhalten.'»

Geburt, Zerfall und Tod, die ursprünglich als Symptome körperlichen Leidens empfunden wurden, werden ebenfalls zu Objekten des mentalen Leidens – und schließlich zu Symbolen der grundlegenden Gesetze individuellen Lebens, an die wir uns binden und verschreiben. Dies wird im dritten Teil der oben zitierten Formel angedeutet, in der die fünf Khandhas selbst als Objekte des Leidens und als Aggregate des *Haftens* (*upâdâna-kkhandhâ*) bezeichnet werden.

Eine solche Erkenntnis geht über die bloß intellektuelle Haltung äußerer Lebensbetrachtung hinaus: sie ist aus dem inneren Erlebnis kosmischer Vorgänge geboren. Die heiligen Texte beschreiben, wie der Jünger des edlen Pfades, der durch die vier Stufen der Verinnerlichung (*jhâna*) gegangen ist, «seinen Geist auf die Erinnerung seiner früheren Existenzen richtet; erst auf ein Leben, dann auf zwei, drei, zehn, hundert, tausend, hunderttausend; dann auf Perioden vieler Weltentstehungen und -Zerstörungen (d. h. ganzer Weltzyklen) ... So erinnert er sich vieler seiner früherer Existenzen mit ihren charakteristischen Kennzeichen, ihren besonderen Beziehungen ... Und mit einem nach innen gerichteten, reinen, geschmeidigen, von Unreinheiten freien, beweglichen, tatkräftigen, festen, unerschütterlichen Geist wendet er sich nun der Erkenntnis des Verschwindens und Wiedererscheinens der Wesen zu. Mit dem himmlischen Auge, dem geläuterten, übermenschlichen, sieht er die Wesen verschwinden und wiederauftauchen, gemeine und edle, schöne und häßliche, glückliche und unglückliche; er erkennt, wie die Wesen entsprechend ihren Taten in dieses Leben zurückkehren» (*Majjhima-Nikâya VI, 10*).

Nachdem der Jünger in dieser Weise von seiner eigenen Person ausgehend das gesamte Weltgeschehen in den Kreis seiner Betrachtungen und Erfahrungen gezogen hat, kommt er zum unmittelbaren Erlebnis der Leidenswahrheit und der daraus entspringenden Thesen:

«‚Dies ist Leiden', so erkennt er der Wahrheit gemäß. ‚Dies ist die Ursache des Leidens', so erkennt er der Wahrheit gemäß.

'Dies ist die Aufhebung des Leidens', so erkennt er der Wahrheit gemäß. 'Dies ist der Pfad, der zur Aufhebung des Leidens führt', so erkennt er der Wahrheit gemäß» (*Majjhima-Nikâya VI, 10*).

Diese Darlegung zeigt den universellen Hintergrund der buddhistischen Leidensauffassung, die weit entfernt ist von einer hypochondrischen Weltüberdrüssigkeit oder einer emotionellen Lebensmüdigkeit. Das Leiden, mit dem der Buddhismus sich zutiefst beschäftigt, ist, wie wir es vielleicht benennen können, ein «kosmisches» Leiden, d. h. ein Leiden, das in der Natur alles individuellen Daseins beschlossen liegt, indem unsere Taten, gute sowohl wie schlechte, uns rastlos von einer Lebensform zur anderen im Kreise umhertreiben. Es ist das Leiden karmischer Gebundenheit.

Das Erlebnis dieses Leidens in seiner essentiellen Form kann nur aus einem höheren Bewußtseinszustand geboren werden, der die Ursachen dieser Bindung erkennt und auflöst. Dieser aber ist die Frucht des heiligen Pfades, der selbst wiederum die Folge einer primären, unmittelbaren Lebenserfahrung ist, wie sie sich dem Bodhisattva in den Visionen von Alter, Krankheit und Tod darstellten. Dieses Erlebnis, das ihm blitzartig die Unzulänglichkeit und Vergänglichkeit des menschlichen Lebens enthüllte, war es, das ihn zum Nachdenken über sich selbst und zum Suchen höherer Werte zwang. Sobald jedoch solche auch nur geahnt werden, setzt eine Neueinschätzung des eigenen Daseinszustandes und Bewußtseinsniveaus ein und damit die Erkenntnis der eigenen Unvollkommenheit. Das Leiden wird dann nicht mehr als etwas von außen, aus einer feindlichen Welt Kommendes empfunden, sondern als etwas, das durch unsere eigene innere Haltung bedingt ist. Es ist nicht mehr etwas Fremdes oder Zufälliges, sondern ein Teil unseres eigenen, selbstgeschaffenen Wesens.

II

DIE URSACHE DES LEIDENS

1. Die zwei grundlegenden Lebenstendenzen und die Formel des bedingten Entstehens

Sobald das Leiden als ein Teil unseres eigenen, selbstgeschaffenen Wesens erkannt wird und nicht als eine Eigenschaft der äußeren Welt oder als die willkürliche Schöpfung einer außerhalb unserer selbst liegenden Macht (Gott), begreifen wir, daß es in unserer Hand liegt, dieses Leiden zu überwinden, sofern wir seine Ursachen vernichten. Die Analyse der Leidenssymptome zeigt uns, daß in jedem von ihnen unser Begehren im Konflikt ist mit den Gesetzen des Daseins. Da wir aber diese Gesetze nicht ändern können, so bleibt uns nur die Möglichkeit unser Begehren zu ändern, bzw. unser Bestreben auf ein erreichbares, mit der Natur der Wirklichkeit vereinbartes Ziel zu richten.

Das Leben hat zwei grundlegende Tendenzen: die der Zusammenziehung oder Konzentration und die der Ausdehnung oder Expansion. Die erstere wirkt zentripetal, die letztere zentrifugal. Die erstere steht für Vereinheitlichung, Zentralisierung und Integrierung, die letztere für Differenzierung, Vervielfältigung, Wachstum. Wenn Wachstum stärker ist als die Tendenz zur Einheit, so hat dies Unordnung, Desorganisation, Desintegrierung, Chaos und Zerfall zur Folge. Im organischen Leben führt Hypertrophie zur Zerstörung des Organismus, wie sich dies im chaotischen Wachstum von Krebsgeschwüren zeigt. Im geistigen Leben führt das Wuchern einer unbeherrschten Phantasie, einer dezentralisierten Vorstellungskraft, der die Einheit und Folgerichtigkeit organischen Denkens fehlt, zum Wahnsinn, zur Schizophrenie, zur geistigen Auflösung. Wenn Zentralisation das Wachstum überwiegt, so resultiert es in Atrophie und schließlich in einem vollkommenen Stillstand des Lebens, in physischer und geistiger Stagnierung.

Die Möglichkeit des Wachstums hängt von der Assimilationsfähigkeit eines Organismus ab, sei er körperlicher oder geistiger Art. Im ersteren Falle handelt es sich um die Assimilierung von Nahrungsstoffen durch Verdauung oder um Assimilierung der Luft durch die Atmung; im letzteren Falle um die Assimilierung von Sinneseindrücken, Vorstellungen, Begriffen und Ideen usw.[3]

Die Fähigkeit der Zentralisierung hängt ab von der Unterscheidung zwischen Dingen, die dem individuellen Organismus oder Aktionszentrum ähnlich sind oder ähnlich gemacht werden können und solchen, die nicht assimiliert werden können. Die Zentralisationsfähigkeit ist die organisierende, leitende Kraft, welche die Auflösung der individuellen Struktur des ursprünglichen Organismus oder Aktionszentrums durch chaotische Überflutung unassimilierbarer Elemente verhindert. Es ist die Tendenz, ein gemeinsames Bezugszentrum zu schaffen. Vom psychologischen Gesichtspunkt ist es das «Ich»-Prinzip (*ahaṃkâra*), das «principium individuationis», welches das Individuum befähigt, sich seiner selbst bewußt zu sein oder zu werden.

Solange als dieses Individualisierungsprinzip im Gleichgewicht ist mit dem Prinzip der Assimilation, d. h. solange es als eine ausgleichende, regulierende Kraft wirkt, ist es heilsam und sinnvoll und trägt zur Aufrechterhaltung der Harmonie bei.

[3] Nach buddhistischer Definition gibt es vier Arten von Nahrung. Dies wird im *Paccaya-vibhaṅga*, der Einführung zum *Paṭṭhâna*, dem siebenten Buch des *Abhidhamma* erklärt, auf der die folgende von Nyanatiloka Thera gegebene Zusammenfassung basiert:

«Es gibt vier Nahrungsstoffe — (1) materielle Nahrung, (2) Sinneseindrücke *(phassa)*, (3) willensbedingte Geistesstätigkeit *(mano-sañcetanâ)*, (4) Bewußtsein *(viññâṇa)* — welche den körperlichen und unkörperlichen Vorgängen gewissermaßen als Stütze dienen. Materielle Nahrung ist die notwendige Bedingung für die Erhaltung des Körpers, während 2—4 die nährenden Bedingungen der ihnen entsprechenden geistigen Vorgänge sowie der hierdurch hervorgerufenen körperlichen Phänomene (d. h. körperliche und sprachliche Mitteilungsformen) *(Tikapaṭṭhâna)*.

Unter dem dritten Nahrungsstoff *«mano-sañcetanâ»* haben wir, nach dem Kommentar zum *Abhidhammattha-Saṅgaha* VII, heilsames und unheilsames Karma zu verstehen; unter dem vierten Nahrungsstoff *«viññâṇa»* das Wiedergeburtsbewußtsein, d. h. jenen Bewußtseinszustand der im Augenblick der Konzeption eines Lebewesens entsteht.»

Sobald aber dieses Prinzip seine eigentliche Funktion überschreitet und ein hypertrophisches Ichbewußtsein entwickelt, das die Vorstellung einer unveränderlichen Ego-Entität, eines absoluten und ewigen «Ichs» im Gegensatz zur «Welt» konstruiert, dann ist das innere Gleichgewicht zerstört und die Wirklichkeit erscheint in einer verzerrten Form.

Diese geistige Disharmonie wird als *avijjâ* bezeichnet, als Unwissenheit oder «Ichwahn». Unter seinem Einfluß wird jedes Ding vom egozentrischen Standpunkt des eigenen Begehrens (*taṇhâ*) gesehen und gewertet. In Übereinstimmung mit der vorgefaßten Idee einer permanenten, unveränderlichen Ichheit entsteht die Sehnsucht nach einer bleibenden Welt mit unvergänglichen Freuden, und da so etwas nirgends zu finden ist, so ist das Resultat Enttäuschung, Leid und Verzweiflung.

Die *Saṅkhâras* oder karmischen Bildekräfte wollenden Wirkens, die bedingt sind durch die Illusion der Selbstheit, des Ego-ismus, der Ichhaftigkeit, bringen ein Bewußtsein (*viññâṇa*) und einen psycho-physischen Organismus (*nâma-rûpa*) hervor, der seine Sinne (*sal-âyatana*) zu Werkzeugen des Begehrens, des Lebensdurstes (*taṇhâ*) macht. Wenn dieses Begehren befriedigt wird, resultiert es im Haften (*upâdâna*) an den Objekten der Befriedigung. Sofern es aber nicht befriedigt wird, resultiert es in einem verstärkten Verlangen (*lobha*) nach solchen Objekten und in Widerwillen (*paṭigha, dosa*) gegen die Hindernisse, die der Erfüllung entgegenstehen. So sind *lobha* und *dosa* nur die zwei Seiten derselben Kraft, nämlich von *taṇhâ;* und das Haften (*upâdâna*) – gleichgültig ob es durch Gier oder Haß entstand – bindet uns immer von neuem an den Kreis der Wiedergeburten.

Es ist auf Grund dieses Haftens an den Formen des Daseins, daß wir sie immer wieder hervorbringen. Dies ist das Gesetz des *Karma* (Pâli *kamma*), nämlich das Gesetz der wirkenden Tat. Es ist unser Wille, unser glühendes Begehren, das die Welt, in der wir leben, und den Organismus, der ihr entspricht, erschaffen hat und ständig neu erstehen läßt. So verursacht der Lebensdurst (*taṇhâ*) in der latenten Form des Haftens (*upâdâna*) einen unaufhörlichen und ununterbrochenen Werdevorgang (*bhava*) in der Richtung auf die gewünschten Daseinsformen und in Übereinstimmung mit dem Entwicklungsniveau des Individuums und der dieser Entwicklung innewohnenden Gesetzmäßigkeit, die den unaufhörlichen Wechsel der geistigen und körperlichen Elemente beherrscht.

Dieser Wechsel erscheint entweder als Geburt und Wachstum oder als Tod und Zerfall, obwohl diese beiden Aspekte untrennbar miteinander verbunden sind wie die zwei Seiten derselben Münze. So wie ein und dieselbe Türe, je nach dem Standpunkt des Beobachters, als «Eingang» oder «Ausgang» bezeichnet werden kann, so verhält es sich auch mit dem Vorgang, den wir je nach unserem Standpunkt und unserem begrenzten Wahrnehmungsvermögen als «Geburt» oder «Tod» bezeichnen. Dadurch, daß wir nicht die Zusammengehörigkeit dieser zwei Seiten sehen, entgeht uns die Tatsache, daß, wenn wir die eine Seite begehren, wir auch die andere akzeptieren müssen. Wer am Leben hängt, hängt gleichermaßen am Tode. Das Wesen des Lebens ist Wechsel, Veränderung, Wandlung; die Natur des Haftens aber ist die Verneinung des Wechsels, das Festhaltenwollen, die Stabilisierung, das Verhindern der Wandlung. Aus diesem Grunde erscheint uns der Wechsel als Leiden (*sokaparideva-dukkhadomanassûpâyâsa*).

Wenn wir nicht die Sinnesobjekte und Daseinszustände vom Standpunkt des Besitzes oder selbstischen Genusses betrachten würden, so würde uns ihr Wechsel oder selbst ihr Verschwinden nicht im geringsten berühren; im Gegenteil, wir erfreuen uns des Wechsels in vielen Fällen, entweder weil er uns von unangenehmen Umständen befreit oder weil er uns neue Erfahrungen bietet oder weil er uns einen tieferen Einblick in die Natur der Dinge gewährt und damit größere Möglichkeiten der Befreiung. Wäre diese Welt eine absolute, statische Gegebenheit und unser Leben würde für immer das gleiche bleiben, so gäbe es keine Möglichkeit der Befreiung. Es ist darum nicht die «Welt» oder ihre Vergänglichkeit, die die Ursache des Leidens ist, sondern unsere Haltung ihr gegenüber, unser Haften an ihr, unser Begehren, unsere Unwissenheit (*avijjâ*).

Avijjâ ist jedoch nicht als «prima causa», als eine metaphysische Daseinsursache oder ein kosmogonisches Prinzip zu betrachten, sondern vielmehr als eine Bedingung, unter der unser gegenwärtiges Leben sich entwickelt, eine Bedingung, die für unseren gegenwärtigen Daseins- und Bewußtseinszustand verantwortlich ist. Der *Paṭiccasamuppâda* kann daher nicht als ein Kausalnexus bezeichnet werden, wie dies oft geschehen ist, sondern eher als ein «Conditionalnexus», eine Formel des *bedingten Entstehens.* Sie drückt eine gegenseitige Abhängigkeitsbeziehung der einzelnen Glieder aus, die sich ebensowohl als Gleichzeitigkeit wie als Aufeinanderfolge in der Zeit darstellen kann, da jede einzelne Phase den ganzen Vorgang enthält, sei es als Keim oder als Frucht.

Unwissenheit ist nicht die «Ursache» des Bewußtseins (*viññâṇa*) und seiner karmischen Bildekräfte (*saṅkhâra*). Empfindung oder Gefühl (*vedanâ*) ist nicht die «Ursache» des Durstes, des Begehrens (*taṇhâ*), und noch weniger ist das Begehren die notwendige Folge der Empfindung. Aber wo Begehren ist, dort muß auch Empfindung sein. Und wo Empfindung ist, dort muß auch Bewußtsein sein. Wo aber begierdenschaffendes Bewußtsein ist, dort muß auch Unwissenheit sein.

Hier die Formel in ihrer Gesamtheit:

1. In Abhängigkeit von Nichtwissen (*avijjâ-paccaya*) karmische Bildekräfte (*saṅkhârâ*);
2. in Abhängigkeit von karmischen Bildekräften (*saṅkhârâ-paccaya*) (Wiedergeburts-) Bewußtsein (*viññâṇa*);
3. in Abhängigkeit von Bewußtsein, die Geist-Körperlichkeit (*nâma-rûpa*);
4. in Abhängigkeit von der Geist-Körperlichkeit, die sechs Bereiche (*salâyatana*) der Sinnestätigkeit;
5. in Abhängigkeit von der sechsfachen Sinnestätigkeit, Berührung (*phassa*) der Sinne mit ihren Objekten;
6. in Abhängigkeit von Berührung, Empfindung (*vedanâ*);
7. in Abhängigkeit von Empfindung, Begehren (wörtlich «Durst»: *taṇhâ*);
8. in Abhängigkeit von Begehren, Haften (*upâdâna*);

9. in Abhängigkeit vom Haften, der Werdevorgang (*bhava*)[4];
10. in Abhängigkeit vom Werdevorgang, Wiedergeburt (*jâti*);
11. in Abhängigkeit von Wiedergeburt,
12. Altern und Sterben (*jarâ-maraṇa*), Sorgen und Klagen (*sokaparideva*), Schmerz und Kummer (*dukkha-domanassa)* und Verzweiflung (*upâyâsa*).

2. *Der dynamische Charakter des bedingten Entstehens*

Da die ganze Serie von Abhängigkeitsgliedern als ein Kreis zu denken ist, kann jedes Glied mit einem anderen kombiniert werden, wie dies im *Paṭṭhâna* demonstriert wird; ja, sogar die Reihenfolge kann unter Umständen geändert werden, wodurch zwar eine Akzentverschiebung, nicht aber eine substanzielle Änderung des Tatbestandes vollzogen würde. So ist z. B. *«viññâṇa-paccaya saṅkhârâ»* ebenso richtig wie *«saṅkhârâ-paccaya viññâṇa»* oder *«taṇhâ-paccaya saṅkhârâ»* usw. Auf diese Weise haben wir es hier weder mit einer rein zeitlichen noch einer rein logischen Kausalität zu tun, sondern mit einer lebendigen organischen Bezogenheit, einer Koordination ineinander und miteinander bestehender Glieder, in der jedes einzelne gewissermaßen die Quersumme aller anderen darstellt und in sich seine ganze Vergangenheit und alle Möglichkeiten seiner Zukunft vereinigt.

Und eben aus diesem Grunde ist die gesamte Kette des bedingten Entstehens in jedem Augenblick und von jeder Phase ihres Bestehens oder Wirkens aus aufhebbar und ist weder an die Ursachen einer unerreichbar fernen Vergangenheit gebunden, noch auch an eine aller Vorstellungsmöglichkeiten entzogenen Zukunft, in der vielleicht die Wirkungen dieser Ursachen sich einmal erschöpfen könnten.

Nur so ist die Möglichkeit einer Befreiung denkbar; denn wie könnten Ursachen, die sich seit anfanglosen Zeiten aufge-

[4] = *kamma-bhava*

häuft hätten und sich mit Naturnotwendigkeit weiter und weiter auswirken würden, je zu einem Ende kommen? – Die Idee, daß die Folgen aller Taten, geistiger wie körperlicher Art, bis zum letzten ausgekostet werden müssen, und daß wir durch jede noch so geringfügige Handlung, ja, durch die allergeringste Bewegung unseres Herzens (in Ab- und Zuneigung) uns immer tiefer in das unentwirrbare Netz des Schicksals verstricken, ist gewiß das furchtbarste Schreckbild, das der menschliche Intellekt je heraufbeschworen hat. Nur die Verbegrifflichung und Konkretisierung der vitalen Schicksalszusammenhänge konnte aus dem lebendigen Gesetz unseres innersten Wesens die blinde Notwendigkeit einer mechanischen Gesetzmäßigkeit konstruieren.

Mechanische Gesetze sind nur auf tote, unbewegliche «Dinge» oder begriffliche Einheiten – d. h. gedankliche Abstraktionen – anwendbar, nicht aber auf lebendige, wachsende, sich entfaltende und verwandelnde Organismen, die Einheiten nur im Sinne ihrer Kontinuität (*santâna*) und Transformationsrichtung (*kamma-bhava*) sind. Dies soll nicht bedeuten, daß das Gesetz von Ursache und Wirkung auf die Gebiete der Psychologie und Biologie keine Anwendung findet, sondern nur, daß es in einem begrenzten und entsprechend modifizierten Sinne anwendbar ist oder nur unter gewissen Bedingungen seine volle Gültigkeit beibehält. Der *Paṭiccasamuppâda* ist in der Tat der «mittlere Weg», der das Extrem starrer Notwendigkeit – mit der die Idee des freien Willens und der moralischen Verantwortlichkeit unvereinbar ist – ebenso vermeidet wie das Extrem des blinden Zufalls, der Nichtgesetzlichkeit, welche Entwicklung und ein Fortschreiten zu einem höheren Ziel unmöglich machen würde.

In dieser Hinsicht ist die Formel des bedingten Entstehens das notwendige Gegenstück der Anattâ-Idee, die den dynamischen Charakter des Daseins betont und das Individuum vom Standpunkt des Lebens und des Wachstum betrachtet, im Gegensatz zu dem erstarrten Begriff einer absoluten Entität, die logisch einem ebenso absoluten (und lebensfremden) Gesetz entsprechen würde.

Ein moderner deutscher Philosoph drückt eine ähnliche Idee in folgenden Worten aus: «Die Natur wie aus toten und unveränderlichen Steinen aufgebaut zu denken, rächt sich nur an dem Forscher, der sich mit dieser Anschauung der Möglichkeit neuer Entwürfe beraubt; aber den Menschen so anzusehen, rächt sich an jedem einzelnen und an jedem einzelnen wird es Unrecht, Vergewaltigung, Qual, Entsittlichung. Kein Ideal, kein Kunstwerk, kein Gut, keine Einrichtung, kein Lohntarif, kein Kauf darf nur als Sache gedacht werden, d. h. ohne Bezogenheit auf Wiedereinstellung und Wiedergeborenwerden in der Lebendigkeit einer Diesheit, d. h. einem individuellen Leben [5].»

Das Leben kennt keine absoluten Einheiten, sondern nur Bezugszentren, kontinuierliche Vereinheitlichungsprozesse, denn Wirklichkeit kann nicht in für sich bestehende Fragmente zersplittert werden. Jede ihrer Phasen und Erscheinungsformen ist Glied eines Bezugssystems und kann nur im Zusammenhang und in Beziehung zu anderen Gliedern oder zum ganzen System verstanden werden, wodurch die Extreme vollkommener Identität oder Nichtidentität in der Definition der Phasen eines kontinuierlichen Lebensvorganges vermieden werden.

«Zu glauben, daß der Tuer einer Tat der gleiche ist wie der, welcher die Früchte jener Tat (im nächsten Leben) erntet, ist das eine Extrem. Zu glauben, daß der Tuer einer Tat und derjenige, der ihre Früchte erntet, zwei verschiedene Personen seien, dies ist das andere Extrem. Diese beiden Extreme hat der Erhabene vermieden und die Wahrheit gelehrt, die in der Mitte liegt» (*Nidâna-Saṁyutta 46*).

Diese Wahrheit, die in der Mitte zwischen diesen Extremen liegt, findet ihren Ausdruck in der Formel des bedingten Entstehens. Die zwölf Glieder der Formel stellen in ihrer Reihenfolge die augenfälligste Form der Abhängigkeit oder Bedingtheit (*paṭicca*) ihres Entstehens (*uppâda*) dar. Vom Standpunkt zeitlicher Aufeinanderfolge können sie in drei Perioden eingeteilt werden – Vergangenheit, Gegenwart und Zukunft –, die

[5] Oswald Weidenbach: «Weltanschauung aus dem Geiste des Kritizismus», Seite 187.

DIE FORMEL DES BEDINGTEN ENTSTEHENS

	VERGANGENHEIT	GEGENWART	ZUKUNFT
POTENZIELLES KARMA Aktiver Aspekt (kamma-bhava) U r s a c h e	I (1) Nichtwissen Ich-Illusion (2) karmische Bildekräfte	III . . . . { (8) Begehren (9) Haften . . . . (10) Werden	
RESULTIERENDES KARMA Passiver Aspekt (uppatti-bhava) W i r k u n g		II (3) Wiedergeburtsbewußtsein (4) Geist-Körperlichkeit (5) Sechs Sinnesorgane (6) Sinneseindrücke (Kontakt) (7) Gefühlsempfindung	IV (11) Wiedergeburt (12) Altern Sterben Schmerz Kummer

für gewöhnlich als drei aufeinanderfolgende Existenzen aufgefaßt werden, obwohl sie ebensowohl auf eine Serie von aufeinanderfolgenden Augenblicken im unaufhörlich fließenden Bewußtseinsstrom (*bhavaṅga-sota*) oder auf entsprechende Perioden (vergangenen, gegenwärtigen und zukünftigen Geschehens) innerhalb ein und desselben Lebens bezogen werden können. Die Gültigkeit des *Paṭiccasamuppâda* hängt somit nicht vom Glauben an frühere Existenzen oder zukünftige Wiedergeburten ab, obwohl für den Buddhisten diese Überzeugung nicht nur auf rationellen Schlußfolgerungen beruht, sondern weitgehend durch innere Erfahrung (und oft auch durch äußere Belege) bestätigt wird. Was für uns in diesem Zusammenhang wichtig ist, ist nur, daß die Struktur des buddhistischen Lehrgebäudes nicht von einem wissenschaftlichen Beweis des Wiedergeburtsgedankens abhängt (und wie viele der allergrundlegendsten Erfahrungstatsachen, auf denen sich unsere Wissenschaft aufbaut, ließen sich beweisen?!) und daß sie in keiner Weise durch unsere individuelle Haltung diesem Problem gegenüber erschüttert wird.

Die buddhistische Psychologie selbst ist sich der Relativität solcher Begriffe, wie «Geburt» und «Tod» durchaus bewußt. Nach dem *Abhidhamma* finden Geburt und Tod gleichzeitig in jedem Augenblick statt, denn in jedem Augenblick stirbt etwas in uns und wird Vergangenheit, während etwas Neues in uns geboren und zur lebendigen Gegenwart wird. Mystiker wie Milarepa (der große Dichter und Heilige Tibets) machen keinen Unterschied zwischen diesem und dem vergangenen und zukünftigen Leben – indem sie ihre innere Einheit durchschauen.

«Gewohnt, das jetzige und das zukünftige Leben
Als eines zu betrachten,
Hab' ich verlernt Geburt und Tod zu fürchten.»

Man könnte sogar noch einen Schritt weitergehen und das eigene Leben und die Leben anderer, einschließlich derer, die vor uns gelebt haben, und derer, die nach uns leben werden, als *eins* zu betrachten. In dieser Vision ist die wissenschaftliche Anschauung des gemeinsamen Ursprunges und der gemeinsamen

Erbmasse vereint mit der Universalität der allumfassenden religiösen Haltung, die aus dem Erlebnis der inneren Verbundenheit alles Lebenden geboren wird.

Eine andere Einteilung klassifiziert den *Paṭiccasamuppâda* vom Gesichtspunkt der Potenzialität in vier Gruppen. *Avijjâ* und *saṅkhâra* stellen in diesem Falle den potentiellen Aspekt der karmischen Werdekraft (*kamma-bhava*) der Vergangenheit dar (I), welche den Wiedergeburtsprozeß (*uppatti-bhava*), den resultierenden Aspekt (*vipâka*) des Karma im gegenwärtigen Leben (Gruppe II) bedingen, nämlich: Bewußtsein, den psychophysischen Organismus mit seinen sechs Sinnesorganen und den durch sie bedingten Sinneseindrücken und Empfindungen. Die folgenden Glieder der gegenwärtigen Existenz – Begierde, Haften und der Werdeprozeß – gehören wiederum dem aktiven oder potentiellen Karma-Aspekt an (Gruppe III: *kamma-bhava*), deren Resultat die Wiedergeburt in einem zukünftigen Leben, mit den notwendigen Konsequenzen in Form von Krankheit, Alter und Tod, ist (Gruppe IV), die dem resultierenden Aspekt des Karma in der gegenwärtigen Existenz entspricht. Der Parallelismus der ersten und dritten Gruppe und der zweiten und vierten Gruppe ist in der nahen Beziehung ihrer entsprechenden Glieder, die oft fast einer Identität gleichkommt: *taṇhâ* und *upâdâna* sind, wie bereits erwähnt, Formen von *avijjâ; jâti, jarâ-maraṇa* sind ein anderer Ausdruck für *viññâṇa, nâma-rûpa, salâyatana, phassa, vedanâ*, welche die fünf karmischen Resultate im Gegensatz zu den fünf karmischen Ursachen (*avijjâ, saṅkhâra, tanhâ, upâdâna, kamma-bhava*) darstellen. *Bhava*, das hier *kamma-bhava* bedeutet, ist ein Synonym für *saṅkhâra*. Buddhaghosa sagt daher im *Visuddhimagga:*

> «Fünf Ursachen gab es in der Vergangenheit,
> Fünf Früchte finden wir in diesem Leben,
> Fünf Ursachen schaffen wir in der Gegenwart,
> Fünf Früchte ernten wir im zukünftigen Leben [6].»

[6] Eine Parallele hierzu findet sich im *Paṭisaṃbhida, Ñâṇakathâ* Nr. 4 (Nyâṇatiloka)

III

DIE AUFHEBUNG DES LEIDENS

1. Die Wahrheit der Glückseligkeit

Die Leidenswahrheit wird im allgemeinen als der wesentlichste und charakteristischste Zug des Buddhismus angesehen. Aber diejenigen, die dieser Anschauung huldigen, vergessen, daß die Wahrheit vom Leiden nur die halbe Wahrheit ist. Der Buddha, wie wir sahen, machte die Wahrheit vom Leiden zum Ausgangspunkt seiner Lehre (so, wie ein Arzt die Diagnose der Krankheit zum Ausgangspunkt seiner Heilungsmethode macht), und nachdem er den axiomatischen Wert und die Universalität der grundlegenden Leidensthese dargelegt hat, schreitet er fort zur Antithese: der Wahrheit der Glückseligkeit, der geistigen Gesundung.

Der Buddha umschreibt dieses mit dem philosophisch eindeutigeren Ausdruck «die edle Wahrheit der Leidensaufhebung» (*dukkhanirodho ariya-saccaṃ*), der den Vorteil hat, die Einführung einer neuen «Größe» (in Form eines weiteren Begriffes) in die strenge Formel der vier edlen Wahrheiten, die alle Faktoren unter einen einzigen Nenner zu bringen versucht, zu vermeiden.

Die heiligen Schriften haben es jedoch immer wieder klar gemacht, daß das Aufhören des Leidens höchste Glückseligkeit ist und daß jeder Schritt in dieser Richtung von stetig wachsender Freude begleitet ist.

> «O wie so glücklich leben wir, haßlos unter Gehässigen!» –
> «O wie so glücklich leben wir, gierlos unter den Gierigen!» –
> «O wie so glücklich leben wir, die wir gar nichts besitzen, nichts!»
> «Von Heiterkeit durchsättiget, wie lichte Götter strahlen wir.» (*Dhammapada*, 197–200)

Je mehr der Mensch sich von Gier, Haß und Wahn befreit, desto größer wird sein inneres Glücksgefühl. *Nibbâna*, das der Buddha als die vollkommene Befreiung von diesen drei Fesseln bezeichnet, ist daher höchstes Glück: *«nibbâṇaṃ paramaṃ sukhaṃ* (*Dhammapada* 203–4).

Diese Tatsache wird im *Mahâvagga* durch die unmittelbar auf die Erleuchtung des Buddha folgende Episode illustriert, in der, wie es heißt, der Buddha sieben Wochen in einem Zustand ekstatischer Glückseligkeit verweilte. Das Wort «ekstatisch» soll hier jedoch nicht bedeuten, daß der Buddha «außer sich» war in einem Zustand freudiger Erregung, die ihn gewissermaßen nicht «zu sich selber» kommen ließ. Ganz im Gegenteil, die Glückseligkeit des Buddha war ein Zustand verklärter Ruhe, der ekstatisch in dem Sinne war, als er sich über alle Begrenzungen erhob, befreit von allen selbstischen Regungen, jenseits von «Ich» und «Welt». Vom Standpunkt rein menschlicher Erfahrung war es ein Zustand, der von allen Emotionen frei war, ohne deshalb passiv oder indifferent zu sein. Es war der Zustand eines durchaus positiven und machtvollen geistigen Gleichgewichts (*tatramajjhattatâ*), einer alle Worte und Vorstellungen überschreitenden, vollkommenen Harmonie, in der alles eigene Wünschen und Wollen zur Ruhe gekommen ist und alle individuellen Regungen der tieferen Einsicht in die Gesetze der Wirklichkeit weichen.

Hieraus erklärt sich die Kombination der sich scheinbar widersprechenden Ausdrücke *«upekkhâ»* und *«sukha»* in der oft wiederholten Redewendung *«upekkhako satimâ sukha viharati»*, «der Gleichmütig-Besonnene weilt im Glück», wie auch die Gegenwart des Glücksempfindens in der vierten Versenkungsstufe (*jhâna*) (die im Abhidhamma als fünfte gerechnet wird), in der Gleichmut erreicht und Freude und Leid überwunden werden.

«Nach Überwindung von Freude und Leid, nach dem Schwinden früheren Frohsinns und Trübsinns, erreichte ich die von Freude und Leid freie, in Gleichmut und Einsicht geklärte vierte Versenkungsstufe und weilte in ihr. Aber nicht konnte das so aufsteigende Glücksempfinden meinen Geist fesseln.»

Während der Zeit seiner asketischen Yoga-Übungen waren dem Buddha die Empfindungen der Freude und der Beseligung so fremd geworden, daß er sie wie eine Gefahr empfand, die zu fürchten, zu umgehen war; und nun, wo er die Fruchtlosigkeit dieser Einstellung erkennt, überwindet nur die Erinnerung früheren Erlebens diese Furcht: die Erinnerung eines spontanen Meditationserlebnisses seiner Kindheit (unter dem Rosenapfelbaum), in dem er zum ersten Mal jene erhabene Glückseligkeit empfand. Er beschließt somit, den in der Zeit der Askese vernachlässigten Körper wieder zu stärken, um der als neues Erlösungsmittel gefundenen Freude teilhaftig werden zu können. Im Gegensatz zu den brahmanischen Büßern, die das selbstgeschaffene Leid der Askese als ein Mittel zur Erlösung betrachteten, erkannte der Buddha die aus Selbstvertiefung entstehende Freude als Befreiungsmittel. Aber gerade als *Mittel* durfte diese Freude den Geist des Strebenden ebensowenig an sich fesseln oder verwirren als der Schmerz.

Und schließlich löst sich auch diese Freude in jenen erhabenen Zustand auf, in dem alle Gegensätze des Denkens und Empfindens aufgehoben sind zugunsten jenes beseligenden Einheitsbewußtseins, das nur durch negative Ausdrücke gekennzeichnet werden kann und von dem man, wie vom Zustande des Nibbâna, nur aussagen kann, was es *nicht* ist, ohne daß damit seine Realität in Frage gestellt wäre. Die Abwesenheit aller Dinge in einem Raum stellt die Wirklichkeit dieses Raumes nicht in Frage; im Gegenteil, das Charakteristische an der Vorstellung «Raum» ist die Abwesenheit «raumverdrängender» Dinge. Vom Raum aus gesehen sind die Dinge das Negative, von den Dingen aus gesehen der Raum. Und ebenso ist jenes erhabene Glück und das Nibbâna, in dem es am vollkommensten erlebt wird, vom gewöhnlichen Geisteszustand des Menschen gesehen negativ, erscheint ihm als Leere, als Nichtvorhandensein alles Wirklichen, während umgekehrt, vom Standpunkt des höchsten Erlebens, die gewöhnliche Welt ihre Wirklichkeit verliert und zum Negativen wird.

2. *Die Bedeutung von Freude und Leid nach dem Abhidhamma*

Die Bedeutung von Freude und Leid im Buddhismus, ein Problem, über das der Streit der Meinungen sich immer wieder erhebt, um stets von irgendeinem persönlichen Standpunkt entschieden zu werden, ist für denjenigen, der mit Aufmerksamkeit das System der buddhistischen Psychologie betrachtet, völlig durchsichtig. Hier wird, was der Buddha in der Beschreibung seines Entwicklungsganges (wie wir aus obigen Zitaten sahen) andeutete, in klarer, sachlicher Form ausgesprochen, daß nämlich *Freude* einer der wichtigsten Faktoren der Erlösung ist.

Je mehr der Mensch sich von Haß und Widerwillen (*dosa, patigha*), die die Folge seiner Sonderheitsillusion (*moha*), seines Ich-Wahns sind, befreit, desto glücklicher wird er; denn Leiden ist ja nichts anderes als gehemmter, durchkreuzter Willen, der sich dem Hemmnis, das durch die eigene Abgrenzung bedingt ist, vergeblich entgegenstemmt. Demgemäß tritt Kummer (*domanassa*) im Bewußtseinssystem des Abhidhamma nur in den zwei mit Widerwillen (*paṭigha*) verbundenen Bewußtseinsklassen auf – körperlicher Schmerz ist nur als karmische Nachwirkung (*vipâka*), d. h. als Resultat früheren Wirkens zu verstehen – während *Freude* in dreiundsechzig Klassen erscheint. Hiervon gehören nur vier der Gruppe unheilsamer Bewußtseinszustände an, vierzehn den wirkenden und nachwirkenden Klassen der Sinnenwelt, während vierundvierzig Klassen dem höheren (*rûpa-, arûpâvacara*) und dem höchsten (*lokuttara*) Bewußtsein angehören (siehe Anhang, Tafel V).

In anderen Worten: von den 121 Bewußtseinsklassen, die von der buddhistischen Psychologie besprochen werden, sind dreiundsechzig von Freude begleitet und nur drei von ihnen leidvoll, während der Rest, d. h. fünfundfünfzig Klassen neutral sind. Wenn irgend etwas geeignet ist, den Vorwurf des Pessimismus, den man dem Buddhismus gemacht hat, zu entkräften, so dürfte es diese Feststellung sein. Wie verblendet muß der Mensch sein, daß er, trotz der überwiegenden Möglichkeiten freudvoller Bewußtseinszustände, vorwiegend in jenen drei unheilsamen verharrt! Welch eine Perspektive aber eröffnet sich für den Strebenden, und welcher Ansporn ist die Erkenntnis dieser Dinge selbst für den Zaghaften! Je weiter er fortschreitet, desto lichter wird es in seinem Bewußtsein. Freude wird also zum Kennzeichen des Fortschritts, und in dem Maße, in dem sie zunimmt, verfeinert und verinnerlicht sie sich, um endlich zu jener Serenität zu werden, die über alles Welttreiben erhaben, allgütig, allverstehend, allverzeihend, allumfassend aus dem Antlitz des Erhabenen leuchtet.

Man mag einwenden, daß die Statistik des Abhidhamma nicht wissenschaftlich fundiert ist und daher keine Allgemeingültigkeit, keinen «objektiven» Wert besitze. Darauf kommt es hier aber auch nicht an, denn wir haben es in diesem Falle ja gerade mit dem Produkt *subjektiver* Erfahrung, *erlebter* Wirklichkeit zu tun – also mit etwas, das zwar logisch geordnet und zu einem geistigen Kunstwerk gestaltet ist, das aber nicht auf logischem Wege erschlossen wurde und darum auch nicht durch Logik bewiesen werden kann, sondern nur durch Nacherleben, durch Verwirklichung der gleichen geistigen Vorbedingungen. Was uns an dieser Statistik so wichtig erscheint, ist eben gerade jenes Subjektive in ihr, das der Stimmung des ältesten Buddhismus bzw. dem Geiste, aus dem er geboren wurde, eindeutigen Ausdruck verleiht. Und das ist sowohl vom historischen wie vom rein geisteswissenschaftlichen und praktisch-religiösen Standpunkt das wesentlichste.

Wie im Falle des Leidens, können wir viele Grade der Freude oder der Beglückung unterscheiden und unter ihnen drei Hauptgruppen. Die erste ist *physisch:* körperliches Wohlsein und sinnliches Vergnügen (*kâyika sukha*); die nächst höhere ist *mental*-seelisch und besteht in der Befriedigung intellektueller Interessen oder emotioneller Neigungen, die individuell bedingt und begrenzt sind (*kâmâvacara-somanassa*); die dritte Gruppe stellt den höchsten Grad der Freude oder Glückseligkeit dar, der frei ist von selbstischen Interessen und individuellen Begrenzungen (*cetasika sukha*), eine Freude, die an der Beglückung anderer teilnimmt (*muditâ*) und die das Individuum über die Grenzen weltlicher Erfahrung hinaushebt in den Bereich geistiger und ethischer Werte (*lokuttara*).

Nachdem der Buddha die höchsten Stufen der Beseligung im Vorgang der Erleuchtung erfahren hatte, stand er der Aufgabe gegenüber, einen Weg zu finden, der vom Zustand des weltlichen Bewußtseins (*lokiya citta*) zur Erreichung dieses erhabenen, supramundanen Bewußtseins führt. Dieser Weg bildet den vierten und wichtigsten Teil der vier Edlen Wahrheiten, nämlich ihre Synthese im Achtfachen Pfad der Befreiung vom Leiden karmischer Knechtschaft.

Ob Buddhas in der Welt erscheinen oder nicht, es bleibt eine Tatsache, eine unumstößliche Daseinsbedingung und ein ewiges Gesetz, daß alle Gestaltungen (saṅkhârâ) vergänglich (anicca) sind. Diese Tatsache entdeckt und meistert ein Buddha, und wenn er sie entdeckt und bemeistert hat, verkündet, predigt, offenbart, lehrt und erklärt er gründlich, daß alle Gestaltungen vergänglich sind.

Ob Buddhas in der Welt erscheinen oder nicht, es bleibt eine Tatsache, eine unumstößliche Daseinsbedingung und ein ewiges Gesetz, daß alle Gestaltungen dem Leiden (dukkha) unterworfen sind. Diese Tatsache entdeckt und meistert ein Buddha, und wenn er sie entdeckt und bemeistert hat, so verkündet, predigt, offenbart, lehrt und erklärt er gründlich, daß alle Gestaltungen dem Leiden unterworfen sind.

Ob Buddhas in der Welt erscheinen oder nicht, es bleibt eine Tatsache, eine unumstößliche Daseinsbedingung und ein ewiges Gesetz, daß alles, was besteht (sabbe dhammâ: alle Dinge, Gegebenheiten oder Wesenheiten) nicht-absolut (anattâ: nicht-ichhaft) ist. Diese Tatsache entdeckt und meistert ein Buddha, und wenn er sie entdeckt und bemeistert hat, so verkündet, predigt, offenbart, lehrt und erklärt er gründlich, daß alles Bestehende nicht-absolut ist (ohne ein beharrendes «Ich»).

(Aṅguttara-Nikâya III, 134)

IV

DER WEG DER BEFREIUNG

1. Der Achtfache Pfad

Wir bezeichneten die dritte der Vier Edlen Wahrheiten als «die Wahrheit von der Glückseligkeit». Der Achtfache Pfad stellt die Ursache der Glückseligkeit dar, d. h. des *Nibbâna*. Er ist die Synthese der vierfachen Formel, denn der erste Schritt auf dem Pfade *«sammâ diṭṭhi»* besteht im Wissen, oder zumindest in der Anerkennung der Tatsache des Leidens, seines Ursprunges, der Möglichkeit seiner Aufhebung und des zur Aufhebung des Leidens führenden Pfades.

In anderen Worten: derjenige, der den Pfad der Befreiung beschreiten will, muß sich der Unvollkommenheit seines gegenwärtigen Daseinszustandes bewußt sein und muß den ernsthaften Wunsch haben, über ihn hinauszukommen und einen Begriff von den Ursachen seiner Unvollkommenheit und den Mitteln zu ihrer Überwindung. Die vierte Wahrheit faßt somit die Resultate der drei vorhergehenden Wahrheiten zusammen, ehe sie sich mit der Darlegung der praktischen Schritte zur Verwirklichung des in Frage stehenden Zieles beschäftigt. Dies ist sehr charakteristisch für die Lehrmethode des Buddha.

Er wollte auf seinem Wege keine blinden Nachfolger, die unbesehen seine Anweisungen ausführen würden, ohne ihren Grund oder ihre Notwendigkeit zu erkennen, denn für ihn lag der Wert des menschlichen Handelns nicht in der äußeren Wirkung, sondern in dem Beweggrund, in der Haltung des Bewußtseins, aus dem es entsprang. Er wollte, daß seine Jünger ihm auf Grund ihrer eigenen Einsicht in die Wahrheit seiner Lehren folgten und nicht bloß auf Grund ihres Glaubens an die Überlegenheit seiner Weisheit oder seiner Person. Den einzigen Glauben, den er von den Beschreitern seines Pfades erwartete, war der Glauben an ihre eigenen inneren Kräfte. Dies bedeutete nicht die Betonung eines kalten Rationalismus, sondern das harmonische Zusammenwirken *aller* Kräfte der menschlichen Psyche, unter denen der Intellekt, oder richtiger, die Vernunft das unterscheidende und direktive Prinzip ist (*paññindriya*).

Infolge der begrenzten Reichweite des individuellen Bewußtseins kann die Bedeutung dieser Vier Edlen Wahrheiten am Anfang des Pfades nicht völlig durchschaut werden (denn sonst würde ja Befreiung unmittelbar verwirklicht und würden die verbleibenden Stufen des Pfades überflüssig machen), aber die einfache Tatsache des Leidens und seiner unmittelbaren Ursachen werden in jeder Lebensphase so augenfällig demonstriert, daß ein bloßes Beobachten und Analysieren der eigenen, wenn auch noch so beschränkten Erfahrung genügt, um einen denkenden Menschen von der Vernünftigkeit und Annehmbarkeit der vom Buddha aufgestellten These zu überzeugen.

Mit «rechter Anschauung» (*sammâ diṭṭhi*) ist hier also nicht die Annahme eines festgelegten Dogmas, eines Lehrsatzes oder Glaubensartikels gemeint, sondern die unvoreingenommene, unparteiische Einsicht in die Natur der Dinge und alles Geschehens, wie es *ist* (*yathâ-bhûtaṃ*, d. h. der Wirklichkeit gemäß). Auch das Wort «*sammâ*» hat einen tieferen und eindeutigeren Sinn als das Wort «recht»; es bedeutet die Völligkeit, Ganzheit, Vollständigkeit einer Handlung oder eines Zustandes, im Gegensatz zu etwas, das unvollständig oder einseitig ist. Ein *Sammâ-Sambuddha* ist ein vollkommen Erleuchteter, ein völlig Erleuchteter, nicht ein «recht» Erleuchteter. *Sammâ diṭṭhi* ist somit mehr als die Übereinstimmung mit gewissen vorgefaßten religiösen oder moralischen Ideen. Es bedeutet ein völliges, nicht einseitiges Sehen der Dinge (besteht nicht das Unheil in der Welt vorwiegend darin, daß jeder die Dinge nur von seiner eigenen Seite sieht?). Statt unsere Augen vor allem Unerfreulichen und Leidvollen zu verschließen, sollen wir der Tatsache des Leidens ins Auge blicken, und indem wir dies tun, entdekken wir seine Ursache – und mehr noch, daß diese Ursache in uns selber liegt und von uns überwunden werden kann. So kommt uns das Wissen vom Hohenziel der Befreiung und vom Weg, der zu seiner Verwirklichung führt. *Sammâ diṭṭhi* ist also das *Erlebnis* (nicht die bloße intellektuelle Anerkennung) der

Vier Edlen Wahrheiten des Buddha. Aus dieser Geisteshaltung allein kann der vollkommene, d. h. der den ganzen Menschen erfassende *Entschluß* (*sammâ saṃkappa*) geboren werden, der den Einsatz des ganzen Menschen in Gedanken, Worten und Taten (*sammâ vâcâ, sammâ kammanta, sammâ âjîva*) fordert und durch vollkommene Verinnerlichung (*sammâ sati*) und Vertiefung (*sammâ samâdhi*) zur völligen Erleuchtung (*sammâ sambodhi*) führt.

Da Gier (*lobha*) und Haß (*dosa*) die Haupthindernisse auf diesem Wege sind, so muß der Geist von diesen Eigenschaften befreit werden und sie allmählich durch ihre positiven Gegenstücke, nämlich Freigiebigkeit (*dâna*) und Nächstenliebe (*mettâ*) ersetzen, welche die genauen Entsprechungen von *alobha* und *adosa* sind.

Sammâ vâcâ wird definiert als Abstehen von Lüge, übler Nachrede, verletzender Sprechweise und eitlem Geschwätz. Daß dies jedoch nicht nur im negativen Sinne zu verstehen ist, geht aus der folgenden Stelle im *Aṅguttara-Nikâya X, 176* hervor, in der es von dem den Achtfachen Pfad Beschreitenden heißt: «Er spricht die Wahrheit, ist der Wahrheit zugetan, zuverlässig, vertrauenswürdig ... Er spricht nie wissentlich eine Lüge, weder zu seinem eigenen Vorteil, noch zum Vorteil eines anderen oder auf Grund irgendeines anderen Vorteils, was immer dieser auch sein mag. – Was er hier gehört hat, wiederholt er nicht an anderem Ort, um Unfrieden zu stiften ... Vielmehr: er schafft Eintracht unter denen, die entzweit waren, und diejenigen, die vereint sind, ermutigt er. Eintracht erfreut ihn; er ist beglückt und begeistert durch Eintracht, und es ist Eintracht, was seine Worte verbreiten. Er vermeidet grobe Rede und spricht Worte, die sanft und dem Ohre angenehm sind, besänftigend, liebevoll, zu Herzen gehend, höflich, gewinnend und vielen zur Freude. Er vermeidet eitle Rede und spricht zur rechten Zeit, den Tatsachen gemäß. Er spricht, was förderlich ist, er spricht über die Lehre (*dhamma*) und die Geisteszucht; seine Rede ist wie ein kostbarer Schatz, im richtigen Augenblick von Begründungen begleitet, gemäßigt und sinnerfüllt. Dies nennt man vollkommene Rede (*sammâ vâcâ*).»

Sammâ kammanta wird negativ als das Abstehen von Töten, Stehlen und geschlechtlicher Unzucht definiert, während die positive Seite des Handelns, das nicht nur äußerlich «recht», sondern vollkommen im Sinne der völligen Übereinstimmung mit der inneren Haltung und Zielrichtung (*sammâ saṃkappa*) ist, durch folgende Worte angedeutet wird: «Ohne Stock oder Schwert (ohne Anwendung von äußerer Gewalt oder Zwang), gewissenhaft und voller Mitgefühl, ist er bedacht auf das Wohlsein aller Mitwesen.»

Sammâ âjîva wird umschrieben als das Abstehen von allen solchen Berufen und Beschäftigungen, die dem Wohlsein anderer Wesen abträglich sind, wie z. B. Handel in Waffen oder in Lebewesen, in Fleisch, berauschenden Getränken und lebensgefährdenden Giften. Was immer mit Betrug, Verrat, Wahrsagerei, Hinterhältigkeit und Wucherei zu tun hat, muß gemieden werden. Die vollkommene Lebensführung besteht in einem Leben der Reinheit, der Gerechtigkeit und Nützlichkeit, kurz in einem Leben, das sowohl zur eigenen körperlichen und geistigen Wohlfahrt führt, wie zu der unserer Mitwesen.

Der sechste Schritt auf dem Achtfachen Pfade besteht im völligen Einsatz unserer Kräfte (*sammâ vâyâma*) in Form einer vierfachen Anstrengung: (1) der Bemühung, das Böse, das in unserem Geiste entstanden ist, zu vernichten, (2) der Bemühung, das noch nicht entstandene Böse am Entstehen zu verhindern, (3) der Bemühung, noch nicht entstandenes Gutes hervorzubringen, (4) der Bemühung, das entstandene Gute zu pflegen. Dies sind die vier Glieder der vollkommenen Anstrengung (*sammâ vâyâma*).

Die guten Qualitäten, die entwickelt und kultiviert werden sollen, sind die sieben Erleuchtungsfaktoren (*satta bojjhangâ*), nämlich:

(1) Vergegenwärtigung, Besinnung, klare Bewußtheit (*sati*),
(2) Wahrheitserforschung (*dhammavicaya*),
(3) Energie, Tatkraft (*viriya*),
(4) Inspiration, Begeisterung (*pîti*),
(5) Serenität, abgeklärte Ruhe (*passaddhi*),
(6) Konzentration, Einswerdung (*samâdhi*),

(7) Gleichmut, seelisches Gleichgewicht, geistiges Über-den-Dingen-Stehen (*upekkhâ*).

Der siebente und achte Schritt auf dem Pfade beschäftigt sich näher mit diesen Faktoren unter den Aspekten von *sati* und *samâdhi*. *Sammâ sati*[7] wird als eine vierfache Vergegenwärtigung, nämlich des Körpers (*kâya*), der Empfindungen (*vedanâ*), des Geistes (*citta*), der Geistesobjekte (*dhammâ*) beschrieben. Diese Betrachtungen sind vorwiegend analytisch. Sie nehmen in vieler Hinsicht die Methoden und Wirkungen der modernen Psychoanalyse vorweg. Das buddhistische System der Geistesschulung geht jedoch noch einen Schritt weiter, indem es sich nicht nur auf die Analyse und die Beherrschung des Bewußtseins in seinem augenblicklichen Zustand oder seiner gewohnten Lage beschränkt, sondern schreitet zu einer höheren Synthese oder Intensivierung des Bewußtseins fort, die mit dem Ausdruck *samâdhi* bezeichnet wird.

Dies ist der achte Teil des Pfades: «*sammâ samâdhi*, die völlige innere Einswerdung. Die Objekte, die auf der siebenten Stufe des Pfades noch dem Bereich des diskursiven, begrifflichen Denkens angehörten, verlieren nun ihren Objektcharakter, indem sie in den Bereich des intuitiven Bewußtseins erhoben werden. Hier ist *samâdhi* nicht mehr bloß Konzentration des Bewußtseins auf ein erwähltes Objekt, sondern Konzentration, d. h. Verdichtung und Intensivierung des Bewußtseins selbst, was so viel bedeutet wie eine Transformation des Bewußtseins, in der die Spannung zwischen Subjekt und Objekt, die durch begriffliche Unterscheidung geschaffen wurde, aufgehoben ist durch die integrierende Kraft des reinen Erlebens. Wir nennen dieses Erleben «rein», weil es nicht reflektiert oder gefärbt wird

[7] *Sati* bedeutet ursprünglich ‚Erinnerung' (Sanskrit: *smṛti*), hat jedoch im Pâli nicht mehr die Bedeutung eines In-der-Vergangenheit-Weilens oder In-die-Vergangenheit-Gehens, sondern eines In-die-Gegenwart-Hebens des Vergangenen. Es ist die Aufhebung des Vergangenheitscharakters aller Betrachtungsobjekte durch *Vergegenwärtigung*. Auch bei der Beobachtung scheinbar gegenwärtiger äußerer Gegebenheiten oder körperlicher und geistiger Funktionen, handelt es sich um die Produkte der Vergangenheit, um Auswirkungen früheren Wirkens, das nun objekthaft unseren Sinnen (einschließlich des Geistes) entgegentritt und so der «Gegen»stand unserer Betrachtung wird.

durch das Medium des Denkens oder irgendwelcher vorgefaßter Ideen und somit frei ist von Verblendung und ihren Begleiterscheinungen Begehren und Aversion, Angezogensein und Abgestoßensein. Wenn dieses Erleben tief genug ist, unser ganzes Bewußtsein zu durchdringen bis in unsere tiefsten Wurzeln (*saṅkhârâ*) und unsere ursprünglichsten Motive (*hetu*), dann wird Befreiung (*nibbâna*) verwirklicht. Aber selbst wenn solches Erleben von geringerer Intensität ist und nur einen zeitlichen oder anderweitig begrenzten Einfluß auf unseren Geist ausübt, so wird es dennoch dazu beitragen, unseren Horizont zu erweitern, unser Vertrauen zu stärken, unsere Einsicht zu vertiefen, unsere Vorurteile abzuschwächen und unsere Bestrebungen zu läutern.

So wird die völlige Einswerdung (was sehr viel mehr bedeutet als der landläufige Ausdruck «rechte Konzentration», die ja auch jeder Bücherrevisor oder Kassenbeamte besitzt) die Grundlage vollkommener Anschauungen und Bestrebungen (*sammâ diṭṭhi, sammâ saṃkappa*), deren «Vollkommenheit» nicht von der Größe ihres Umfanges abhängt, der naturgemäß, als Folge ständig wachsender Erfahrung, sich mehr und mehr weitet – bis die jeder Stufe eignende Vollkommenheit zur Voll*endung* wird [8]. Das gleiche gilt für die übrigen Stufen des Achtfachen

[8] Wenn wir hier das Wort «recht» durch «vollkommen» ersetzt haben, so soll damit nicht gesagt werden, daß die landläufige Übersetzung von *sammâ* falsch ist, sondern nur, daß sie zu allgemein, zu abgegriffen und farblos ist, um das, was der Buddha (und nicht irgendeiner der späteren Kommentatoren) unter diesem Ausdruck verstand, völlig wiederzugeben. *Sammâ* ist ein Wort, das Ganzheit und Vollständigkeit ausdrückt, wie wir bereits sahen; es ist ein Wort, das die buddhistische Geisteshaltung unmittelbar zum Ausdruck bringt und somit definiert, was der Buddhist in diesem Falle unter ‚recht' versteht. Selbst wenn *micchâ* («falsch») von späteren Exegeten (wie Buddhagosa, der ein Jahrtausend nach Buddha lebte) *sammâ* als Gegenteil gegenübergestellt wird, so ändert dies kein Jota an der Bedeutung von *sammâ,* sondern macht nur um so klarer, was nach buddhistischer Anschauung «falsch» ist.

Die erste Anregung zu der hier ausgesprochenen Auffassung verdanke ich meinem verehrten, inzwischen leider verstorbenen Freund Dr. Beni Madhab Barua, der seinerzeit den Lehrstuhl für Pâli an der Universität von Calcutta inne hatte.

Die ursprüngliche Bedeutung von *sammâ* (Skt.: *samyak)* hat sich selbst in der tibetischen Übersetzung dieses Wortes erhalten: *yaṅ-dag* bedeutet «voll-

Pfades, der nun auf einem höheren Niveau durchlaufen wird und dieser spiralartige Fortschritt (der in beistehendem Diagramm veranschaulicht wird) setzt sich fort bis zur endgültigen Befreiung.

Wenn wir den Edlen Achtfachen Pfad weiterhin analysieren, so finden wir, daß er auf drei grundlegenden Prinzipien aufgebaut ist: dem der Erkenntnis (*paññá*), dem der Sittlichkeit (*sîla*) und dem der Konzentration (*samâdhi* im weiteren Sinne). Vollkommene Anschauung und vollkommenes Streben stellen das Logosprinzip dar. Vollkommene Rede, Handlung und Lebensweise stellen das ethische Prinzip dar. Vollkommene Bemühung, vollkommene Vergegenwärtigung und vollkommene Einswerdung stellen das konzentrative Prinzip dar.

Erkenntnis in seiner höchsten Form ist Erleuchtung (*sammâ-sambodhi*); ihr Anfang liegt im ehrlichen Wahrheitsstreben und in der unvoreingenommenen Anerkennung der Lebensgesetze, soweit sie im Bereich der normalen menschlichen Erfahrung liegen. Dies ist, was mit *sammâ diṭṭhi* als erstem Schritt auf dem Achtfachen Pfad gemeint ist. Es ist bedeutsam für die geistige Haltung des Buddhismus, daß er Erkenntnis als den ersten Schritt auf dem Erlösungspfad betrachtet und nicht die Befolgung eines durch Überlieferung oder religiöse Gebote festgelegten Moralgesetzes. Für den Buddhisten ist Sittlichkeit nur der praktische Ausdruck seines Erkenntnisniveaus. Wenn ein Mensch nur deshalb gewisse Sittenregeln befolgen würde, weil er Strafe fürchtet oder Belohnung erwartet, so würde seine sogenannte Moralität jedes ethischen Wertes entbehren.

Vom buddhistischen Standpunkt ist Sittlichkeit nicht die Ursache, sondern die Auswirkung unserer geistigen Haltung. Die Harmonie zwischen dieser Haltung und unseren Handlungen, d. h. unsere innere Wahrhaftigkeit ist die wirkliche Bedeutung von *sîla.* Und aus diesem Grunde ist auch *samâdhi* nicht möglich ohne *sîla*, denn Sammlung und Einswerdung sind

kommen» im Sinne von «völlig», «wirklich», «gänzlich»; z. B. *yaṅ-dag-rgyal* «ein völlig Siegreicher»; *yaṅ-dag ḥgrub-pa-thob,* völlige Erreichung, vollkommene Verwirklichung; *yaṅ-dag sdom* vollkommene Enthaltsamkeit; *yaṅ-dag rtogs* wirkliches Verständnis, vollkommenes Begreifen.

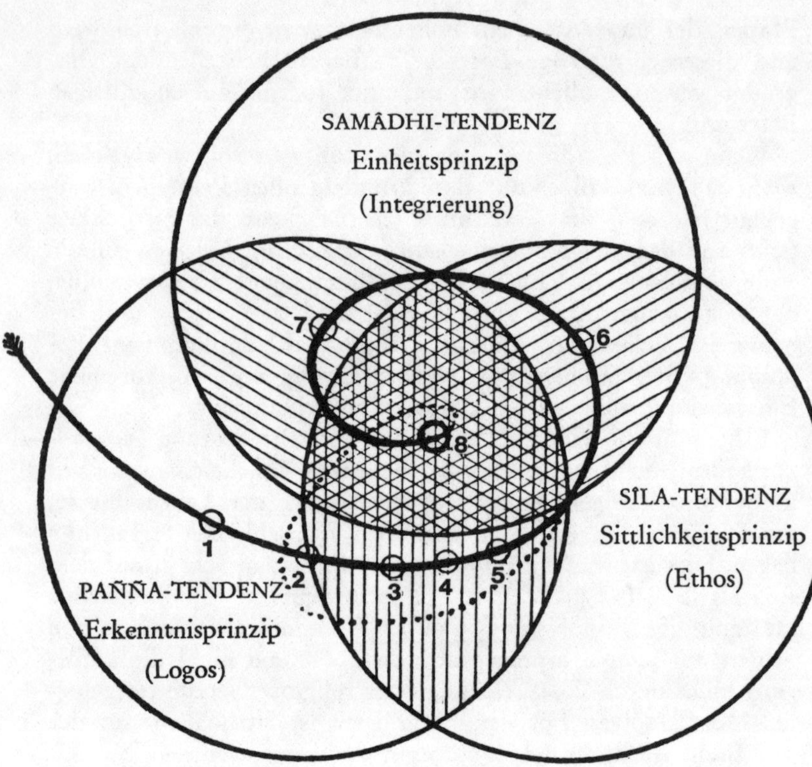

DIE DREI TENDENZEN DES ACHTFACHEN PFADES
UND DIE SPIRALE DES FORTSCHRITTES

PAÑÑA	SÎLA	SAMÂDHI
1. *sammâ diṭṭhi*	3. *sammâ vâcâ*	6. *sammâ vâyâma*
	4. *sammâ kammanta*	7. *sammâ sati*
2. *sammâ saṃkappa*	5. *sammâ âjîva*	8. *sammâ samâdhi*

nicht möglich ohne innere Harmonie. *Samâdhi* ist Harmonie in höchster Vollkommenheit.

Wir können somit zusammenfassend folgendermaßen formulieren: *Paññâ* ist die Harmonie zwischen unserem Geist und den Gesetzen der Wirklichkeit. *Sîla* ist die Harmonie zwischen unseren Überzeugungen und unseren Handlungen. *Samâdhi* ist die Harmonie zwischen unserem Gefühl, unserem Wissen und unserem Wollen, der Einklang aller unserer schöpferischen Kräfte im Erlebnis einer höheren Wirklichkeit.

2. Der Zusammenhang zwischen den Vier Edlen Wahrheiten, dem Achtfachen Pfad und dem Zwölffachen Paṭiccasamuppâda

Bevor wir dieses Kapitel beenden, wird es von Nutzen sein, den engen Zusammenhang zwischen den Vier Edlen Wahrheiten, dem Achtfachen Pfad und der zwölfgliedrigen Formel des bedingten Entstehens, nicht nur in ihrer genetischen und zeitlichen Aufeinanderfolge, sondern auch in der Gleichzeitigkeit ihrer Beziehungen und dem Parallelismus ihrer Glieder zu beobachten.

Die Vier Edlen Wahrheiten enthalten sowohl die Formel des abhängigen Entstehens wie den Achtfachen Pfad. Der letztere wiederum enthält in seinem ersten Schritt die Vier Edlen Wahrheiten und damit notwendigerweise auch die Formel des abhängigen Entstehens. Die Vier Edlen Wahrheiten bilden den allgemeinen Rahmen des buddhistischen Systems, in dem das wesentliche Problem in Form einer These und einer Antithese umschrieben ist, die unter zwei Kennbegriffen summiert werden können: *dukkha* und *sukha.* Jeder von ihnen wird analysiert bezüglich seiner Symptome und seiner Ursachen. Der erste Teil dieser Analyse (die Symptome betreffend) fällt unter die erste und dritte der Vier Wahrheiten, der zweite Teil der Analyse, der die Ursachen oder Bedingungen betrifft, unter denen diese Symptome auftreten, fällt unter die zweite und vierte Wahrheit. Auf der Seite von *dukkha* wird die Untersuchung der Ursachen in der Form des zwölffachen *Paṭiccasamuppâda* durch-

These

DUKKHA

I. *Dukkhaṃ ariya-saccaṃ*

II. *Dukkha-samudayo ariya-saccaṃ*

ANALYSE DER SYMPTOME
(körperlich, seelisch, universell)

ANALYSE DER URSACHEN

Antithese

SUKHA

III. *Dukkha-nirodho ariya-saccaṃ (sukhaṃ ariya-saccaṃ)*

IV. *Dukkha-nirodho gâmini paṭipada ariya-saccaṃ (sukha-samudayo a.—s.)*

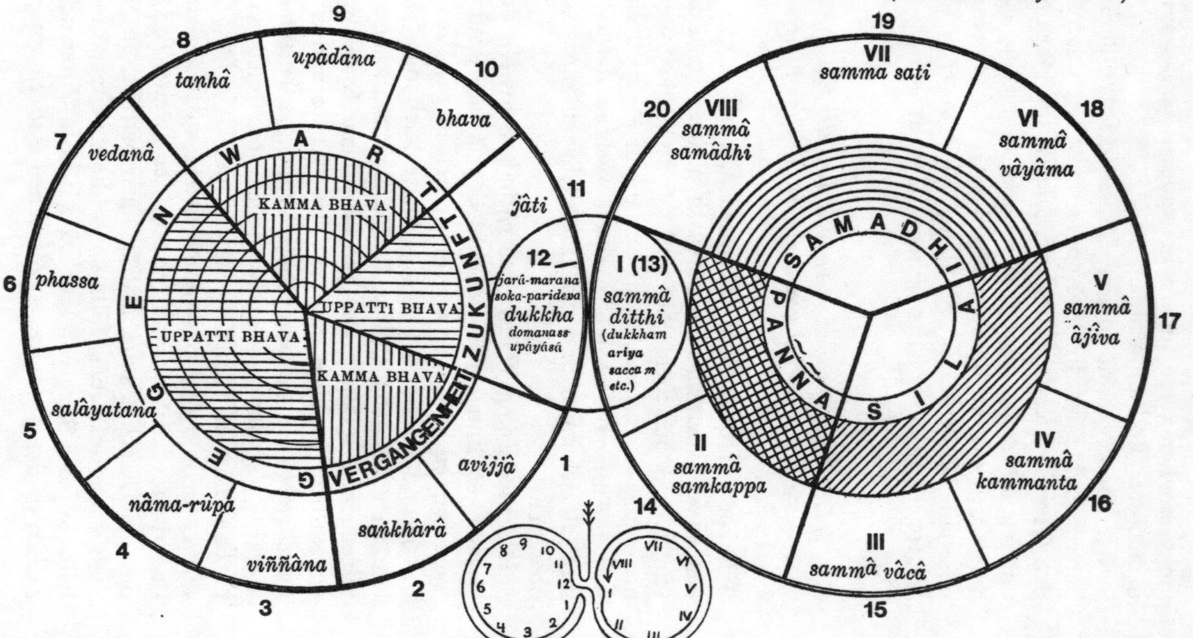

geführt; auf der Seite von *sukha* werden die zum Wohlsein führenden Bedingungen und die Ursachen der Befreiung vermittels des Achtfachen Pfades gezeigt (*aṭṭhaṅgika magga*).

Diese zwei Formeln, in die der philosophische und praktische Gehalt des buddhistischen Lehrgebäudes zusammengefaßt ist, können durch zwei Kreise dargestellt werden, denn die Konstituenten jeder dieser zwei Formeln sind nicht durch einen absoluten Anfang oder ein absolutes Ende begrenzt. Jeder der Faktoren hängt von den anderen ab, so daß eine unbegrenzte gegenseitige Bezogenheit aller Glieder innerhalb jedes Kreises herrscht. Die Beziehungen zwischen den beiden Kreisen selbst werden durch den Punkt, in dem sie sich berühren, d. h. dem Glied, das beiden Formeln gemeinsam ist, hergestellt: die Wahrheit vom Leiden.

Der *Paṭiccasamuppâda* zeigt wie das Individuum unter dem Einfluß der Verblendung durch verschiedenartige Erfahrungen und Bewußtseinszustände geht, bis es an jenem Punkt angelangt, an dem das Leiden so übermächtig wird, daß das Individuum über den Ursprung dieses Leidens nachzudenken beginnt, und indem es dies tut, beginnt es die Natur des Leidens und seines eigenen Daseins zu verstehen. Dies ist der erste Schritt in einer neuen Richtung: der erste Schritt auf dem Achtfachen Pfade.

Die Erkenntnis des Leidens ist somit der Wendepunkt, der vom Kreislauf der Ursachen und Wirkungen zum Pfad der Befreiung führt. Mit jedem Schritt auf diesem Pfade wird der ihm entsprechende entgegengesetzte Faktor des *Paṭiccasamuppâda* neutralisiert. Die Entsprechungen des Kreises der Verursachungen und des den Achtfachen Pfad darstellenden Kreises sind durch das Diagramm der folgenden Seite veranschaulicht.

Entsprechend dem relativen und fließenden Charakter psychologischer Ausdrücke und der dynamischen Natur der zwei Formeln, die Lebensvorgänge (nicht aber die zwei Seiten einer mathematischen Gleichung) darstellen, ist ihr Parallelismus mehr eine Sache korrespondierender Bewegung (wenn auch in umgekehrter Richtung) als von genau sich entsprechenden Gegensatzpaaren. Es ist mit diesem Vorbehalt, daß wir die komplementären Beziehungen zwischen den Konstituenten dieser zwei

Formeln im nachfolgenden Diagramm darzustellen versuchen. Die Beziehungen können folgendermaßen formuliert werden:

(1) *Sammâ diṭṭhi* besteht in der Erkenntnis des Leidens (*dukkha*), seiner Ursachen, seiner Aufhebbarkeit und des Weges zu seiner Aufhebung.

(2) *Sammâ saṃkappa* ist die bewußte Absicht, der bewußte Entschluß und das Streben, das sich auf die Erkenntnis des vorhergehenden Schrittes gründet und darum den auf Unwissenheit (*avijjâ*) beruhenden, ins Unterbewußtsein gesunkenen Willenstendenzen der Vergangenheit (*saṅkhârâ*) entgegenwirkt.

(3) *Sammâ vâcâ* ist die richtige Formulierung der Gedanken (das folgerichtige, diskursive Denken) und sein vollkommener Ausdruck in angemessener Rede. Es ist somit die Beherrschung des bewußten Geistes (*viññâṇa*) im Gegensatz zum unterbewußten.

(4) *Sammâ kammanta*, vollkommenes Handeln, setzt die völlige Beherrschung des psycho-physischen Organismus (*nâmarûpa*) und seiner Sinnesorgane (*salâyatana*) voraus.

(5) *Sammâ âjîva* betrifft unsere äußere Lebensführung, das Wachen über unseren Umgang und unsere Kontakte (*phassa*).

(6) *Sammâ vayâma* ist die bewußte Anstrengung, die von Erkenntnis geleitete Bemühung zur Verwirklichung eines Zieles, wodurch den unbeherrschten emotionellen Impulsen entgegengewirkt wird (*vedanâ*).

(7) *Sammâ sati*, die vollkommene Vergegenwärtigung und Achtsamkeit, ist der Begierde (*taṇhâ*) und dem Haften (*upâdâna*) entgegengesetzt.

(8) *Sammâ samâdhi* ist jener Zustand vollkommener Konzentration und Vereinigung aller schöpferischen Kräfte, die den Vorgang des Werdens (*bhava*) und die Art der Wiedergeburt (*jâti*) bestimmen und sie schließlich aufheben, zusammen mit allem Leiden, das durch sie bedingt ist.

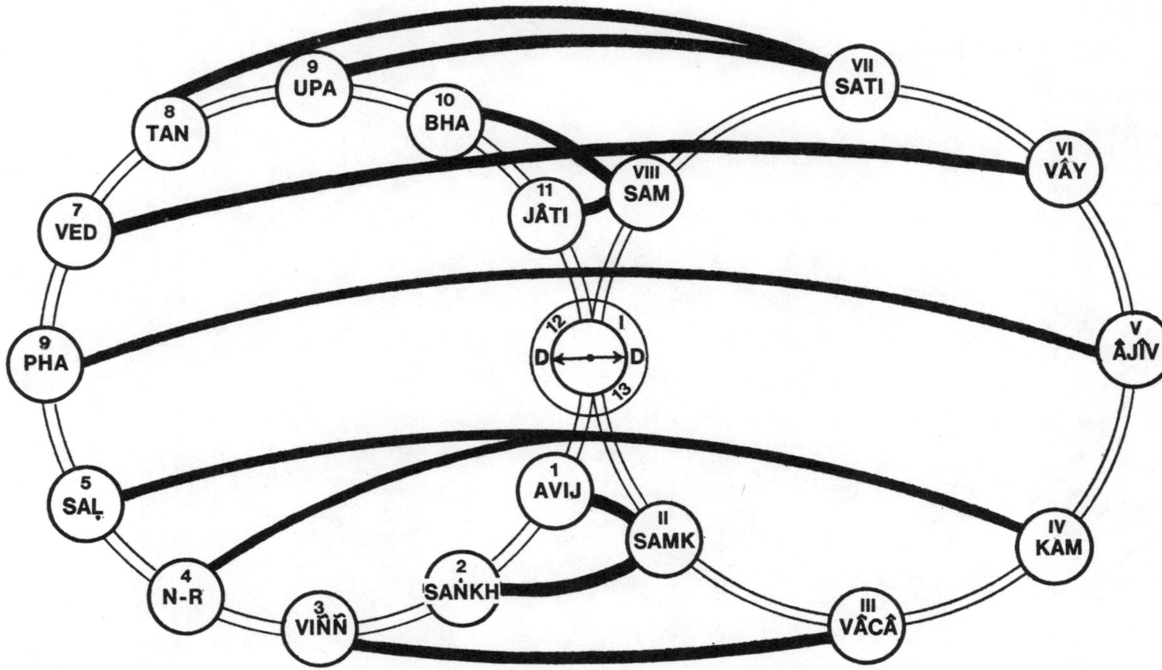

DIE BEZIEHUNGEN ZWISCHEN DEN KONSTITUENTEN
DES ACHTFACHEN PFADES UND DES PATICCASAMUPPÂDA

Vierter Teil

GRUNDPRINZIPIEN DER BUDDHISTISCHEN BEWUSSTSEINSLEHRE

Die Welt, o Kaccâna, ist gewohnt, sich auf Zweiheit zu stützen: auf das «es ist» und auf das «es ist nicht». Wer jedoch, o Kaccâna, in Wahrheit und Weisheit erkennt, wie die Dinge in der Welt entstehen, für den gibt es kein «es ist nicht» in dieser Welt. Und derjenige, o Kaccâna, der in Wahrheit und Weisheit erkennt, wie die Dinge der Welt vergehen, für den gibt es kein «es ist» in dieser Welt.

(Saṃyutta-Nikâya II, 17)

I

DIE OBJEKTE DES BEWUSSTSEINS

1. Beziehung zwischen Subjekt und Objekt

Um einen Punkt im Raume zu bestimmen, bedarf es mehrerer geometrischer Örter, d. h. der Feststellung seiner Beziehungen zu anderen festen Punkten eines bekannten Systems. Ebenso brauchen wir zur Charakterisierung eines Bewußtseinszustandes, bzw. zur Einteilung des Bewußtseins, verschiedene Gesichtspunkte, die einem einheitlichen System entsprechen. Dieses ergibt sich aus der Definition des Bewußtseins als der Beziehung zwischen Subjekt (*ârammaṇika*) und Objekt (*ârammaṇa*). Diese Definition ist zwar nicht erschöpfend, ist aber als Arbeitshypothese für unsere Betrachtung ausreichend. Je nachdem wir hierbei den Schwerpunkt auf das Subjekt oder auf das Objekt verlegen, ergeben sich zwei grundlegende Richtlinien. Im ersten Fall erhebt sich die Frage nach dem Verhalten des *Subjekts* der Außenwelt gegenüber, in letzterem die Frage nach der Art der Bewußtseins*objekte*. Das Verhalten des Subjekts ist abhängig vom Grade seiner Erkenntnis und hat drei Ausdrucksformen: die des Begehrens, die des Zurückweisens (Widerstrebens) und diejenige, die von beiden Extremen frei ist.

Sowohl Begierde wie Aversion gehören ins Gebiet zwangsläufiger Impulse, des Triebhaften und der Idiosynkrasien, da sie nicht dem freien Willen unterworfen sind. Sie stellen also einen Zustand der Gebundenheit dar, im Gegensatz zu der dritten Art des Verhaltens, als einem Zustand der Freiheit. Gebundenheit setzt einen Dualismus voraus, nämlich eine Kraft und etwas, das diese Kraft hemmt, also das Spannungsverhältnis zwischen zwei entgegengesetzten Systemen, dem «Ich» und der «Welt». Der Versuch, diese Spannung auszugleichen, besteht einerseits in der Absicht der Befriedigung dieser Begierde, d. h. in dem Versuch, Teile des einen Systems dem anderen einzuverleiben, andererseits in der Absicht, die konträren Kräfte zu vernichten,

d. h. die Kräfte des einen Systems durch die des anderen zurückzustoßen, im Rückstoß aufzuheben.

Der Versuch mißlingt in beiden Phasen: jeder Stoß bewirkt einen ebensostarken Rückstoß, jeder Widerwille erzeugt wieder Willen, jedes Gegenstemmen erzeugt Widerstand. Analog in der anderen Phase: Begierde wächst in dem Maße, in dem ihr nachgegeben wird. Jeder Befriedigungsakt ist der Keim (die fortwirkende Ursache [causa]) zu neuer Begierde. Diese ist wie die saugende Kraft eines Vakuums und kann durch nichts aufgehoben werden als durch die Aufhebung ihrer Ursache, nämlich des Vakuums selbst. Ist dieses aber ebenso unbegrenzt wie das ihm gegenüberstehende Nichtvakuum, so ist eine Aufhebung der Spannung auf dem Wege des Ausgleichs unmöglich.

Das «Ich» als selbständiges Etwas, ist solch ein Vakuum. Es ist die Abstraktion von allem wahrnehmbar Daseienden («Objekten»), ein reiner Ausfallswert, ein ideelles Vakuum, eine Illusion. Die saugende Eigenschaft dieses Vakuums äußert sich sowohl im Begehren wie in seiner Kehrseite, im Widerwillen gegen alles, was sich der Befriedigung des Begehrens entgegensetzt. Durch jedes Hemmnis entstehen Wirbel im saugenden Strome, und diese sind um so stärker und hemmender, je intensiver die Saugkraft ist. Da die Illusion gerade darin besteht, das Ich als absolut aufzufassen, so ist jeder Ausgleich unmöglich. Wir können in diesem Falle von dem erwähnten «unbegrenzten Vakuum» sprechen.

Die Unmöglichkeit des Spannungsausgleiches, die völlige Diskrepanz zwischen subjektivem Willen und objektiven Gegebenheiten, die Disharmonie zwischen Vorstellung und Wirklichkeit, ist das, was wir Leiden nennen. Die Überwindung dieser Disharmonie, dieser Idiosynkrasien, die Lösung der obenerwähnten Bindung, kurz die Erlösung in den Zustand der inneren Freiheit, geschieht nicht durch Bekämpfung des Willens, sondern durch Aufhebung des Vakuums, d. h. durch Vernichtung der Illusion. Alles Leid entsteht aus falscher Einstellung. Die Welt ist weder gut noch böse. Erst unser Verhältnis zu ihr macht sie zum einen oder anderen.

Im Hinblick auf das Erlösungsziel lassen sich zwei Hauptarten des Bewußtseins unterscheiden: gerichtetes und ungerichtetes. Gerichtetes Bewußtsein ist solches, das in den zielbewußten Strom eingetreten ist, das sich ganz auf Befreiung eingestellt hat, in dem die entscheidende Umstellung erfolgt ist. Ungerichtetes Bewußtsein hingegen läßt sich von triebhaften Motiven und äußeren Eindrücken hin und her treiben und wird wegen seiner Abhängigkeit von der Außenwelt als *weltliches* (*lokiya*) Bewußtsein bezeichnet. Im Gegensatz hierzu gilt das gerichtete Bewußtsein als *überweltlich* (*lokuttara*). Die Berechtigung des Ausdrucks «gerichtet» erhellt aus der Tatsache, daß der Übergang vom weltlichen zum überweltlichen Bewußtsein «Stromeintritt» (*sotâpatti*) genannt wird, und Einer, der sich in dieser Entwicklungsphase befindet, «ein in den *Strom* Eingetretener» (*sotâpanna*) heißt. Weltliches wie überweltliches Bewußtsein können sich auf den gleichen Ebenen bewegen, denn es handelt sich hier nicht um «diesseitige» und «jenseitige» (transzendente) Erfahrungen, sondern um das Erlebnis der gleichen Welt in verschiedener Richtung, unter verschiedenen Voraussetzungen (Abhängigkeit und Unabhängigkeit).

2. Objekte und Bewußtseinsbereiche

Wenn wir das Bewußtsein unter dem Gesichtspunkt der *Objekte* betrachten, müssen wir uns vorerst über die formale Beschaffenheit derselben klar werden. Wir unterscheiden zunächst materielle und immaterielle, begrenzte und unbegrenzte, d. h. sinnlich wahrnehmbare und geistig wahrnehmbare Objekte: an ersteren können alle Sinne teilhaben, an letzteren nur der von jeder Einzelwahrnehmung freie, «form»-befreite Geist.

Zwischen den beiden Extremen, dem Reiche sinnlich begrenzter, begierdengebundener Form (*kâmadhâtu*) und dem begierdenfreien Reich des Unbegrenzten, der Nichtform (*arûpadhâtu*) vermittelt eine Gruppe von Objekten, welche zwar den niederen Sinnen, nämlich denen der unmittelbaren Berührung (des nicht-räumlichen Erlebens): des Geruches, des Geschmackes und des Tastens, nicht mehr wahrnehmbar sind – wohl aber den höheren Sinnen, sofern sie von jeder Ichbezogenheit, d. h. Zwiespältigkeit (Begehren), frei sind und somit ganz im Objekt aufgehen, mit ihm eins werden, es von innen her erleben können. Diese Objekte bezeichnet man, da sie weder dem Bereich der Nichtform angehören, also gestaltet sind, noch auch der sinnlichen, begierdeverbundenen Form entsprechen, als reine, durch keinerlei Ichbezogenheit getrübte Formen oder Form (*rûpa*) schlechthin.

Der Bereich der Reinen Form (*rûpa-dhâtu*) ist also nicht ein Gebiet intellektueller Abstraktionen, sondern intuitiver (weil «Ich»-befreiter) Formanschauung. Diesen drei Gruppen von Objekten entsprechend ergeben sich drei grundlegende Bewußtseinsebenen: das im Gebiet des Sinnlichen, der Begierdenform weilende (*kâmâvacara-citta*), das im Bereich der Reinen Form weilende (*rûpâvacara-citta*) und das im Bereich des Formlosen, der Nichtform weilende Bewußtsein (*arûpâcavara-citta*).

Das Bereich der Reinen Form vermittelt zwischen den beiden anderen Bereichen, insofern als es mit einem jeden der beiden etwas gemein hat: mit dem Sinnenbereich die Eigenschaft der Formhaftigkeit, mit dem Nichtformbereich die Eigenschaft der Abstraktion, nämlich von der Egozentrik des niederen, von Begehren erfüllten Sinnenbereiches. Daß diese Abstraktion keine künstliche, intellektuelle ist, geht aus dem intuitiven Charakter dieser beiden Bereiche hervor. Die Eigenschaften eines jeden Bereiches sind nicht etwas zu ihrem eigentlichen Charakter Hinzugefügtes, sondern nur Modifikationen desselben.

So wird die Sinnenwelt schlechthin als Bereich der sinnlichen Begierde bezeichnet, da ihre Objekte begrenzt, Ichbedingt, in ihrer Einzelhaftigkeit dem Subjekt entgegengestellt, mit dem Subjekt unvereinbar sind und somit jenen dualistischen Spannungszustand erzeugen, den man Begehren nennt. Die Objekte des Nichtform-Bereiches sind unbegrenzt, jenseits aller Vielheit und jeglicher Sonderung oder Ichbezogenheit. Damit fällt jede Spannungsmöglichkeit, jedes Begehren fort. Ähnlich verhält es sich mit den Reinen Formen, denn ihre Begrenzung ist nur ideell-formal, nicht aber essentiell und kann somit vom erlebenden Subjekt erfüllt werden.

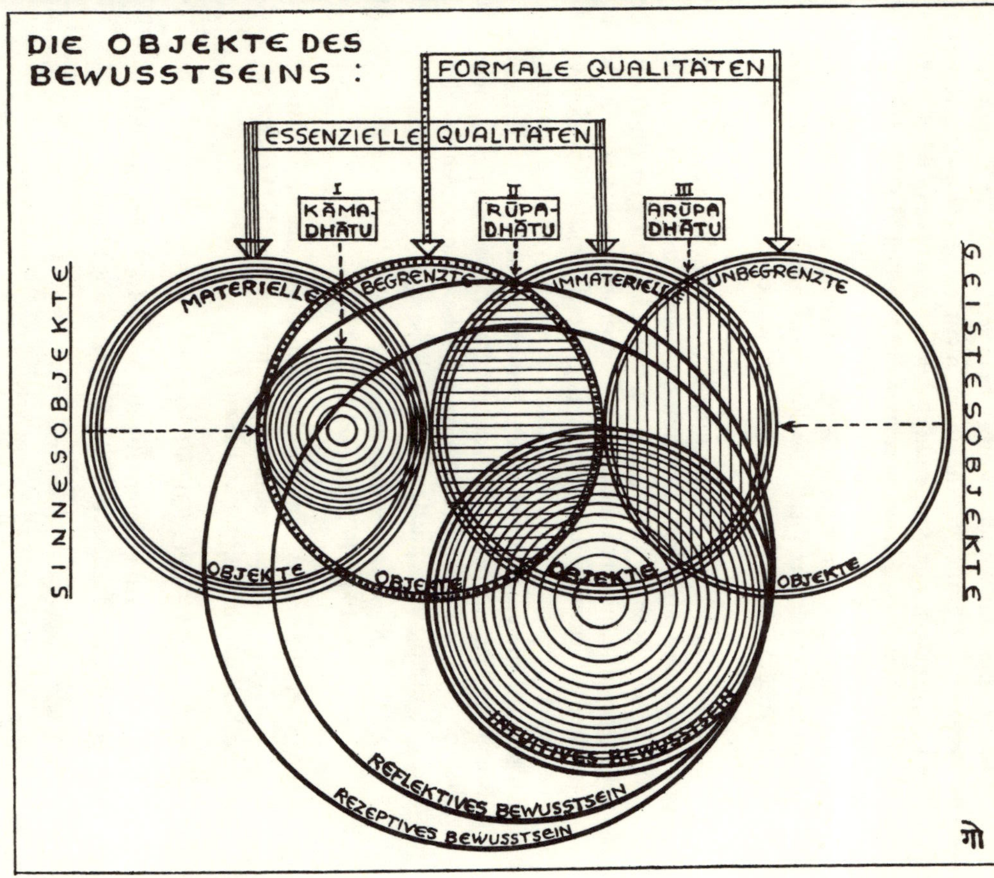
DIE OBJEKTE DES
BEWUSSTSEINS :
FORMALE QUALITÄTEN
ESSENZIELLE QUALITÄTEN
I
KĀMA-DHĀTU
II
RŪPA-DHĀTU
III
ARŪPA DHĀTU
SINNESOBJEKTE
GEISTESOBJEKTE
MATERIELLE
OBJEKTE
BEGRENZTE
OBJEKTE
IMMATERIELLE
OBJEKTE
UNBEGRENZTE
OBJEKTE
INTUITIVES BEWUSSTSEIN
REFLEKTIVES BEWUSSTSEIN
REZEPTIVES BEWUSSTSEIN

Wir müssen uns jedoch darüber klar sein, daß die Spannung im Bereiche der Sinneswahrnehmung nicht ein *notwendiger* Zustand ist, sondern nur ein Produkt der Illusion. Wenn der Geist auf überweltliches Wissen gerichtet ist, werden die Sinnesobjekte mit klarem Unterscheidungsvermögen wahrgenommen und geprüft, und statt die Kräfte des Bewußtseins zu hemmen und zu binden, reflektieren sie dieselben und werfen sie auf ihre Quelle zurück, deren Potenz auf diese Weise erhöht und intensiviert wird.

Das vorstehende Diagramm mag eine Idee geben von der begrifflichen und logischen Struktur der Bewußtseinsobjekte und ihrer Beziehungen zu den drei Bereichen und den drei funktionellen Bewußtseinszuständen. Jeder Begriff ist durch einen Kreis dargestellt. Gegensatzpaare, d. h. Begriffe derselben Kategorie, aber von entgegengesetztem Inhalt, werden von Kreispaaren dargestellt, die einander in einem Punkte berühren (der beiden ebenso gemeinsam ist wie die Kategorie, zu der sie gehören), sich aber in allen anderen Punkten ausschließen (entsprechend der sich gegenseitig ausschließenden Inhalte).

Beispiele: *Begrenzt / unbegrenzt*
materiell / immateriell

Begriffe, die nichts miteinander gemeinsam haben, entsprechen Kreisen, die voneinander getrennt sind, d. h. keinen gemeinsamen Berührungspunkt haben.

Beispiel: *materiell / unbegrenzt*

Diejenigen Begriffe, deren Inhalte teilweise zusammenfallen, werden durch sich überschneidende Kreise angedeutet.

Beispiele: *begrenzt / materiell*
unbegrenzt / immateriell
immateriell / begrenzt

Die zwei extremen Funktionen des Bewußtseins, die durch Sinneswahrnehmung auf der einen Seite und durch Intuition auf der anderen gekennzeichnet werden, werden durch zwei Gruppen konzentrischer Kreise wiedergegeben, von denen der eine im Bereich materieller Objekte (Formen, Töne, Gerüche, Geschmäcke und Körper), während der andere die Kreise, welche immaterielle, begrenzte und unbegrenzte Objekte andeuten, überschneidet, da er an diesen Inhalten teilhat. Es ist zu bemerken, daß auch das reflektive Bewußtsein an den materiellen Objekten teilhat, wenn auch nicht durch direkte Wahrnehmung der Sinnenobjekte, so doch durch ihre Abbilder oder «Vorstellungen», die durch die Erinnerung früherer Sinneseindrücke wachgerufen werden.

3. Der Bereich der Reinen Form

Da die Objekte der Sinnenwelt, trotz größter Differenzierung, uns als die Inhalte unserer täglichen Erfahrung vertraut sind, wollen wir zunächst die charakteristischen Eigenschaften der zwei anderen Bereiche klarlegen, um eine Idee von der allgemeinen Struktur des Bewußtseins und seiner psycho-kosmischen Bedeutung zu bekommen. Nur, wenn wir den diesem psychologischen System zugrundeliegenden Plan verstehen, können wir den Blickpunkt sehen, von dem aus die Analyse und Klassifikation der Bewußtseinsfaktoren und -funktionen unternommen worden ist. Es ist dieser geistige Grundriß, der den bleibenden Wert der buddhistischen Psychologie darstellt und ihren Einzelheiten Sinn verleiht. Wenn letztere ohne eine genaue Kenntnis dieses Grundrisses studiert werden und ohne dauernde Gewärtighaltung seines Bezugsschemas an jedem Punkte unserer Untersuchung, so erreichen wir nichts als eine Anhäufung nichtssagender Details.

Im Bereiche der *Reinen Form* (*rûpa-dhâtu*) sind fünf Faktoren von entscheidender Bedeutung: Denkanregung (*vitakka*), reflektives Denken oder Erwägen (*vicâra*), Lust oder der inspirationelle Impuls (*pîti*), Glücksempfinden (*sukha*) und Einsgerichtetsein (*ekaggatâ*). Der letztgenannte Faktor eignet jedem Bewußtseinsakt als eine Art immanenter Richtungstendenz, aber im Falle der Meditation und besonders in den tieferen Stadien der Versenkung (*jhâna*) wird dieser Faktor zu einem ausgesprochenen Konzentrationszustand gesteigert. Das Vorherrschen dieses Faktors, im Verein mit den vier obengenannten anderen, bewirkt die Aufhebung der den Sinnenweltmenschen belastenden Hemmungen (*nîvaraṇâni*):

Denkanregung (*vitakka*) hebt Trägheit und Müdigkeit auf (*thîna-middha*),

Erwägung (*vicâra*) hebt Unklarheit oder Zweifel (*vicikicchâ*) auf,

Lust (die Freude des inspirationellen Impulses) (*pîti*) hebt Haß (*dosa* oder *byâpâda*) auf,

Glücksempfinden (*sukha*) hebt Unruhe und Selbstqual (*uddhacca-kukkucca*) auf,

Konzentration (*ekaggatâ*) hebt Begierde (*lobha*) auf.

Mit dem Eintritt in den Bereich der *Reinen Form* sind *vitakka, vicâra, pîti, sukha, ekaggatâ* gegenwärtig, und somit wird keine der Hemmungen in diesen Bewußtseinszustand übernommen, sondern statt ihrer werden die ihnen entgegengesetzten, allem heilsamen Bewußtsein eignenden Faktoren frei. Im weiteren Verlauf der Konzentration wird durch stufenweise Ausschaltung der ersten vier Faktoren *ekaggatâ* fortschreitend gesteigert, oder in anderer Formulierung: die in den vier Faktoren investierte Energie wird schrittweise von *ekaggatâ* absorbiert.

So entstehen fünf Bewußtseinsklassen: in der ersten sind alle oben erwähnten Faktoren gegenwärtig, die zweite ist durch das Fehlen von *vitakka* gekennzeichnet, die dritte dadurch, daß auch *vicâra* fehlt, die vierte durch den weiteren Fortfall von *sukha,* wodurch ein hedonisch neutraler (*upekkhâ*) Zustand reiner Konzentration (*ekaggatâ*) geschaffen ist.

Das Bewußtsein der *Reinen Form* (*rûpâvacara-citta*) kann demnach folgendermaßen schematisch dargestellt werden:

vitakka – vicâra – pîti – sukha – ekaggatâ
vicâra – pîti – sukha – ekaggatâ
pîti – sukha – ekaggatâ
sukha – ekaggatâ
ekaggatâ
(up.)

Der Vorgang der Konzentration könnte nicht augenfälliger symbolisiert werden als durch dieses Dreieck abnehmender Faktoren.

Das Bewußtsein im Bereich der *Nichtform* (*arûpâvacara-citta*) entspricht bezüglich seiner Faktoren der fünften Stufe des Bewußtseins der Reinen Form (5. *jhâna*). Seine Klassifizierung kann daher nicht von den (subjektiven) Faktoren, sondern nur von den *Objekten* (*ârammaṇa* oder *âlambana*) des Bewußtseins ausgehen.

Die Unterscheidung «Subjekt–Objekt» ist natürlich nur von außen gesehen berechtigt. Man kann in Wirklichkeit das Bewußtsein nicht von seinem Inhalt trennen, sondern es gibt nur zeitlich und inhaltlich verschiedene Bewußtseinsmomente, deren jeder in sich eine untrennbare Einheit darstellt. Nur der sprachlichen und gedanklichen Vereinfachung halber abstrahieren wir aus den unaufhörlichen Prozessen des Bewußt-*werdens* ein Bewußt-*sein* und sind dadurch genötigt, nachdem wir einen Begriff für das Einheitliche in diesen Prozessen geschaffen haben, ihm einen entsprechenden Komplementärbegriff entgegenzusetzen, der das Wechselnde in ihnen bezeichnet: der Vorstellungsinhalt oder das *Objekt* des Bewußtseins.

Wenn wir in Anlehnung hieran auch von einem *Subjekt* des Bewußtseins sprechen, so ist hiermit sein jeweiliger Träger gemeint, jenes nach karmischer Gesetzmäßigkeit sich entwickelnde Kräftesystem «Individuum» («Unteilbares»), das im Bewußtsein seinen Brennpunkt hat. Wie aber ein Brennpunkt nicht etwas von den in ihm zusammentreffenden Strahlen Verschiedenes ist, so ist das Bewußtsein nicht von den das Individuum ausmachenden Kräften und ihren sichtbaren oder unsichtbaren Formen verschieden.

Wir haben uns so daran gewöhnt, Begriffe mit Wirklichkeit gleichzusetzen, daß gar nicht oft genug betont werden kann, daß im Buddhismus Ausdrücke wie «Individuum», «Subjekt», «ich», «mir» und «mein» usw. nur im relativen Sinne angewandt werden können. Der Buddha bezeichnete solche Ausdrücke als die «Sprechweise der Welt», die der Kundige unbeschadet anwenden kann, weil er ihre Relativität durchschaut und sie nicht für bare Münze nimmt. «Der Vollendete ... darf wohl sagen: *ich* sage (oder) *mir* sagt man. – *Die Sprechweise der Welt kennend*, der Kundige, redet er so nur im Gespräch.» (*Saṃyutta-Nikâya*, Sutta 25, in Wilhelm Geigers Übersetzung.)

4. Der Bereich der Nichtform

Indem wir uns also weiter der konventionellen Sprechweise bedienen, wollen wir sehen, in welcher Weise das Bewußtsein des Nichtformbereiches einzuteilen ist.

Man unterscheidet hier zwei Arten von Bewußtseinsobjekten: unmittelbare oder intuitive Objekte (*paññattâlambaṇâni*) und indirekte oder abgeleitete Objekte (*mahaggatâlambaṇâni*) des Bewußtseins. Nach Ausschaltung aller Ding- und Formvorstellungen ist der Raum das unmittelbare Objekt des Bewußtseins.

Es hat zwei Eigenschaften: die der Unendlichkeit und die der Nichtgegenständlichkeit («Nichtetwasheit»). Sie bedingen sich gegenseitig, wie «oben» und «unten», «rechts» und «links», «positiv» und «negativ»; die eine Eigenschaft birgt in sich den Keim der anderen, kann aus der anderen entwickelt werden; jede von ihnen kann Basis, Ausgangspunkt sein. Ohne sie würde kein Raumerlebnis zustande kommen, denn «Raum an sich» kann nicht Gegenstand des Bewußtseins werden. «Raumunendlichkeit» und «Nichtetwasheit» (*âkâsânañcâyatana* und *akiñcaññâyatana*) sind somit als gleichwertige Ausdrucksformen des Raumes unmittelbare Bewußtseinsobjekte, Objekte des intuitiven Bewußtseins.

Wird aber jenes Bewußtsein der Raumunendlichkeit selbst zum Meditationsobjekt, so entsteht das Erlebnis der Bewußtseinsunendlichkeit (*âkâsânañcâyatana*). Eine bewußt gewordene Unendlichkeit offenbart die Unendlichkeit des Bewußtseins. Im Erlebnis geht das Bewußtsein völlig im Objekt auf: ist es ein unendliches, so ist auch das Bewußtsein unbegrenzt. Aber nur retrospektiv wird das Bewußtsein sich seiner eigenen Grenzenlosigkeit bewußt.

In analoger Weise wird das Bewußtsein der Leere, der Abwesenheit alles Gegenständlichen, der «Nichtetwasheit» zum Objekt der nächstfolgenden Versenkungsstufe, die eben nur noch in der Wahrnehmung jener Bewußtseinsleere besteht, die als «weder Wahrnehmung noch Nichtwahrnehmung» (*nevasaññânâsaññâyatana*) oder «Grenzscheide möglicher Wahrnehmung» bezeichnet wird. Doch auch dieser Zustand hat noch seine positive Seite und ist als Wahrnehmung der Wahrnehmungslosigkeit nicht erschöpfend charakterisiert: in ihm sind völlige Freiheit, Ruhe und Serenität in einer Weise verwirklicht, die jede Beschreibung und Erörterung verstummen läßt. Hier wird jede weitere Definition zum Paradoxon.

Stellen wir nun die beiden unmittelbaren Bewußtseinsobjekte mit den von ihnen abgeleiteten zusammen, so ergeben sich zwei Gruppen:

	(*unmittelbar*)	(*abgeleitet*)
Gruppe I:	Raumunendlichkeit	und Bewußtseinsunendlichkeit
Gruppe II:	Nichtetwasheit	und Grenze möglicher Wahrnehmung

Diese beiden Gruppen stehen nicht nur durch den gemeinsamen Oberbegriff «Raum» in wechselseitiger Beziehung, sondern können auch, im Verlauf ein und desselben Bewußtseinsprozesses, eine aus der anderen sich entwickeln, und zwar so, daß begriffsmäßig, d. h. von außen gesehen, eine Bewegung vom Positiven zum Negativen stattfindet, da ja die Meditation ein Vorgang fortschreitender Vereinheitlichung ist: von der Differenzierung des Oberflächenbewußtseins zur Einheit des Tiefenbewußtseins.

Das Bewußtsein der Raumunendlichkeit stellt den positiven, das der Nichtetwasheit den negativen Aspekt des Raumerlebnisses dar. Somit steht ersterer entwicklungsgemäß im Meditationsvorgang voran, während letzterer, vermöge seiner inneren Verwandtschaft mit ersterem auf dem Wege über «Bewußtseinsunendlichkeit» entfaltet werden kann. Denn in der Unendlichkeit des Raumes, wie der des Bewußtseins, ist alle Einzelhaftigkeit und Abgrenzung aufgehoben, so daß das Erlebnis der Nichtetwasheit als unmittelbare Folge dieser Zustände erscheint.

Das Bewußtsein des Nichtformbereiches teilt sich somit in folgende vier Versenkungsstufen (*jhâna*) ein:

1. Bereich der Raumunendlichkeit: *âkâsânañcâyatana*,
2. Bereich der Bewußtseinsunendlichkeit: *viññâṇañcâyatana*,
3. Bereich der Nichtetwasheit: *âkiñcaññâyatana*,
4. Bereich der Wahrnehmungsgrenze: *nevasaññânâsaññâyatana*.

II

DIE STRUKTUR DES BEWUSSTSEINS

Die Faktoren des Bewußtseins nehmen, wie wir gesehen haben, mit fortschreitender Versenkung ab; von der breiten Basis, bzw. Oberfläche, des normalen Bewußtseins konzentriert dasselbe sich mehr und mehr – bis zum Punkte völliger Vereinheitlichung. Das Bewußtsein schwingt also zwischen den Grenzstadien *Differenziertheit* und *Uniformität*. Nach buddhistischer Auffassung ist Uniformität der primäre Zustand des Geistes, während Bewußtsein durch Widerstand, Hemmung des Daseinsflusses entstandene Differenzierungserscheinung ist. Man könnte vergleichsweise an die Entstehung von Licht und Hitze als Widerstandserscheinung des elektrischen Stromes denken.

Das «Oberflächenbewußtsein» ist das am meisten differenzierte. In dem Maße, in dem wir uns vertiefen, nimmt die Differenziertheit ab und die Vereinheitlichung zu, weshalb wir das uniforme Bewußtsein, oder das sich ihm nähernde, das Bewußtsein der Tiefe oder «Tiefenbewußtsein» nennen. Die Schwingungsamplitude zwischen Oberfläche und Tiefe entspricht der *Intensität* des Bewußtseins. Die «Ich»-Vorstellung ist nur ein Produkt des Oberflächenbewußtseins, denn ein «Ich» kann nur da sein, wo es ein Sichunterscheiden von anderem gibt; ein solches aber gibt es nur dort, wo Differenzen sind. Die «Ich»-Vorstellung verschwindet in dem Maße, in dem das Bewußtsein zum Tiefenbewußtsein wird. Darum wird in der Meditation das «Ich» als Illusion durchschaut.

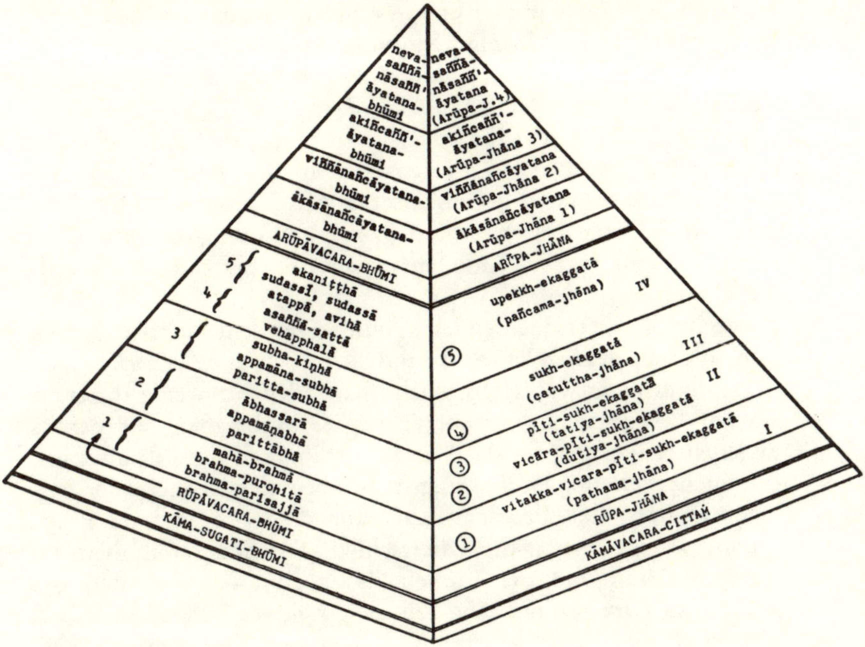

BEZIEHUNGEN ZWISCHEN
DASEINSEBENEN *(bhûmi)* UND DIE IHNEN ENTSPRECHENDEN
BEWUSSTSEINSSTUFEN *(cittâni)*

Dem Grade der Differenzierung entsprechend können wir, wie wir sahen, von verschiedenen Bewußtseinsstufen sprechen. Obwohl für jede Art von Lebewesen eine gewisse Stufe charakteristisch ist (die wir als für diese Stufe «normal» bezeichnen), so ist dennoch das einzelne Individuum nicht an diese eine Bewußtseinslage gebunden. Je höher ein Individuum entwickelt ist, desto größer ist die Variationsfähigkeit seines Bewußtseins.

Es hätte vielleicht nahe gelegen, zu sagen, daß die Höhe der Entwicklung von der Differenziertheit des Bewußtseins abhängt. Da aber, nach buddhistischer Anschauung, die Bewußtseinslage höherer Daseinsstufen dem Bewußtsein fortgeschrittenerer Versenkungszustände entspricht, so trifft das nur teilweise zu.

Wodurch unterscheiden sich nun höher entwickelte Wesen von solchen, deren Geisteszustand sich noch auf der primitiven Stufe eines unentwickelten, noch nicht oder nur wenig differenzierten Bewußtseins befindet? Einen Grund haben wir bereits angedeutet – er liegt in der Variationsfähigkeit des Bewußtseins, die unentwickelten Stufen abgeht –, aber dies ist nicht der einzige, sondern das Problem läuft auf die grundlegende Frage hinaus: worin besteht der Unterschied zwischen der Einheit des konzentrierten und der Einheit des noch unentwickelten Bewußtseins, worin unterscheiden sich höheres Bewußtsein und Unterbewußtsein, weltliches und überweltliches Versenkungsbewußtsein, die Einfalt des Weisen und die Einfalt des Kindes, die Wahrnehmungsüberwindung der Konzentration und die des Tiefschlafs oder der Hypnose?

Wir wollen an Hand einer Figur uns über das mögliche Verhältnis der Bewußtseinsstadien und ihre Entwicklung Klarheit zu schaffen versuchen. Es soll im folgenden keine endgültig festgelegte Formulierung, sondern eine Anregung und ein Weg zum Verständnis dieses schwierigen Themas gegeben werden. Sollte meine eigene Auffassung dazu beitragen, diejenige des Lesers zu vertiefen, so hat die Darlegung ihren Zweck nicht verfehlt.

Das folgende Diagramm versinnbildlicht die Entwicklung aufeinanderfolgender Bewußtseinszustände, wie sie sich in einer Reihe kausal verknüpfter Individuen – anders ausgedrückt, auf-

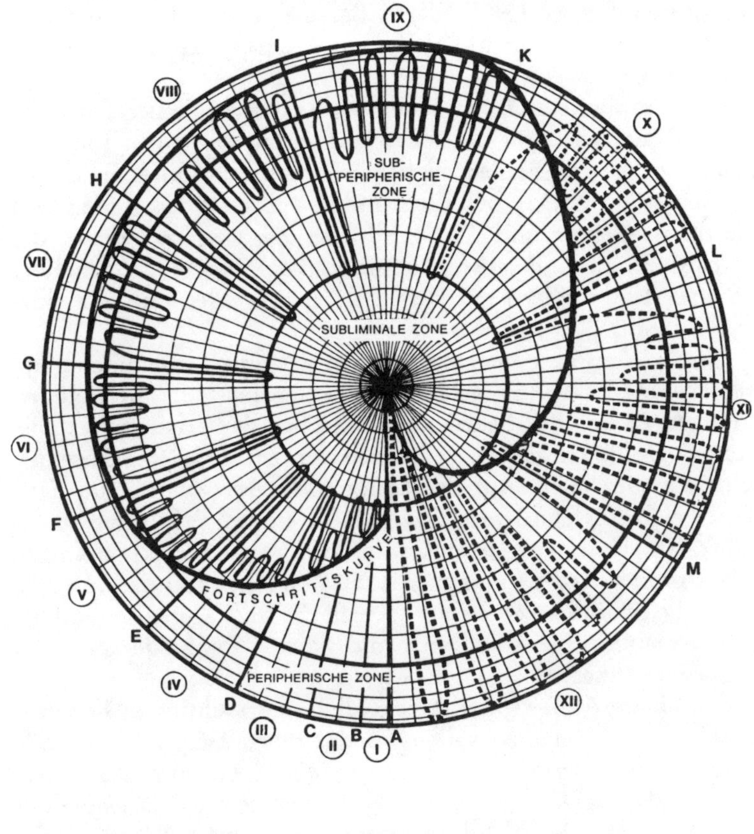

BEWUSSTSEINSSTRUKTUR UND INDIVIDUELLE STADIEN DER BEWUSSTSEINSENTFALTUNG

einanderfolgender Existenzen der gleichen karmischen Reihe – abspielen mögen. Die Figur besteht aus einer größeren Anzahl schmaler Dreiecke (der sich verjüngenden Tendenz der Bewußtseinsstufen entsprechend), deren Basen sich zum Kreis aneinanderschließen und deren Spitzen im Mittelpunkt desselben zusammenfallen.

Die Peripherie stellt also die Zone größtmöglicher Differenzierung dar, während das *Zentrum* den gemeinsamen Einheitspunkt, d. h. das Fehlen jeglicher Bewußtseinsdifferenzierung, darstellt. Die stärker betonten, radial verlaufenden Linien sind die durch Geburt und Tod gebildeten Zäsuren im Verlauf der Bewußtseinszustände. Ihr Abstand korrespondiert nicht mit der Lebensdauer, sondern mit dem Erlebniswert der Existenz eines Individuums.

Der *Erlebniswert einer Existenz* ist der durch gesammelte und verarbeitete Erfahrung gebildete Bewußtseins- oder Geisteshorizont. Je größer der Sektor, desto größer der geistige Aktionsradius des Bewußtseins. Je länger der zurückgelegte Bewußtseinsweg (der nichts mit der Länge meßbarer Zeit zu tun hat), desto mehr Erlebniswerte sind darin durch Erfahrung angehäuft. Im geistigen Aktionsradius des Bewußtseins vereinigen sich Differenziertheit und Intensität. Die Intensität des Bewußtseins, die Spannung zwischen Oberfläche und Tiefe, ist die Differenz zwischen dem höchsten und tiefsten Punkt der Bewußtseinskurve innerhalb einer Existenz.

Um einige Anhaltspunkte bezüglich der wichtigsten Bewußtseinszustände zu haben, teilen wir das Bewußtsein in drei große Gruppen ein: *peripherisches, subperipherisches* und *subliminales Bewußtsein.* Das peripherische Bewußtsein ist dasjenige der Oberfläche, das meist differenzierte, das normale Tagesbewußtsein des Menschen. Es reicht so weit als das *willentliche* Reproduktionsvermögen früherer Bewußtseinsinhalte, das *Gedächtnis.*

Das *subperipherische* Bewußtsein liegt unterhalb der Schwelle des willentlichen Erinnerungsvermögens. Seine Inhalte sind die Quelle, aus der ein großer Teil des «Tagesbewußtseins» gespeist wird, ohne daß sie jedoch willkürlich reproduzierbar wären.

Das Bewußtsein dieser Zone ist weit umfangreicher als das der vorerwähnten, aber trotzdem weniger differenziert (im Sinne klarer Abgrenzungen), wegen teilweiser Ausschaltung der Willensfaktoren. Differenzierung ist Steigerung der «Ich»-Tendenz. Die untere Grenze des subperipherischen Bewußtseins wird durch die Linie des *Todesbewußtseins* gebildet. Beim Tode findet ein Rückgang des Bewußtseins statt. Den tiefsten Punkt desselben bezeichnen wir als Todesbewußtsein.

Alles, was jenseits desselben liegt, ist das *Subliminal*-Bewußtsein. Es liegt somit jenseits individueller Gestaltungsmöglichkeiten und hat keinen Raum für Zufälliges oder Augenblickliches, während die (äußerste) Peripherie nur Augenblicksbewußtsein enthält, da alle Bewußtseinsinhalte unter die Oberfläche sinken und sich, je nach ihrer Beschaffenheit, in mehr oder weniger tiefen Schichten aufhalten. Daher müssen wir, um eine Erinnerung hervorzurufen (d. h. einen früheren Bewußtseinsinhalt zu reproduzieren), uns konzentrieren, nach innen wenden, uns versenken, vertiefen. Diejenigen Bewußtseinsinhalte, die nicht mehr innerhalb der peripherischen Zone liegen, können nur dann reproduziert werden, wenn die Funktionen des peripherischen Bewußtseins ausgeschaltet sind, d. h. der Bewußtseinsprozeß auf das subperipherische Bewußtsein konzentriert ist, wie in den fortgeschrittenen Stadien meditativer Versenkung, in denen, durch Ausschaltung der Differenzierungserscheinungen des Wollens, die unterbewußten (subperipherischen) Inhalte an die «Oberfläche» gehoben werden und so gewissermaßen an Stelle des peripherischen Bewußtseins treten.

Die Reproduktionsfähigkeit früherer Bewußtseinsinhalte ist um so größer, je näher die Bewußtseinskurve dem Zentrum ist. Alles, was innerhalb eines Sektors (einer Existenz eines Individuums) nach der Peripherie zu liegt, ist dann im Bereiche willentlicher Erinnerungsmöglichkeit. Alle Punkte des betreffenden Sektors, die gleichen Abstand vom Zentrum aus haben, stehen in einer besonderen gegenseitigen Beziehung, d. h. es besteht die Möglichkeit (nicht die Notwendigkeit), sich ihrer zu erinnern oder sie im Gedächtnis zu assoziieren, wenn die Kurve des aktiven Bewußtseins ihre Ebene durchkreuzt.

Wenn der dem Zentrum nächstliegende Hauptkreis (der fünfte von innen), der von der Bewußtseinskurve normalerweise nur beim Tode oder in todähnlichen Zuständen erreicht werden kann, in der Meditation überschritten wird, so ist die Möglichkeit gegeben, sich des Zusammenhanges zweier Existenzen bewußt zu werden. Im Maße des Fortschreitens dieses meditativen Bewußtseins in der *Subliminalzone* erweitert sich der Rückblick über eine immer größere Anzahl von Existenzen.

Im *Zentrum,* als dem Einheitspunkt, der dem Bewußtsein sämtlicher Existenzen gemeinsam ist (der quasi sämtliche Möglichkeiten, nicht nur der Vergangenheit, sondern auch der Zukunft, in sich schließt), müßte die Erinnerungsfähigkeit des Meditationsbewußtseins unbeschränkt sein, denn die Trennungslinien der Sektoren existieren im Zentrum nicht mehr, und die gesamte Fläche des Kreises liegt nach der Peripherie zu. Solange jedoch ein Individuum noch schicksalsverwoben ist, nicht frei von karmischen Bildekräften (*sankhâra*) und ihren Wurzelursachen (*hetu*), ist die Erinnerungsfähigkeit individuell gebunden, d. h. sie ist nur fähig solche Bewußtseinsinhalte zu erfassen, die infolge kausaler Verknüpfungen früherer Existenzen in bestimmten Beziehungen zu ihr stehen.

Das Subliminalbewußtsein wird zum *überweltlichen* Bewußtsein (*lokuttara-citta*) erst durch Aufhebung der *sankhârâ,* wodurch unbegrenzte Relationen möglich werden. Bereits in der Peripherie muß die Aufhebung dieser *sankhârâ* einsetzen. Die *höheren Bewußtseinszustände* werden erst zu solchen durch vorheriges Erlebnis der Peripherie; sie ist das notwendige Durchgangsstadium zu ihrer Erreichung.

Die *Bewußtseinskurve* durchläuft, vor Erreichung des äußersten Differenzierungsstadiums an der Peripherie, sämtliche Stufen der subliminalen wie der subperipherischen Zone. Das Subliminalbewußtsein ist in diesem Falle ein *Noch*-nicht-bewußtsein, ein latentes Bewußtsein, ein Bewußt-werden-*wollen;* das Bewußtsein der subperipherischen Zone ein unvollkommenes, sozusagen traumhaftes Bewußtsein. Erst in der peripherischen Zone wird das Bewußtsein reflexiv und der Wille vollbewußt. In dem Maße aber, in dem der Wille sich seiner selbst bewußt wird, wird er frei – zumindest relativ frei und subjektiv als frei empfunden.

Mit dem Erlebnis der *subjektiven Willensfreiheit* geht Hand in Hand das Bewußtsein der Unabhängigkeit, Einzigkeit, Getrenntheit, und dieses steigert sich zur psychischen Beziehungslosigkeit: die Oberfläche trennt sich von der Tiefe, die Individualisierung schreitet fort zur Intellektualisierung. Es ist ein merkwürdiges Paradoxon, daß Differenziertheit sich als Individualisierung darstellt. Aber ein Individuum besteht ja erst als solches dadurch, daß es sich von anderen unterscheidet. Indem aber diese Unterscheidung für das Wesentliche genommen und infolge mangelnder Erkenntnis zur Idee absoluter Ichheit erhoben wird, entsteht jene Disharmonie, die sich, dem Maße ihres Fortschreitens entsprechend, als mehr oder minder starkes *Leidensbewußtsein* äußert.

Unter dem Einfluß dieses Leidens wird der Wille zum Erlösungswillen. Erlösungswillen aber wird zur *Willenswendung*. Während *vor* Erreichung der Peripherie der Fortschritt in der Richtung der Peripherie, der Differenzierung und der Ausbildung des Intellektes lag, liegt er *nach* Erreichung der Peripherie in der Richtung zum Zentrum, der Vereinheitlichung und Integrierung (siehe «Fortschrittskurve» des Diagramms). In der peripherischen Zone vollzieht sich also eine Transformation, eine Umkehr des Prozesses, eine Progression mit umgekehrten Vorzeichen. Die Willenswendung ist die «Befreiung von der Freiheit» des willkürlich unterscheidenden, abgrenzenden, verbegrifflichenden Intellektes, dessen Monopolstellung nur durch eine völlige innere Umkehr beseitigt wird, durch eine Umstellung unserer inneren Blickrichtung vom Vielheitlichen zum Einheitlichen, vom Begrenzten zum Unbegrenzten, vom Begrifflichen zum Intuitiven, vom Individuellen zum Universellen, vom Ich zum Nicht-Ich. Dies bedeutet nicht eine Aufhebung der Sinnentätigkeit oder eine Unterdrückung des Sinnenbewußtseins, sondern eine neue Haltung ihnen gegenüber, in dem wir die Dinge nicht mehr vom Standpunkt eines «Ich» und der aus ihm entspringenden Verhaftungen und Vorurteile betrachten, sondern vom Standpunkt einer allem Bewußtsein und seinen Objekten zugrundeliegenden Einheit oder Ganzheit, die in unserem tiefsten Wesen verankert liegt. Denn nur aus dem Erlebnis oder der Erkenntnis, daß wir nicht nur Teile eines Ganzen sind, sondern, daß jedes Individuum das Ganze zur Basis hat (dem Zentrum unseres Diagrammes entsprechend) und ein bewußter Ausdruck des Ganzen ist, erwachen wir zur Wirklichkeit, zur Erlösung, zur Wiederherstellung der durch Verhaftung an begrenzte Objekte und illusorische Vorstellungen («Vorurteile») verlorengegangenen Harmonie.

Die Wiederherstellung der Harmonie erfolgt durch die Verbindung der Oberfläche mit der Tiefe: durch Vertiefung des Bewußtseins oder *Bewußtwerdung der Tiefe.* Wenn die Bewußtseinskurve (nun als gebrochene Linie dargestellt) jetzt die gleichen Zonen durchläuft wie vor Erreichung der Peripherie, so findet doch etwas ganz anderes und Neues statt. Aus der Uniformität des Bewußtseins ist *bewußte Einheit* geworden. An Stelle des amorphen, egozentrischen und dadurch beziehungslos und indifferent gewordenen Bewußtseins ist der als unterbewußte Erinnerung kondensierte und durch meditative Innenschau und Intuition zugänglich gemachte Erfahrungsgehalt des Bewußtseins getreten, dessen Erlebnisfähigkeit zu allem Erlebbaren in Beziehung steht. Das Bewußtsein wird auf diese Weise überindividuell.

Jeder Zustand, jedes Geschehen erhält seine Bedeutung durch den kausalen Zusammenhang, insbesondere durch das, was vorausging – so wie ein «Ding» erst durch seine Beziehungen zur Umwelt «bedingt» wird. Wir haben daher nicht nur im Hinblick auf das Gesamtsystem unserer Darstellung primäres oder vor-peripherisches Subliminalbewußtsein und sekundäres oder nach-peripherisches Subliminalbewußtsein – oder primäres subperipherisches und sekundäres subperipherisches Bewußtsein – zu unterscheiden, sondern haben ähnliche Unterschiede auch innerhalb eines Sektors (einer Einzelexistenz) zu machen.

Subperipherische (unterbewußte) Zustände können auf zweierlei Weise eintreten: willentlich (*sasaṅkhârika*) und nicht-willentlich (*asaṅkhârika*). Ersteres ist in der *Meditation* der Fall, d. h. in den fortgeschrittenen Stufen der Versenkung (*jhâna*), letzteres im Traum. Im *Traum* ist das Bewußtseinsniveau infolge mangelnder Einheitstendenzen herabgesetzt und verliert sich in einzelnen Teilfaktoren, während in der Meditation, selbst bei Ausschaltung der «Wollungen», die Einheitstendenz, das Einsgerichtetsein (*ekaggatâ*) infolge der – in anfänglicher Absicht, Zielstrebigkeit oder «Einstellung» – von der Peripherie aus gegebenen Richtung erhalten bleibt und somit nicht ein passives Sinken, sondern eine aktive Vertiefung stattfindet.

Es zeigt sich hier wieder, daß der Satz von der Notwendigkeit der *Peripherie als Durchgangsstation* zur Erreichung höherer Bewußtseinszustände auch für jeden einzelnen Meditationsvorgang zutrifft. Es genügt nicht, von irgendeinem Punkte der peripherischen Zone auszugehen, sondern es muß erst bis zur äußersten Differenzierung in der Peripherie selbst gekommen sein, ehe die Umkehr in der Richtung zum Zentrum mit Erfolg möglich ist. Die Umkehr der negativen Vorzeichen in positive geschieht nur in diesem Falle. Somnambule, hypnotische oder durch Rauschmittel und Drogen herbeigeführte Bewußtseinszustände entbehren jeglichen Fortschrittswertes: ihnen fehlt das bestimmende Moment der Peripherie, deren völlige Erreichung schon eine gewisse Entwicklungshöhe des Individuums voraussetzt.

Der Buddha war kein Verächter der Vernunft, des logischen Denkens oder des Intellektes, aber er erkannte die Grenzen, innerhalb derer sie wirken und von Nutzen sein können, und er wies ihnen demgemäß ihren Platz an. Er gehört nicht zu jenen Leuten, die den Intellekt verdammen, weil sie von ihm nicht Gebrauch zu machen wissen! Negierung ist Flucht, nicht Überwindung. Erst wenn wir bis an die Grenzen des Denkens vorgedrungen sind, haben wir das Recht und die Fähigkeit erworben, sie zu überschreiten.

Aus diesem Grunde besteht der erste Teil aller wesentlichen Meditationen aus einer bis zur äußersten Differenzierung gehenden Analyse, und erst nach dieser sorgfältigen Vorbereitung setzt die große *Synthese* der «Schauungen» oder *erlebten* Erkenntnisse ein. Mit der Bedeutung der Peripherie wird auch die des Menschseins hinsichtlich des Erlösungsweges verständlich, denn im Bewußtsein des Menschen kann die Peripherie und mit ihr der Ausgangspunkt zur Umkehr erreicht werden.

Der Buddha selbst nennt die Menschwerdung den «guten Gang», den selbst die *Devas* erstreben müssen, wenn sie das letzte Ziel erreichen wollen. In welcher Religion wäre wohl je dem Menschen eine solche Stellung eingeräumt, das Menschsein so günstig beurteilt worden! Der Mensch ist der Mittelpunkt der buddhistischen Lehre, denn zu *seiner* (und damit aller anderen Wesen) Hilfe wurde sie aus dem tiefsten Erlebnis des Menschentums geschaffen. So versteht es sich auch, daß das Weltbild des Buddhismus ein *psycho*kosmisches ist und der Mensch als Mikrokosmos in sich die ganze Welt umfaßt – um sie in *sich* zu meistern und zu überwinden.

Während die Weltsysteme des Okzidents, infolge ihres materiell-empirischen Charakters, fast von Jahrhundert zu Jahrhundert wechselten, konnte die buddhistische Weltauffassung sich in ihren Grundzügen bis auf den heutigen Tag halten, weil sie auf den erlebenden Menschen und nicht auf den auf äußeren Dingen abhängigen Intellekt basiert ist. Sie ist darum sowohl umfassender als auch wahrer als erstere, denn während die äußeren Dinge nur einen Ausschnitt der Erfahrung – nämlich der von sinnlicher Wahrnehmung abhängigen – darstellen, umschließt das Erlebnis des Menschen alle Funktionen seines Bewußtseins; und während die Dinge und das Wissen von ihnen dauernd wechseln, ist die Psyche des Menschen die gleiche geblieben. Selbst die exakteste Wissenschaft wird sich nie mit der Welt decken, sondern weit hinter der Wirklichkeit einherhinken, wohingegen das Erlebnis die Einheit von Erlebendem und Erlebtem darstellt und zu keinem Kompromiß zwischen Subjekt und Objekt gezwungen ist. Also selbst in seiner «phantasiereichsten» Form erweist der Buddhismus sich als Wirklichkeitslehre.

Nach diesen Darlegungen wird es genügen, in wenigen Worten anzudeuten, in welcher Weise die drei, als *kâmaloka, rûpaloka* und *arûpaloka* bezeichneten Bewußtseinsbereiche zu unserem Diagramm in Beziehung stehen. Zu *kâmaloka* gehören alle Bewußtseinsstadien *vor* Erreichung des Wendepunktes in der Peripherie, also die in den Sektoren von A bis K dargestellten.

Die fünf Stufen der Versenkung in *rûpaloka* gehören der subperipherischen Zone an. Dies bedeutet aber nicht, daß die subperipherische Zone mit *rûpaloka* identisch ist: im Gegenteil, die *jhânas* stellen einen Spezialfall dieser Zone dar, der – wie erwähnt – nur unter entsprechenden Voraussetzungen eintritt. Die untere Grenze des subperipherischen Bewußtseins hatten wir mit der Linie des Todesbewußtseins identifiziert und gesagt, daß bei Überschreitung dieser Grenze in der Meditation die Erinnerungsmöglichkeit früherer Existenzen einsetze.

Nach Anschauung der kanonischen Texte setzte diese Art der Rückerinnerung in der vierten Versenkungsstufe ein, die in unserem System das der logischeren Anordnung des *Abhidhammattha-Saṅgaha* folgt, dem fünften *jhâna* entspricht. Im *Sutta-Piṭaka* war die fünffache Einteilung der *jhânas* noch nicht üblich. Was im *Abhidhammattha-Saṅgaha* als zweite und dritte Stufe bezeichnet wird, wurde ursprünglich als *eine* angesehen, so daß im ganzen nur vier *rûpa-jhânas* gezählt wurden. (Beide Arten der Zählung sind in der rechten Hälfte des Pyramiden-Diagramms durch römische und arabische Zahlen veranschaulicht.)

Es ist bemerkenswert, daß im *Mahâparinibbâna-Sutta* (*Digha-Nikâya* XVI, 6) angenommen wird, der Buddha sei, von der höchsten Stufe des *Arûpaloka*-Bewußtseins zurückkehrend, von der vierten (unserer fünften) Stufe der Versenkung aus dem Leben geschieden. Nachdem der Erhabene sämtliche Versenkungsstufen bis zum Stadium vollkommener Wahrnehmungslosigkeit (*saññâ-vedayita-nirodha*) durchlaufen hatte und der ehrwürdige Ânanda schon glaubte, daß der Buddha zur Erlöschung gekommen sei, verwies ihn der ehrwürdige Anuruddha mit den Worten: «Nicht, Bruder Ânando, ist der Erhabene zur Erlöschung gekommen, er ist in die Auflösung der Wahrnehmbarkeit eingegangen.» Und der Text fährt fort: «Da ist denn der Erhabene aus dem Bereiche der aufgelösten Wahrnehmbarkeit emporgekommen in das Reich der Grenze möglicher Wahrnehmung eingegangen, aus dem Bereiche der Grenzscheide möglicher Wahrnehmung emporgekommen in das Reich des Nichtdaseins eingegangen, aus dem Bereiche des Nichtdaseins emporgekommen in das Reich des unbegrenzten Bewußtseins eingegangen, aus dem Bereiche des unbegrenzten Bewußtseins emporgekommen in das Reich des unbegrenzten Raumes eingegangen, aus dem Bereiche des unbegrenzten Raumes emporgekommen in die vierte Schauung eingegangen, aus der vierten Schauung emporgekommen in die dritte Schauung eingegangen, aus der dritten Schauung emporgekommen in die zweite Schauung eingegangen, aus der zweiten Schauung emporgekommen in die erste Schauung eingegangen, aus der ersten Schauung emporgekommen in die zweite Schauung eingegangen, aus der zweiten Schauung emporgekommen in die dritte Schauung eingegangen, aus der dritten Schauung emporgekommen in die vierte Schauung eingegangen, aus der *vierten* Schauung emporgekommen ist der Erhabene ganz unmittelbar erloschen [1].»

Beim Eintreten in diese vierte (für uns fünfte) Bewußtseinsstufe eröffnen sich für den Meditierenden zwei Wege: derjenige der Rückerinnerung früherer Existenzen oder der, welcher zu den vier eben beschriebenen Arûpaloka-Stadien (in die wir die vollkommene Wahrnehmungsaufhebung hier nicht einbeziehen) führt. Vom Standpunkt der Bewußtseinsfaktoren *(cetasikâ)* können die *arûpa-jhânas* auch unter die fünfte Versenkungsstufe gerechnet werden, da sie im Fehlen der ersten vier Bewußtseinsfaktoren (*vitakka, vicâra, pîti, sukha*) mit jener Stufe übereinstimmen. Ihrem Inhalt nach aber findet ein weiteres Fortschreiten der *Vereinheitlichung* statt, obwohl Ausdrücke wie «Raum*unendlichkeit»*, «Bewußtseins*unendlichkeit»* das Gegenteil zu besagen scheinen. Unendlichkeit ist jedoch nichts anderes als Negierung der Einzelhaftigkeit, der Abgrenzung, Differenzierung. Unendlichkeit des Raumes ist Überwindung des Formhaften (das der vorigen Stufe noch eignete), Unendlichkeit oder besser Unbegrenztheit des Bewußtseins, Überwindung des objektiven Raumes (des Raumes als eines vom Bewußtsein verschiedenen Objektes) durch sein völliges Bewußtwerden. Sobald sein gänzliches Einswerden mit dem Bewußtsein erreicht ist, hört die Differenz «Subjekt–Objekt» auf, und «Nichtetwas-

[1] K. E. Neumanns Übersetzung.

heit» wird erlebt. Mit dem Verblassen dieses Erlebnisses befindet sich der Meditierende an der «Grenzscheide möglicher Wahrnehmung» – da, wo auch keine Worte den Zustand mehr symbolisieren können; denn, wo alle Differenzierungen aufgehoben sind, da sind auch alle Bezeichnungen aufgehoben.

III

KLASSIFIZIERUNG DES BEWUSSTSEINS

Das Bewußtsein dieser drei in zunehmender Sublimierung sozusagen «übereinanderliegenden» Ebenen (*kâma-*, *rûpa-*, *arûpa-loka*) wird je nach seiner erkenntnismäßigen *Vorbedingung* als «wurzelursachenbedingt» (*sahetuka*) oder «nicht-wurzelursachenbedingt» (*ahetuka*) bezeichnet. Jeder Bewußtseinsakt, der durch den Erkenntnisgrad des Individuums motiviert wird, d. h. durch seine geistige Einstellung, die sich zu allen anderen Ursachen verhält, wie die Wurzel zu den übrigen Teilen einer Pflanze, ist somit wurzelursachen-bedingt und moralisch entscheidend, während alle vorwiegend passiv-rezeptiven, aus bloßen Sinneneindrücken resultierenden Bewußtseinszustände, nicht wurzelursachen-bedingt und somit moralisch neutral sind.

Das Wort «moralisch» ist hier jedoch nicht im landläufigen Sinne zu verstehen, sondern als Richtungstendenz (wie am Anfang dieses Kapitels erwähnt), und zwar mit der ausschließlichen Anwendbarkeit auf die Schwankungen des weltlichen (wechselnd gerichteten) Bewußtseins. Jede Annäherung an die Zielrichtung, die der harmonisierenden, heilenden Wirkung eines Gesundungsprozesses zu vergleichen ist, wird als heilsam (*kusala*) bezeichnet, jede Entfernung von ihr als unheilsam (*akusala*).

Unheilsame Wurzelursachen sind Begierde (*lobha*), Haß (*dosa*) und Wahn (*moha*), die drei Erscheinungsformen des Nichtwissens, der Nichterkenntnis (*avijjâ*), d. h. desjenigen Geisteszustandes, der mit der Wirklichkeit nicht übereinstimmt und deshalb notwendigerweise zur Disharmonie, in anderen Worten, zu leidvollen Zuständen führt. Die heilsamen Wurzelursachen sind die diesen Erscheinungsformen *avijjâs* entgegengesetzten, aus Erkenntnis geborenen Eigenschaften, nämlich, Begierdelosigkeit (*alobha*), Haßlosigkeit (*adosa*) und Wahnlosigkeit (*amoha*). So ergeben sich für das weltliche Bewußtsein nicht nur wurzelursachen-bedingte und -nichtbedingte Zustände, sondern innerhalb der bedingten wiederum heilsame und unheilsame, so daß wir folgendermaßen gruppieren können:

unheilsame bedingte,
neutrale, nicht-bedingte,
heilsame bedingte.

Im Bereich der sinnlichen Form ist jeder dieser Zustände vertreten, in den vorhergenannten Erhabenen Bereichen, nämlich denen der Reinen Form und der Nichtform, nur der letzte von ihnen.

Zu den Gesichtspunkten der Richtung, des Formbereiches (oder der Artung der Objekte) und der Vorbedingung des Bewußtseins kommt als vierter der des *potentiellen Wertes*. Ein Bewußtseinszustand ist entweder karmisch wirkend (aktiv), nachwirkend (reaktiv oder resultierend), oder karmisch nichtwirkend (neutral, inaktiv, statisch). Der aktive, karmisch fortwirkende Zustand stellt sich als entweder heilsam (*kusala*) oder unheilsam (*akusala*) dar, der nachwirkende (*vipâka*) als Ergebnis früheren heilsamen oder unheilsamen Wirkens, der nichtwirkende (*kriyâ*) als ein sich in seinen augenblicklichen oder rein gegenwärtigen Funktionen erschöpfender Zustand, der von keiner bewußten Absicht oder geistigen Stellungnahme begleitet ist, durch die für die Zukunft eine positive oder negative Willenstendenz (*saṅkhâra*) geschaffen werden könnte.

Im überweltlichen Bewußtsein, das an keine bestimmte Ebene oder Bewußtseins*form* gebunden ist, sondern in allen Bereichen weilen kann, wird der aktive Aspekt als Pfadbewußtsein (*magga-citta*), der resultierende als Fruchtbewußtsein (*phala-citta*) bezeichnet.

In Zusammenfassung des bis hierher Gesagten erhalten wir folgendes Schema:

1 RICHTUNG	2 FORMBEREICH	3 VORBEDINGUNG	4 POTENZIELLER WERT	
Weltlich *(lokiya)*	I im Bereich der sinnlichen Form *(Kâmâvacara)*	A. mit unheilsamen *(akusala)* Wurzelursachen	a. b. c. wirkend *	*(akusala)*
		B. ohne Wurzelursachen *(ahetuka)*	a. unheilsam b. heilsam } nachwirkend c. nichtwirkend °	*(akusalavipâka)* *(kusala-vipâka)* *(kriyâ)*
		C. mit heilsamen Wurzelursachen *(kusala-sahetuka)*	a. wirkend * b. nachwirkend c. nichtwirkend °	*(kusala)* *(vipâka)* *(kriyâ)*
	II im Bereich der Reinen Form *(Rûpâvacara)*	A. . . . . B. . . . . C.	wirkend * nachwirkend nichtwirkend °	*(kusala)* *(vipâka)* *(kriyâ)*
	III im Bereich der Nicht-Form *(Arûpâvacara)*	A. . . . . B. . . . . C.	wirkend * nachwirkend nichtwirkend °	*(kusala)* *(vipâka)* *(kriyâ)*
Überweltlich *(lokuttara)*	IV in allen Bereichen	A. . . . . B.	wirkend * nachwirkend	*(magga)* *(phala)*

* je nach der Vorbedingung «unheilsam» *(akusala)* oder «heilsam wirkend» *(kusala)*
° *karmisch* nichtwirkend, d. h. in der gegenwärtigen Funktion *(kriyâ)* sich erschöpfend

Außer den leitenden Einteilungsprinzipien der Richtung, des Formbereiches, der Vorbedingung und des potenziellen Wertes, lassen sich noch eine Anzahl untergeordneter Gesichtspunkte feststellen. So wird z. B. das wurzelursachenbedingte Sinnenweltbewußtsein (*kâmâvacara-citta*) wiederum in

a) Empfindung oder Gefühl (*vedanâ*),
b) Wissen (*ñâṇa*),
c) Wollen (*saṅkhâra*) eingeteilt.

a) *Empfindung* oder *Gefühl* bezieht sich auf jede Art körperlicher und geistiger Empfindung (weshalb letzterer Ausdruck vorzuziehen ist) und ist entweder angenehmer (*somanassa, sukha*) oder unangenehmer (*domanassa, dukkha*) Art oder keins von beiden, d. h neutral oder indifferent (*upekkhâ*).

b) Weiterhin ist ein Bewußtseinszustand entweder mit *Wissen* (*ñâṇa*) (bezüglich der Erkenntnis seines Objektes und der sich daraus ergebenden Folgerungen und Konsequenzen) verbunden (*sampayutta*) oder nicht mit Wissen verbunden (*ñâṇa-vippayutta*) oder mit Irrtum (irrtümlichen «Ansichten»: *diṭṭhi*) verknüpft,

c) und er entsteht entweder willkürlich (*sasaṅkhârika*) oder nicht-willkürlich (*asaṅkhârika*).

Nehmen wir nun aus obigem System die erste Untergruppe des Sinnenweltbewußtseins, nämlich das von *unheilsamen* Wurzelursachen bedingte (*akusala-/sahetuka-/citta)*, so ergeben sich vom Gesichtspunkt der Wurzelursache zunächst drei Gruppen:

a) eine durch Begierde bedingte (*lobha-sahagata*),
b) eine durch Haß, bzw. Widerwillen bedingte (*paṭigha-sahagata*)
c) und eine in Wahn wurzelnde (*momûha*).

Unter Gruppe a) scheiden leidige Empfindungen aus, denn sie würden das Begehren aufheben, bzw. gar nicht entstehen lassen. Auf diese Weise erhalten wir im *Begierde*-bedingten Bewußtsein unter den Gesichtspunkten der Empfindung, des Wissens und des Wollens die folgenden Klassen:

	Empfindung	*Wissen*	*Wollen*
1	freudiges	irrtümliches	nicht-willkürliches Bewußtsein
2			willkürliches Bewußtsein
3		irrtumfreies (aber nicht «wissendes»)	nicht-willkürliches Bewußtsein
4			willkürliches Bewußtsein
5	weder-freud-noch-leidvolles	irrtümliches	nicht-willkürliches Bewußtsein
6			willkürliches Bewußtsein
7		irrtumfreies	nicht-willkürliches Bewußtsein
8			willkürliches Bewußtsein

b) In dem von *Widerwillen* bedingten Bewußtsein können, seiner Natur entsprechend, weder freudiges noch indifferentes Empfinden aufkommen, noch ist eine Unterscheidung wie «irrtümlich» oder «irrtumfrei» hier anwendbar oder für den Charakter des Bewußtseinszustandes entscheidend.

Es gibt daher nur:

9 kummerbegleitetes, widerwillenverbundenes, nichtwillkürliches Bewußtsein

10 kummerbegleitetes, widerwillenverbundenes, willkürliches Bewußtsein.

c) *Wahnverwurzeltes* Bewußtsein ist ein Zustand der Unklarheit und Unruhe, demgemäß unter dem Gesichtspunkt des Wollens nicht definierbar und empfindungsgemäß nach keiner Seite entschieden, d. h. indifferent. Es wird somit in zwei Klassen dargestellt, nämlich als:

11 indifferentes, mit Unklarheit (*vicikicchâ*) verbundenes Bewußtsein,

12 indifferentes, mit Unruhe (*uddhacca*) verbundenes Bewußtsein.

Erheblich regelmäßiger ist die Einteilung des von heilsamen (*kusala*) Wurzelursachen bedingten Sinnenweltbewußtseins, in dem – entsprechend der Wurzelursache – leidvolles Empfinden nicht mehr in Erscheinung treten kann. Folgende Klassen des Bewußtseins ergeben sich unter den drei obigen Gesichtspunkten:

	Empfindung	*Wissen*	*Wollen*
1	freudiges	wissens-verbundenes	nicht-willkürliches Bewußtsein
2			willkürliches Bewußtsein
3		nicht-wissens-verbundenes	nicht-willkürliches Bewußtsein
4			willkürliches Bewußtsein
5	weder-freud-noch-leidvolles	wissens-verbundenes	nicht-willkürliches Bewußtsein
6			willkürliches Bewußtsein
7		nicht-wissens-verbundenes	nicht-willkürliches Bewußtsein
8			willkürliches Bewußtsein

9–16: dasselbe im karmisch nachwirkenden (*vipâka*) und
17–24: im nichtwirkenden (*kriyâ*) Bewußtsein.

Die nicht mit Wissen verbundenen Klassen sind durch Gierlosigkeit (*alobha*) und Haßlosigkeit (*adosa*) bedingt, die mit Wissen verbundenen durch alle drei heilsamen Wurzelursachen (*alobha, adosa, amoha*).

Als Beispiel des Pâlitext-Aufbaues und der für unsere Darstellung daraus abgeleiteten Tabellarisierung im Anhang dieses Buches seien hier die ersten acht Klassen der eben erwähnten Bewußtseinsgruppe wiedergegeben.

	sahagataṃ		*sampa-yuttaṃ*	*vippa-yuttaṃ*	*saṅkhârikaṃ*		*cittaṃ*
1	*somanassa*		*ñâṇa*		*a-*		a)*kusala* (heilsam)
2	*somanassa*		*ñâṇa*			*sa-*	
3	*somanassa*			*ñâṇa*	*a-*		
4	*somanassa*			*ñâṇa*		*sa-*	
5		*upekkhâ*	*ñâṇa*		*a-*		
6		*upekkhâ*	*ñâṇa*			*sa-*	
7		*upekkhâ*		*ñâṇa*	*a-*		
8		*upekkhâ*		*ñâṇa*		*sa-*	
	Empfindung		Wissen		Wollen		

Lesebeispiel:

	sahagataṃ,	*-sampayuttaṃ,*	*saṅkhârikaṃ,*	*cittam*
1	*somanassa*	*ñâṇa*	*a-*	*kusala-*
1	freude-begleitetes,	wissen-verbundenes,	nicht-willkürlich.	heilsames Bew.

	sahagataṃ,	*vippayuttaṃ,*	*saṅkharikâṃ,*	*cittam*
8	*upekkhâ-*	*ñâṇa-*	*sa-*	*kusala-*
8	gleichmut-begleit.,	wissen-nichtverbundenes.,	willkürliches,	heilsames Bew.

Zwischen den beiden entgegengesetzten Gruppen wurzelursachenbedingten Bewußtseins vermitteln achtzehn Klassen ohne Wurzelursachen (*ahetuka-cittâni*). Die ersten sieben dieser Klassen sind die Nachwirkung früherer unheilsamer Bewußtseinszustände (*akusala vipâka*), nämlich Bewußtsein, das auf Grund von (1) Gesicht, (2) Gehör, (3) Geruch, (4) Geschmack, (5) Berührung entstanden ist (*cakkhu-sota-ghâna-jivhâ-kâya-viññâṇa*), sowohl wie (6) die rezeptiven (*sampaṭicchana*) und (7) prüfenden (*santîraṇa*) Geisteszustände. Alle diese Klassen sind hedonisch indifferent, mit Ausnahme des Körperbewußtseins, der Berührung, das von Schmerz begleitet ist (*dukkha*).

Die folgenden acht Klassen (8–15), welche die Nachwirkungen früherer heilsamer Geisteszustände sind, gleichen den vorhergehenden, nur daß anstelle der Schmerzempfindung ein erfreuliches Körperbewußtsein tritt und daß es zwei Klassen prüfenden Bewußtseins gibt, von denen eine von Freude (*sukha*) begleitet ist.

Weiterhin gibt es drei karmisch nichtwirkende Klassen, nämlich (16) Bewußtsein, das im Begriff ist, sich einem der fünf Sinneseindrücke zuzuwenden (*pañcadvârâvajjana*), (17) Bewußtsein, das im Begriffe ist, sich geistigen Eindrücken zuzuwenden (*manodvârâvajjana*) und (18) das freudige Bewußtsein der Entstehung ästhetischen Genusses (*hasituppâda*). Die beiden vorhergehenden Klassen sind hedonisch neutral, denn in ihnen besteht nur die Wahrnehmung eines sich nähernden Eindrucks durch die «fünf Tore» (*pañca-dvârâ*) der Sinnesorgane oder durch das Tor geistiger Wahrnehmung (*mano-dvâra*), ohne daß die Natur dieses Eindrucks bestimmt werden könnte. Es ist der

Moment *vor* der Bildung eines Begriffes oder einer Vorstellung. Der Stimulus, der durch das «Geistestor» eintritt, kann entweder die Erinnerung eines früheren Sinneseindrucks sein, oder einer früheren Vorstellung oder Reflexion.

Das Bewußtsein der Entstehung ästhetischen Genusses ist von Freude begleitet und frei von unheilsamen Wurzelursachen und karmischen Nachwirkungen, weil, wie Bhikkhu Sîlâcâra einmal sagte, «in der Betrachtung des Schönen, wenn sie wirklich rein ist, keinerlei selbstische Motive mitspielen und der Mensch vollkommen ichbefreit ist. Die vollkommene Abwesenheit des «Ich», wenn aufrechterhalten, ist Nibbâna. Und der Mensch, dem es vergönnt ist, zeitweilig vom «Ich» in der Betrachtung des Schönen befreit zu sein, hat hiermit vorübergehend Nibbâna in einer Weise erlebt, die ihn schließlich zum vollständigen, wahrhaften, vollkommenen Nibbâna führen könnte. Deshalb behaupte ich, *daß Schönheit vielen dazu verhelfen wird, Nibbâna zu finden.*»

Der Begriff des *Schönen* (*subha, sobhana*) ist im Buddhismus eng verbunden mit der Idee des Reinen, der Reinheit und des Guten, ähnlich der platonischen Lehre von der Identität des Guten, des Schönen und des Wahren in ihren höchsten Aspekten. Es ist selbstverständlich, daß im Buddhismus das Gute nicht vom Wahren getrennt werden kann, d. h. von dem, das mit den Gesetzen der Wirklichkeit (des *dhamma* im höchsten Sinne) übereinstimmt. Darum werden die neunundzwanzig obenerwähnten Bewußtseinsklassen, die von heilsamen Wurzelursachen bedingt sind, sowie jene des Bereichs der Reinen Form, der Nichtform und des überweltlichen Bewußtseins, «schöne Geisteszustände» (*sobhaṇa-cittâni*) genannt.

Unter den Klassen des nachwirkenden, nicht von Wurzelursachen bedingten Bewußtseins (*vipâka-ahetuka-cittâni*) erwähnten wir acht hedonisch neutrale Klassen des durch die Fähigkeiten des Sehens, Hörens, Riechens oder Schmeckens hervorgebrachten Sinnenbewußtseins, während das Bewußtsein, das aus körperlicher Berührung unter den gleichen Umständen entsteht, nicht hedonisch neutral ist, sondern in einem ausgesprochen schmerzvollen oder freudvollen Gefühlszustand resultiert. Der

Grund für diese Unterscheidung hat seinen Ursprung in der buddhistischen Theorie der Eigenschaften und Funktionen der Materie und der sensitiven materiellen Qualitäten (*pasâda-rûpa*) der Sinnesorgane (*vatthu*).

Die vier essenziellen Qualitäten der Materie (*mahâbhûta*), oder genauer, die vier elementaren Qualitäten, die zu der Erfahrung oder dem Begriff der Materie Anlaß geben, sind:

1. der feste Aggregatzustand oder das Prinzip der dreidimensionalen Ausdehnung (negativ ausgedrückt: die Prinzipien des Widerstandes und der Trägheit), symbolisiert durch den Begriff «Erde» (*paṭhavî*);

2. der flüssige Aggregatzustand oder das elementare Prinzip der Kohäsion, symbolisiert durch den Begriff «Wasser» (*âpo*);

3. der feurige (oder wärme-schaffende) Aggregatzustand, oder das elementare Prinzip der Strahlung, symbolisiert durch den Begriff «Feuer» (*tejo*);

4. der gasförmige Aggregatzustand oder das elementare Prinzip der Vibration und Oszillation, d.h. der Bewegung, symbolisiert durch den Begriff «Luft» oder auch «Wind» (*vâyo*).

Aus diesen vier essenziellen Qualitäten der Materie werden zehn sekundäre materielle Qualitäten abgeleitet, nämlich diejenigen der (1) Sinnesorgane, (2) der Sinnesobjekte, (3) des Geschlechtes, (4) der Lebensbasis (Herz), (5) der vitalen Energie oder Lebenskraft, (6) der Nahrung, (7) der Begrenzung (im Raum), (8) der Mitteilung oder Andeutung (durch Rede oder körperliche Geste), (9) Plastizität und (10) Integrierung und Desintegrierung.

Für die Lösung unseres gegenwärtigen Problems ist es nicht notwendig, in die Einzelheiten dieser sekundären Qualitäten einzugehen, mit Ausnahme der ersten zwei Gruppen. Erstere bezieht sich auf die sensitiven materiellen oder «feinmateriellen» Qualitäten (*pasâda-rûpa*) des Auges, des Ohres, der Nase, der Zunge und des Körpers (als Organ des Tastsinnes). Die zweite Gruppe enthält das sichtbare, das hörbare, das riechbare, das schmeckbare und das tastbare Objekt. Von diesen enthält nur das letztgenannte die essenziellen Qualitäten der Materie mit Ausnahme des Elementes der Kohäsion (*âpo-dhâtu*).

Shwe Zan Aung bemerkt bezüglich dieser Theorie: «Die Bestandteile der Materie werden durch *âpo* (Kohäsion) zusammengehalten, die durch den Tastsinn nicht gefühlt werden kann. Wenn man, zum Beispiel, seine Hand in kaltes Wasser taucht, so ist die Nachgiebigkeit des Wassers nicht *âpo*, sondern *paṭhavî;* die Kälte, die man fühlt, ist nicht *âpo*, sondern *tejo;* der Druck, den man fühlt, ist nicht *âpo*, sondern *vâyo*. Aus diesem Grunde nimmt der Buddhist an, daß nur die drei (hier erwähnten) essenziellen oder primären Qualitäten das Berührbare konstituieren. Hieraus kann man leicht ersehen, daß die Buddhisten sich nicht mit dem Wasser im Sinne des Thales' oder mit der Luft im Sinne des Anaximenes' oder mit dem Feuer im Sinne Heraklits oder mit der Materie im Sinne der Peripatetiker griechischer Philosophie beschäftigen.» (Compendium of Philosophy, p. 155, n. 6.)

Während so im Aufeinandertreffen der sensitiven Organe des Körpers und der berührbaren Objekte eine oder mehrere essenzielle Qualitäten der Materie im Spiel sind, sind im Kontakt zwischen den feinmateriellen Qualitäten (*pasâda-rûpa)* der anderen vier Sinnesorgane und ihrer Objekte nur sekundär materielle Qualitäten gegenwärtig, die nicht stark genug sind, um physischen Schmerz oder körperliches Wohlgefühl hervorzubringen.

Buddhaghosa vergleicht die sekundären materiellen Eigenschaften der Sinnenobjekte wie der wahrnehmenden körperlichen Organe mit Watte, die primären körperlichen Eigenschaften mit einem Amboß, ein Objekt, das die primären Eigenschaften der Materie besitzt, mit einem Hammer. Ebenso wie nun der Zusammenprall von Watte mit Watte keine Wirkung auf einen darunter befindlichen Amboß ausüben würde, wohingegen ein Hammerschlag, auch durch die Watte hindurch, sich dem Amboß mitteilen würde, ebenso teilen sich die primären materiellen Eigenschaften des Tastsinn*objektes* durch den Tastsinn den primären materiellen Eigenschaften des Körpers mit, während die Stimuli der anderen vier Sinnenobjekte, infolge des Fehlens jener drei primären Qualitäten, nicht zur vollen Auswirkung in der Gefühlssphäre kommen.

Wir sind nun in der Lage, die gesamte Klassifizierung des Bewußtseins zu übersehen:

I. Im Bereich der sinnlichen Form (*kâmâvacara*) ergeben sich:

A. 12 von unheilsamen Wurzelursachen (*akusala-hetu*) bedingte Bewußtseinsklassen.

B. 18 Bewußtseinsklassen ohne Wurzelursachen (*ahetuka*).

C. 24 von heilsamen Wurzelursachen bedingte (*kusala-hetu*) Klassen.

54 *kâmâvacara-cittâni* im Ganzen.

Die fünf Stufen im Bewußtsein der Reinen Form (*rûpâvacara*) sind, wenn sie vom Standpunkt ihres potenziellen Wertes aus gesehen werden, entweder karmisch aktiv, d. h. heilsam (*kusala*) oder die Auswirkung und Nachwirkung früheren Handelns (*kamma-vipâka*), oder karmisch nichtwirkend (*kriyâ*), d. h. sich in ihren gegenwärtigen Funktionen erschöpfend. Somit ergeben sich im Bewußtsein der Reinen Form 15 Klassen. In ähnlicher Weise entstehen aus den vier Stufen des Nichtform-Bewußtseins 12 Klassen (4 *kusala* + 4 *vipâka* + 4 *kriyâ*). Im Ganzen haben wir also (15+12) 24 Klassen höheren Bewußtseins, die zusammen mit den 54 Klassen des *kâmâvacara*-Bewußtseins 81 Klassen des ungerichteten (noch nicht in den «Strom» der Erlösung oder Willenswendung eingetretenen) mundanen Bewußtseins (*lokiya-cittâni*).

Entsprechend den vier Paaren zielgerichteter Menschen unterscheidet man *acht Klassen überweltlichen* oder *gerichteten* Bewußtseins, die sich, wie schon erwähnt, in allen drei Bereichen bewegen können: in dem der konkreten Form, in dem der Reinen Form und in dem der Nichtform – selbstverständlich unter Ausschluß der durch unheilsame Wurzelursachen bedingten Bewußtseinsklassen des sinnlichen Bereiches. Jede dieser acht überweltlichen Klassen ist somit auch imstande, sich in irgendeiner der fünf Versenkungsstufen darzustellen, weshalb man auch eine vierzigfache (5 × 8) Einteilung des überweltlichen Bewußtseins (*lokuttara-citta*) gelten läßt, wodurch die Gesamtzahl der in der buddhistischen Psychologie bekannten Bewußtseinsklassen sich von 89 (81 *lokiya* + 8 *lokuttara cittâni*) auf 121 (81 + 40) erhöht.

IV

DIE VIER TYPEN EDLER MENSCHEN UND DAS PROBLEM DES LEIDENS

Die vier Typen zielgerichteter oder – wie der Pâli-Kanon sie nennt – «edler Menschen» (*ariya-puggalâ*) sind:

1. der in den Strom (der Befreiung) Eingetretene (*sotâpanna*),
2. der Einmalwiederkehrende (*sakadâgâmî*),
3. der Nichtwiederkehrende (*anâgâmî*),
4. der Heilige (*arahâ*), der das verwirklichte Ziel darstellt.

Eine Definition dieser vier Typen finden wir im vierten Buche des Abhidhamma-Piṭaka, dem von Nyânatiloka ins Deutsche übersetzten «Buch der Charaktere» (*Puggala-Paññatti* 48–50).

«Wer gerade auf dem Wege ist, die drei Fesseln zu verlieren, das Ziel des Stromeintritts zu verwirklichen, oder wer die drei Fesseln überkommen hat; diesen Menschen bezeichnet man als einen ‚in den Strom Eingetretenen' (*sotâpanna*).

Wer gerade auf dem Wege ist, sinnliches Begehren und Ärger zur äußersten Abschwächung zu bringen, das Ziel der Einmalwiederkehr zu verwirklichen, oder in wem sinnliches Begehren und Ärger äußerst abgeschwächt sind: diesen Menschen bezeichnet man als ‚Einmal-Wiederkehrenden' (*sakadâgâmî*).

Wer gerade auf dem Wege ist, sinnliches Begehren und Ärger restlos zu verlieren, das Ziel der Nie-Wiederkehr zu verwirklichen, oder wer sinnliches Begehren und Ärger restlos überkommen hat: diesen Menschen bezeichnet man als ‚Nie-Wiederkehrenden' (*anâgâmî*).

Wer gerade auf dem Wege ist, Begehren nach formhaftem Dasein, Begehren nach formlosem Dasein, Eigendünkel, Zerstreutheit und Verblendung restlos zu verlieren, das Ziel der vollkommenen Heiligkeit zu verwirklichen, oder wer Begehren nach formhaftem Dasein, Begehren nach formlosem Dasein, Eigendünkel, Zerstreutheit und Verblendung restlos überkommen hat: diesen Menschen bezeichnet man als ‚Vollkommen Heiligen' (*arahâ*).»

Von den zehn Fesseln (*saṃyojanâni*), durch die der gewöhnliche Mensch (*puthujjanâ*) an die Welt gebunden ist, hat der ‚In-den-Strom-Eingetretene' die ersten drei überwunden:

1. *sakkâyadiṭṭhi:* der Glaube an eine verharrende Persönlichkeit,
2. *vicikicchâ:* Zweifel,
3. *sîlabbataparâmâsa:* das Hangen an Sittenregeln und Riten.

Die übrigen sieben Fesseln, die, wie obiger Text zeigt, im Fortschreiten auf dem Pfade zur Heiligkeit überwunden werden, sind:

4. *kâmarâga:* sinnliche Begierde,
5. *paṭighâ:* Widerwillen (Mißmut, Ärger),
6. *rûparâga:* Begehren nach formhaftem Dasein,
7. *arûparâga:* Begehren nach formlosem Dasein,
8. *mâna:* Eigendünkel (Stolz),
9. *uddhacca:* Unruhe (Zerstreutheit),
10. *avijjâ:* Verblendung.

Die ersten fünf nennt man die niederen Fesseln (*orambhâgiyâni saṃyojanâni*), weil sie den Strebenden noch an die sinnliche Welt binden. Die fünf höheren Fesseln (6–10) oder *uddhambhâgiyâni saṃyojanâni* werden nur vom *Arahâ* überwunden. Die vier Typen «edler Menschen» und die von ihnen überwundenen Fesseln können somit in folgender Weise kurz zusammengefaßt werden:

ariya-puggalâ:	*saṃyojanâni:*
I. *sotâpanna*	1–3
II. *sakadâgâmî*	1–3; 4 und 5 teilweise
III. *anâgâmî*	1–5
IV. *arahâ*	1–10

Auch im ungerichteten, weltlichen Bewußtsein kann ein Freiwerden von der einen oder auch mehreren Fesseln eintreten, aber infolge der Abhängigkeit von triebhaften Motiven und äußeren Einwirkungen, kurz, infolge der geistigen Unstete und mangelnden Orientierung ist diese partielle Fesselfreiheit nur vorübergehend.

Im gerichteten Bewußtsein hingegen ist, seiner Natur entsprechend, jeder Rückfall unmöglich (*aparihânadhamma*), denn

Rückfall hieße ja Wechsel der Richtung. Hier zeigt sich also wieder, inwiefern das überweltliche Bewußtsein als gerichtet zu bezeichnen ist: allen seinen Stufen ist das Fortschreiten gemeinsam. Die Bezeichnungen «Einmalwiederkehrer» und «Nichtwiederkehrer» bedeuten, daß ersterer nur noch einmal zu dieser Welt, d. h. ins menschliche Dasein zurückkehrt, bevor er das Ziel der Erlösung erreicht (*nibbâna*), während letzterer, wie es in der *Puggala Paññatti* heißt, nach Vernichtung der fünf niederen Fesseln unter den geistgeborenen Wesen wiedererscheint und dort vom Wahne erlischt, um nicht mehr in diese Welt zurückzukehren.

Im Kommentar zum *Dîgha-Nikâya, Mahâparinibbâna-Sutta*, findet sich außerdem noch folgende nähere Definition des Sakadâgamî:

«In dem Einmal-Wiederkehrenden steigen Begehren, Haß und Verblendung nicht häufig auf wie in den Weltlingen; nur dann und wann steigen diese Dinge auf. Und wenn sie aufsteigen, so steigen sie nicht heftig und stark auf wie in den Weltlingen: nur ganz dünn wie Fischschuppen steigen sie auf.» (Cit. v. Nyâṇatiloka.)

Je nachdem das Bewußtsein der vier Typen edler Menschen wirkend oder nachwirkend ist, bezeichnet man es als Pfad- (*magga*) oder Frucht- (*phala*) Bewußtsein:

1. *sotâpatti-magga-citta*	und	5. *sotâpatti-phala-citta*
2. *sakadâgâmî-magga-citta*	und	6. *sakadâgâmî-phala-citta*
3. *anâgâmî-magga-citta*	und	7. *anâgâmî-phala-citta*
4. *arahatta-magga-citta*	und	8. *arahatta-phala-citta*

Das heißt (1) das Bewußtsein eines in den Strom Eintretenden und (5) das Bewußtsein dessen, der die Frucht des Stromeintrittes genießt, usw. Die linke Gruppe verhält sich zur rechten wie Ursache zu Wirkung. Nichtwirkende Klassen (*kriyâ*) können im *gerichteten* Bewußtsein naturgemäß nicht unterschieden werden. Ebensowenig finden Kummer und Schmerz (*domanassa-dukkha*) in diesem Bewußtsein Eingang, denn als Vorbedingung sind nur die drei heilsamen Wurzelursachen zugegen.

Man wird hier einwenden, daß doch selbst der Buddha, gelegentlich seines Unwohlseins in den letzten Tagen seines Lebens, Schmerzen empfunden habe. Aber das beweist nur, daß auch die höchsten Typen menschlichen Geistes nicht immer und ausschließlich an die *eine* ihnen entsprechende Bewußtseinsgruppe gebunden sind, sondern daß sie gleichzeitig noch den Nachwirkungen niederer Bewußtseinszustände ausgesetzt sein können – und zwar im Gebiete des Körperlichen; denn der Körper ist ja seinem Wesen nach materialisiertes Karma, sichtbar gewordenes Bewußtsein vergangener Daseinsmomente: ist doch Karma nichts anderes als das wirkende Prinzip des Bewußtseins, das als Wirkung (*vipâka*) auch in sichtbare Erscheinung tritt.

Erscheinungsform ist also wesentlich «Vergangenheit» und wird darum für den, der sich geistig über sie hinausentwickelt hat, als fremd empfunden. Das ganze Mißverständnis der dualistischen Auffassung von Körper und Seele, Geist und Materie usw. beruht auf dieser Empfindung und konnte gerade deshalb in erster Linie von den geistig höchststehenden Menschen verkündet werden, denn für die Masse (mag sie auch dem Wort nach dieser Verkündung beistimmen), deren Bewußtsein über das der Erscheinungsform noch nicht hinausgewachsen ist, ist der Körper mit gleichem Recht «Gegenwart» zu nennen, insofern er dem bestehenden geistigen Niveau entspricht.

Mit dem noch restierenden, in körperlicher Form gebundenen Karma des Heiligen verhält es sich wie mit einem schweren Pendel, das nach dem Aufhören des Anstoßes noch lange nachschwingt. Je länger und schwerer das Pendel, desto langsamer die Schwingung. Je kürzer und leichter das Pendel, desto schneller die Schwingung. Die Materie entspricht dem schweren Pendel mit langsamer, beharrlicher Schwingung, das Geistige dem leichten Pendel mit schnellerer und entsprechend weniger anhaltender Schwingung. Der Buddha selbst sagt einmal, daß man mit mehr Berechtigung den Körper als beharrend (im Sinne eines absoluten, unveränderlichen «Ich» oder *attâ*) ansehen könnte als den Geist!

So kommt es, daß der Körper nicht imstande ist, den Veränderungen des Geistes unmittelbar zu folgen. Er paßt sich nur langsam und innerhalb gewisser Grenzen an, die von den Aufbaugesetzen der Materie und den Schwingungsverhältnissen ihrer Elemente abhängen. Wenn der Geist bereits in den Zustand der Ruhe und Harmonie gekommen ist, d. h. die karmischen Nachwirkungen ausgeglichen oder durch Umstellung aufgehoben hat, kann das in körperlicher Form gebundene Karma noch lange nachschwingen, ehe völlige Harmonisierung innerhalb derselben (körperliche Vollendung – soweit eine solche möglich ist) oder gänzliche Auflösung stattfinden.

Dem Heiligen ist es natürlich gegeben, sich körperlichen Schmerzen mit Hilfe der Konzentration oder Bewußtseinsverlegung zu entziehen; aber solange überhaupt der Körper besteht, besteht auch die Möglichkeit der Schmerzempfindung – weniger aus Gründen organischer Störungen (Krankheiten), die infolge psychischer Ausgeglichenheit bis auf Rückstände wohl kaum noch in Betracht kommen, denn geistiges Heilsein (Heiligkeit) bedeutet auch körperliches Heilsein (Gesundheit), als vielmehr auf Grund äußerer Einwirkungen, wie beim Buddha der Genuß unzuträglicher Speise (die er um des Gebers willen akzeptierte, obwohl er ihre Unzuträglichkeit erkannte) oder im Falle des Aṅgulimâla die Verletzung durch Steinwürfe und ähnliches. Daß aber auch hier die äußere Einwirkung, das scheinbar äußerliche Geschehen, nicht des inneren, schicksalhaften Zusammenhanges entbehrt, geht aus der Geschichte des Aṅgulimâla klar hervor: Der vom Buddha bekehrte Räuber, welcher infolge der ihm plötzlich aufgehenden Erkenntnis zum Heiligen wird, wird eines Tages beim Almosengang von der Menge erkannt und mißhandelt, so daß er blutüberströmt zum Buddha kommt. Der Erhabene weist ihn darauf hin, daß es die Folgen seiner eigenen Taten seien (*kammavipâka*), die er erleide und ermutigt ihn, sie ruhig zu erdulden, um von den letzten karmischen Bindungen frei zu werden (Majjhima-Nikâya 86).

Auch in den «Fragen des Milinda» (Vol. I, p. 73 f., deutsch von Nyâṇatiloka) wird die Frage, ob der Heilige noch Schmerzen erleiden könne, behandelt:

«Mag wohl, ehrwürdiger Nâgasena, einer, der nicht mehr wiedergeboren wird (d. h. ein Vollkommen-Heiliger), noch irgendein Schmerzgefühl empfinden?»

«Eine Art des Schmerzgefühls mag er wohl noch empfinden, eine andere aber nicht.»

«Welche aber sind dies?»

«Körperliches Schmerzgefühl, o König, mag er wohl noch empfinden, geistiges Schmerzgefühl aber nicht mehr.»

«Wieso aber, o Herr?»

«Da der Grund und die Bedingung zur Entstehung des körperlichen Schmerzgefühles noch nicht aufgehoben sind (denn die Entstehung körperlicher Schmerzen ist abhängig vom Körper, nicht vom Willen), darum mag er noch körperliches Schmerzgefühl empfinden. Da aber der Grund und die Bedingung zur Entstehung geistigen Schmerzgefühles aufgehoben sind, darum mag er geistiges Schmerzgefühl nicht mehr empfinden.» (Milinda-Pañha II, 2.)

Hierzu bemerkt Nyâṇatiloka: «Die Entstehung geistiger Schmerzen ist bedingt durch die Willensverfassung des Einzelnen. Geistiges Schmerzgefühl (Kummer, Gram, Trübsal, Melancholie und Verzweiflung) ist stets mit einem Triebe des sich Widersetzens, Widerstrebens, Grollens oder Hassens (*doso, paṭigho, vyâpâdo*) verbunden und wird daher im Buddhismus als immoralisch betrachtet. Wie kann man da den Buddhismus eine pessimistische Lehre nennen, wo bereits jede *geistig trübe Stimmung* schon als immoralisch verworfen wird und eine der Hauptmeditationen diejenige der universalen *Freude* ist (*muditâ-bhâvanâ*)?»

Fünfter Teil

DIE FAKTOREN DES BEWUSSTSEINS

«Ich bin» ist ein eitler Gedanke! «Ich bin nicht» ist ein eitler Gedanke! «Ich werde sein» ist ein eitler Gedanke; «Ich werde nicht sein» ist ein eitler Gedanke. Eitle Gedanken sind eine Krankheit, ein Geschwür, ein Dorn. Aber wenn man alle eitlen Gedanken überwunden hat, wird man ein stiller Denker genannt. Und der Denker, der Stillgewordene, entsteht nicht mehr und vergeht nicht mehr, zittert nicht mehr und wünscht nichts mehr.

(Majjhima-Nikâya 140)

I

DIE PRIMÄREN ODER KONSTANT-NEUTRALEN FAKTOREN

Die 121 Klassen des Bewußtseins haben uns mit einem vollständigen Koordinatensystem versehen, in das alle weiteren Details der buddhistischen Psychologie eingefügt werden können und durch das jeder Bewußtseinsvorgang bestimmt werden kann. Die Klassifikation ist wie das Stahlgerüst eines Gebäudes, in das die verschiedenen Materialien eingefügt werden müssen, jedes an seinem Ort, entsprechend seiner Art.

Das Hauptmaterial unseres geistigen Gebäudes sind die zweiundfünfzig *cetasikas* oder Bewußtseins*faktoren.* Sie werden vom gleichen Gesichtspunkt wie die *hetus* in drei Gruppen eingeteilt: in heilsame, unheilsame und neutrale Faktoren. Die ersten zwei Gruppen enthalten diejenigen Geistes- oder Charaktereigenschaften, die durch heilsame oder unheilsame Wurzelursachen bedingt sind. Die dritte Gruppe jedoch ist moralisch neutral und kann sich mit der einen wie der anderen der vorerwähnten Gruppen verbinden und wird aus diesem Grunde *«aññasamânâ»*, «das Eine oder das Andere» genannt, weil ihre Faktoren heilsame oder unheilsame Zustände hervorbringen, entsprechend ihrer Kombination mit anderen Faktoren. Obwohl diese neutralen *cetasikas* nicht die Richtung des menschlichen Geistes entscheiden können, sind sie dennoch ebenso wichtig wie die übrigen Faktoren. Sie enthalten tatsächlich gerade jene Elemente, welche die conditio sine qua non alles Bewußtseins sind und die darum an jedem Geisteszustand teilhaben. Diese Elemente bilden die Gruppe der *konstanten* oder *primären Faktoren* (*sabba-citta-sâdhâraṇâ*), während die übrigen die Gruppe der *sekundären neutralen Faktoren* (*pakiṇṇakâ*) darstellen, die nicht dauernd im Bewußtsein gegenwärtig sind.

Die konstanten oder primär-neutralen Faktoren sind:

1. *phassa:* (Bewußtseins-) Kontakt (oder Sinneseindruck),
2. *vedanâ:* Gefühl, Empfindung
3. *saññâ:* Wahrnehmung
4. *cetanâ:* Willensregung,

5. *ekaggatâ:* Einsgerichtetsein,
6. *jîvitindriya:* Vitalität,
7. *manasikâra:* (spontane) Aufmerksamkeit.

Wenn diese Faktoren nicht mit irgendwelchen anderen Faktoren vereint sind, wie zum Beispiel mit den zehn rückwirkenden Klassen des Sinnenbewußtseins ohne Wurzelursachen (*ahetuka-cittâni* 1–5 und 8–12), so bleiben sie in einer Art embryonischem Zustand, während sie im Verein mit anderen neutralen und moralischen Faktoren, wie zum Beispiel im Falle der *jhânas,* wo *ekaggatâ* zu einem hohen Grad von Konzentration (*samâdhi*) gesteigert ist, alle ihre latenten Kräfte entfalten können.

Phassa ist der bloße Kontakt des Bewußtsein mit einem Objekt, z. B. das erste Gewahrwerden eines Sinneseindruckes ohne Wahrnehmung seiner charakteristischen Merkmale, welche Funktion dem dritten Faktor, *saññâ,* zukommt. *Saññâ* ist hier das erwachende Erkenntnisprinzip, welches das Objekt der Wahrnehmung als dem einen oder anderen Sinnesgebiet zugehörig erkennt. *Cetanâ* ist nicht die Reaktion auf eine klar unterscheidende Wahrnehmung oder Vorstellung, sondern die wurzelursächlich bedingte Haltung, die den ersten Eindruck einer noch undefinierten Wahrnehmung begleitet. *Cetanâ* als primärer Faktor, kann somit nicht als ein Ausdruck freien Willens betrachtet werden, sondern nur als eine instinktive Willensregung, eine Reaktion auf vorhergegangene Ursachen (*hetu* zu einem Bestandteil des Charakters geworden) und darum ohne entscheidenden ethischen Wert. *Ekaggatâ* können wir als das begrenzende, *manasikâra* als das richtunggebende Prinzip unter den primären Faktoren definieren, während *cetanâ* das aktive Prinzip, die bewegende Kraft hinter ihnen darstellt. *Ekaggatâ* ist die Fähigkeit, die ein Objekt vom anderen unterscheidet und seine Auflösung oder sein Verschmelzen mit anderen Objekten verhindert. Wenn ich *manasikâra* als «spontane» Aufmerksamkeit qualifiziere, so hat das seinen Grund darin, daß dieser Faktor nicht unter dem Zwang des Willens steht, sondern vielmehr unter dem spontanen Eindruck der dem Objekt selbst innewohnenden Qualitäten, welche die Aufmerksamkeit (oder das, was ihre erste Regung ausmacht) auf sich zogen. *Ekaggatâ* und *manasikâra* können als die negative und positive Seite derselben Funktion definiert werden: erstere eliminiert alles, was nicht zum Objekt gehört, letztere richtet sich auf das in dieser Weise isolierte Objekt. *Jîvitindriya*, psychische Energie oder Vitalität, ist die Basis und das vereinigende Prinzip der anderen sechs Faktoren und sollte von diesem Gesichtspunkt aus entweder am Anfang oder am Ende der Reihe stehen. An den Anfang hat man es aber wohl nicht gestellt, da gezeigt werden soll, wie die Entwicklung von einem äußeren oder inneren Anstoß her erfolgt, und der Grund, warum *manasikâra* noch an letzter Stelle hinter *jîvitindriya* eingeschoben ist, erklärt sich nur daraus, daß *manasikâra* das Verbindungsglied zwischen den primären und den sekundären Faktoren ist. Die nahe Beziehung zwischen *manasikâra* und *vitakka-vicâra*, den Faktoren des diskursiven Denkens, welche die sekundäre Reihe eröffnen, ist evident.

Wir haben in allen diesen Aufzählungen die Reihenfolge der einzelnen Glieder nicht als willkürlich oder zufällig aufzufassen, sondern können stets ein oder mehrere *Ordnungsprinzipien* beobachten. In der Gruppe der primären wie auch der sekundär-neutralen Faktoren besteht außer der essentiellen und logischen Zusammengehörigkeit zum Teil auch ein zeitlich-kausales Verhältnis, sowohl ein Eins-aus-dem-Anderen wie ein Nacheinander und zugleich eine Steigerung im Sinne zunehmender Aktivität. In der primären Reihe zerfällt diese Progression wiederum in zwei Teile, so daß man eine rezeptiv-passive und eine aggressiv-aktive Hälfte unterscheiden kann. Es ließe sich dies folgendermaßen ausdrücken:

– 3 *phassa*	+ 1 *cetanâ*
– 2 *vedanâ*	+ 2 *ekaggatâ*
– 1 *saññâ*	+ 3 *manasikâra*

Jîvitindriya

Wir haben bereits in einem früheren Zusammenhang die drei Aspekte von *vedanâ*, als positiv, negativ oder neutral – je nachdem die Empfindung bejaht, d. h. angenehm empfunden oder verneint oder als weder-freud-noch-leidvoll empfunden wird. Wenn diese Einteilung ausschließlich auf Sinneseindrücke bezogen wird, wird sie als «*anubhavana*» oder als Klassifizierung nach physischen Reaktionen bezeichnet, während wenn sie auf psychisch-mentale Reaktionen bezogen ist, wie z. B. Freude und Kummer, «*indriyabheda*» oder Einteilung nach regulativen Kräften oder direktiven Prinzipien genannt wird; denn Freude und Kummer sind ethisch entscheidende Faktoren.

In dieser Einteilung bedeutet *upekkhâ* die Abwesenheit von Emotionen wie Freude oder Kummer, d. h. ein Zustand gefühlsmäßiger Indifferenz oder positiver ausgedrückt ein Weder-Freud-noch-Leid-Gefühl.

Freude (*somanassa*) und Kummer (*domanassa*) unterscheiden sich von den körperlichen Gefühlen des Wohlseins und Unwohlseins, des körperlichen Vergnügens und des körperlichen Schmerzes, durch ihre Fähigkeit, unser Herz in der einen oder der anderen Richtung zu «bewegen» und unseren Geist zu «erregen».

Wo *sukha* und *dukkha* Seite bei Seite mit *somanassa* und *domanassa* gefunden werden, stehen die ersten zwei Termini gewöhnlich für körperliche Empfindungen, wie wir dies im Falle der *ahetuka-cittâni* sahen und in entsprechender Weise im Falle von *adukkamasukha* (weder Schmerz noch Vergnügen) als Auswirkung von Sinneseindrücken. Körperlicher Kontakt macht jedoch hier eine Ausnahme, wie wir gesehen haben; er reagiert in hedonisch positiver oder negativer Weise und bringt somit nie einen Zustand hedonischer Indifferenz hervor.

Shwe Zan Aung erklärt dies in seinem «Compendium of Philosophy» (p. 233) folgendermaßen: «Wir sprechen von einem lauwarmen Zustand zwischen Hitze und Kälte in unserer gewöhnlichen Umgangssprache, aber nicht in wissenschaftlicher Ausdrucksweise. Streng logisch ist tatsächlich *kein Raum für upekkhâ* in der Berührung. *Upekkhâ* ist ein rein mentales Gefühl unserer Klassifizierung entsprechend und ist daher subjektiv. Objektives Vergnügen oder objektiver Schmerz können, je nach dem Grade physischer Beeindruckung, als geistig (mental) indifferent betrachtet werden. – (*Vedanâ* umfaßt nur den hedo-

KLASSIFIZIERUNG DER EMPFINDUNG

Reaktion	KÖRPERLICH	MENTAL	GEISTIG
positiv	körperliches Wohlsein *(kâyika sukha)*	mentales Vergnügen *(cetasika sukha)*	geistige Freude *(sukha)* (Beseligung)
		mentales Vergnügen + Gemütsbewegung = Freude *(somanassa)*	
negativ	körperlicher Schmerz *(kâyika dukkha)*	mentaler Verdruß *(cetasika dukkha)*	geistiges Leiden *(dukkha)*
		mentaler Verdruß + Gemütsbewegung = Kummer *(domanassa)*	
neutral	weder-schmerzliche-noch-wohlige Empfindung *(adukkhamasukha)*	mentale Indifferenz *(upekkhâ)*	Gleichmut *(tatramajjhattatâ)* (*upekkhâ* im höchsten Sinne)

nischen Aspekt des Gefühls und der Gemütsbewegung.) Ich klassifiziere die verschiedenen Aspekte von *vedanâ* folgendermaßen:

ANUBHAVANA	VEDANÂ	INDRIYABHEDA
1. *Dukkha*	*kâyika*	1. *Dukkha*
	cetasika	2. *Domanassa*
2. *Adukkham-asukha*	*cetasika*	3. *Upekkhâ*
3. *Sukha*	*kâyika*	4. *Sukha*
	cetasika	5. *Somanassa*

Die Bedeutung von *dukkha* und *sukha* hängt somit von der jeweiligen Klassifikation ab oder vom Zusammenhang, in dem diese Ausdrücke gebraucht werden. Und abgesehen von der rein hedonischen Bedeutung, die vom psychologischen Gesichtspunkt im Vordergrunde steht, können diese Ausdrücke im ethisch ausschlaggebenden Sinne als Elend oder Glückseligkeit gebraucht werden. Dies bedeutet jedoch nicht, daß hedonische und ethische Wertungen sich gegenseitig ausschließen, sondern vielmehr, daß der hedonische und der ethische Aspekt sinnliche und geistige Empfindungen einbegreift, wovon letztere wiederum im ethischen Sinne verstanden werden können.

In diesem Zusammenhang haben wir den geistigen Aspekt von *upekkhâ* zu erwähnen, nämlich *tatramajjhattatâ*, das seelische Gleichgewicht, die vollkommene geistige Ausgeglichenheit und Harmonie, die im Erleben der höchsten Geistesobjekte und Bewußtseinszustände in Erscheinung treten und die darum von dem rein negativen Zustand hedonischer Indifferenz (die in der gleichen Bewußtseinsklasse auftreten kann) unterschieden werden müssen.

Eines der größten Mißverständnisse in der Beurteilung buddhistischer Geisteshaltung ist aus der falschen Interpretierung des Wortes *upekkhâ* entstanden. Die ununterschiedliche und rein negative Wiedergabe dieses so wichtigen Begriffes mit «Indifferenz» hat zu dem von nichtbuddhistischer Seite oft wiederholten Vorwurf geführt, daß Liebe (*mettâ*), Mitleid (*karuṇâ*) und Mitfreude (*muditâ*), die zusammen mit *upekkhâ* als die vier «göttlichen Zustände» (*brahmavihâra*) bezeichnet werden, nur Vorstufen zur völligen Indifferenz seien, die das Ziel und der Höhepunkt der buddhistischen Heilslehre seien. Man hat aus der Tatsache, daß *upekkhâ* am Ende dieser Reihe steht, geschlossen, daß für den Buddhisten Liebe und Mitleid nur Mittel zum Zweck der eigenen Erlösung seien und darum nicht, wie im Christentum, echtem Altruismus entsprängen und von gleichem ethischen Wert seien.

In Wirklichkeit liegen die Dinge aber gerade umgekehrt: ebensowenig wie die Nächstenliebe durch Mitleid und Mitfreude aufgehoben wird, sondern sich geradezu in diesen zwei Eigenschaften auswirkt, ebensowenig hebt *upekkhâ* die vorhergehenden Eigenschaften auf. Im Gegenteil, nur ein völlig über den Dingen stehender Mensch, der dem eigenen Wohl und Wehe gegenüber indifferent geworden ist – nicht aber dem anderer Wesen – ist imstande, allen Wesen die gleiche Anteilnahme zu widmen, unbeirrt, ob andere ihm Wohlwollen oder Feindschaft entgegenbringen. Erst die Gegenwart der *upekkhâ*, jenes vollkommenen seelischen und geistigen Gleichgewichtes, gibt *mettâ*, *karuṇâ* und *muditâ* ihre universelle Basis und befreit diese Eigenschaften von der Enge persönlicher Verhaftung. In *upekkhâ* finden Liebe, Mitleid und Mitfreude nicht nur ihre Vollendung, sondern wir können sagen, daß *upekkhâ* geradezu die Voraussetzung dieser Qualitäten ist, die der Vollendete, der Sonne gleich, Gerechten wie Ungerechten entgegenbringt.

Upekkhâ im höchsten Sinne ist also jener heilige, unerschütterliche Gleichmut – in dem weder Lauheit noch Gleichgültigkeit einen Platz findet – und in dem der Unterschied zwischen dem eigenen Selbst und dem des Anderen aufgehoben ist, was *Śântideva* in der ersten *Kârikâ* des *Śikṣasamuccaya* in folgenden Worten ausdrückt:

«Yadâ mama pareṣâṃ ca bhayaṃ duḥkhaṃ ca na priyaṃ
Tadâtmanaḥ ko viśeṣo yat taṃ rakṣâmi netaraṃ?»

«Wenn mein Nächster, ebenso wie ich selbst, Furcht und

Schmerz haßt, in welcher Weise unterscheide ich mich dann von Anderen, daß ich für mich selbst und nicht für Andere Schutz suchen sollte?»

II

DIE SEKUNDÄR-NEUTRALEN FAKTOREN

Die *sekundär-neutralen Faktoren* sind:

1. *vitakka:* Denkanregung (Beginn des diskursiven Denkens),
2. *vicâra:* Erwägung, Reflexion (Fortsetzung des diskursiven Denkens)
3. *adhimokkha:* Entschluß (Abschluß des diskursiven Denkens)
4. *viriya: Willenskraft, Anstrengung, Energie*
5. *pîti:* Interesse, Lust, Begeisterung, Inspiration (je nach dem Grade der Intensität)
6. *chanda:* der Wunsch zum Handeln, zur Verwirklichung.

Wir haben uns bereits mit drei dieser Faktoren beschäftigt, und zwar in unserer Analyse der Versenkungsstufen im Bereich der Reinen Form (*rûpa-jhâna),* in denen *vitakka, vicâra* und *pîti* nacheinander eliminiert werden. Es ist typisch für den positiven Charakter der Versenkung, daß die aktivsten Faktoren dieser Gruppe, nämlich *adhimokkha, viriya* und *chanda* in allen *jhânas* gegenwärtig bleiben, sowohl im Form- wie im Nichtform-Bereich. Der logische Zusammenhang zwischen den Faktoren dieser Gruppe, vom ersten Denkimpetus bis zum Verwirklichungswunsch, dem Drang zum Handeln, ist in seiner Kontinuität offensichtlich. Es bedarf kaum der Erwähnung, daß wenn der Denkanstoß in *vitakka* nur schwach ist oder wenn Zweifel im reflektiven Stadium (*vicâra*) des Denkens nicht überwunden werden kann, kein Entschluß stattfinden kann, so daß der Denkprozeß zu einem vorzeitigen Ende kommt. *Adhimokkha* bedeutet ja wörtlich «Befreiung», nämlich Befreiung von Zweifel und Ungewißheit (*adhi+muc: muñicati,* befreien). *Adhimokkha* ist die Quelle der Energie (*viriya*), die Freisetzung der bis dahin latenten Kraft, durch Wegräumung der sie hindernden Widerstände. Sie führt dann – verstärkt durch Interesse, Lust oder Inspiration (*pîti*), welch letztere sich zu einem Zustand höchster Beseligung (*sukha*) steigern kann – zum Verwirklichungswillen (*chanda*).

Chanda wird von den Kommentatoren, wie Shwe Zan Aung erwähnt, als *kattukamyatâ* oder «Wunsch zum Handeln» erklärt. Je nach der Erkenntnishöhe des Individuums wird hieraus sinnliche Begierde (kâmacchanda, ein Synonym für *taṇhâ*) oder Erlösungsstreben (*dhammacchanda*). Auf der sinnlichen Ebene wirkt *chanda* sich vornehmlich im Handeln aus, auf der geistigen, wie im Falle der Meditation, woselbst man von Handeln nicht mehr sprechen kann, im Vorwärtsschreiten zum Ziel (Zielstrebigkeit). In beiden Fällen handelt es sich um die Verwirklichung des im Bewußtsein als Gedanke oder Vorstellung Geformten, so daß der Ausdruck «Verwirklichungswille» am besten den neutralen, ja, protäischen Charakter *chanda's* wiedergibt. Verwirklichungs*wunsch* würde, abgesehen von der sprachlich ungewohnten Zusammensetzung, etwas schwächlich wirken, handelt es sich doch um das letzte Bindeglied zwischen Gedanke und Tat (im weitesten Sinne). «Wunsch» oder «Verlangen» ist überdies ein Begriff, der in der buddhistischen Literatur Europas ziemlich in Mißkredit gekommen ist, durch Vermengung mit dem Begriff «Begierde». Mrs. Rhys Davids zitiert in diesem Zusammenhang die folgenden Worte aus George Sand's «Lélia»:

« Prométhée, Prométhée, est-ce toi, toi qui voulais affranchir l'homme des liens de la fatalité? ...des hommes t'ont donné mille noms symboliques: audace, désespoir, délire, rébellion, malédiction. Ceux-ci t'ont appelé Satan, ceux-là, crime; moi je t'appelle Désir! Vérité, vérité! Tu ne t'es pas révelée; depuis dix mille ans que je te cherche... Depuis dix mille ans l'infini me répond: désir, désir! »

Sie fährt dann fort: «Wir können nun nicht zugeben, daß unsere ethische (und ästhetische) Auffassung durch ausschließliche Verschwendung dieses Ausdrucks auf *taṇhâ* herabgesetzt wird und wir dadurch sozusagen dem Teufel alles Verlangen (désire) zum Geschenk bringen – sogar jenes mit *dhammac-*

chanda bezeichnete, das Prometheus dazu trieb, gegen Zeus zu kämpfen, das Buddha aus dem Heim zum Bo-Baum trieb, das Christus dazu trieb, den Himmel auf die Erde herniederzubringen. Viel Schaden ist in dieser Hinsicht von den Übersetzern angerichtet worden, deren Herabsetzung des Wortes ‚Verlangen' jene oberflächliche Kritik gerechtfertigt hat, die dauernd von der buddhistischen Ethik als ‚Negation' oder ‚Auslöschung alles Verlangens' (Wunsches) spricht.» (Compendium, p. 244 f.)

III

DIE MORALISCH ENTSCHEIDENDEN FAKTOREN

Die *unheilsamen* Faktoren des Bewußtseins formen fünf Gruppen. Die ersten drei Gruppen sind je durch einen Oberbegriff gekennzeichnet, der die darunter aufgezählten Faktoren bedingt. Es sind die drei unheilsamen Wurzelursachen: *moha, lobha, dosa.*

Verblendung hat Schamlosigkeit (*ahirika*), Skrupellosigkeit (*anottappa*) und Unruhe (*uddhacca*) zur Folge[1]. Ein verblendeter Mensch hat keine Scham, weil er nicht fähig ist, die Unwürdigkeit seines Denkens und Handelns einzusehen, und ist skrupellos, weil er ebensowenig imstande ist, die Folgen seiner Handlungen zu übersehen. Die hieraus entstehende, zunächst unterbewußt wirkende Unsicherheit erzeugt Unruhe.

Begierde (*lobha*) trübt den unvoreingenommenen Blick und führt zu irrtümlichen Ansichten (*diṭṭhi*) und Eigendünkel (*mâna*). Unter *mâna* wird nicht nur das dünkelhafte Sichversteifen auf falsche Ansichten verstanden, sondern ebenso der Eigendünkel, der gerade dem mit Wissen verbundenen Bewußtsein oftmals anhaftet.

Haß (*dosa*) hat Neid (*issâ*), Selbstsucht (*macchariya*) und Selbstqual (*kukkucca*) zur Gefolgschaft. *Trägheit* (*ṭhîna*) und

[1] Diese vier Faktoren sind in allen unheilsamen Bewußtseinsklassen (*sabbâkusala-sâdhâraṇâ*) gegenwärtig.

Müdigkeit (*middha*), als vierte Gruppe, sind durch keine der drei Wurzelursachen speziell bedingt. Sie sind negative Eigenschaften des Willens und können daher nur in den als «willentlich» bezeichneten Bewußtseinsklassen vorkommen.

Zweifel (*vicikicchâ*) ist seiner inneren Natur nach der ersten Gruppe zugehörig, unterscheidet sich aber von den Faktoren dieser Gruppe dadurch, daß er nicht in *allen* unheilsamen Bewußtseinsklassen auftritt, sondern nur in *einer*.

Die *heilsamen* Bewußtseinsfaktoren werden in folgender Weise eingeteilt:

I. diejenigen, die in *allen* Klassen des heilsam-schönen Bewußtseins (*sobhaṇa-sâdhâraṇâ*) gegenwärtig sind, nämlich:

saddhâ: gläubiges Vertrauen,
sati: Geistesklarheit, Aufmerksamkeit, klare Bewußtheit,
hiri: Scham (als Stimme des Gewissens), Gewissenhaftigkeit, Selbstachtung (als Grundlage wahrer Ethik),
ottappa: Feinfühligkeit, Takt,
alobha: Gierlosigkeit,
adosa: Haßlosigkeit,
tatramajjhattatâ: Gleichmut, seelisches Gleichgewicht,
kâyapassaddhi: Ruhe psychischer Elemente,
cittapassaddhi: Ruhe des Bewußtseins,
kâyalahutâ: Spannkraft psychischer Elemente,
cittalahutâ: Spannkraft des Bewußtseins,
kâyamudutâ: Schmiegsamkeit, Empfänglichkeit, Einfühlungsvermögen psychischer Elemente,
cittamudutâ: Schmiegsamkeit des Bewußtseins,
kâyakammaññatâ: Aktivität psychischer Elemente,
cittakammaññatâ: Aktivität des Bewußtseins,
kâyapâguññatâ: Tauglichkeit (Tüchtigkeit) psychischer Elemente,
cittapâguññatâ: Tauglichkeit (Tüchtigkeit) des Bewußtseins,
kâyujukatâ: Gradheit, Aufrichtigkeit psychischer Elemente,
cittujukatâ: Gradheit, Aufrichtigkeit des Bewußtseins;

II. die Faktoren dreifacher Leidenschaftsenthaltung (*viratiyo*): rechte Rede, rechtes Handeln, rechte Lebensführung;

III. die zwei unermeßlichen Zustände (*appamaññâyo*), nämlich: Mitleid (*karuṇâ*) und Mitfreude (*muditâ*), in anderen Worten, die Fähigkeit anderer Wesen Freude und Leid zu teilen;

IV. *Paññindriya:* Vernunft, das direktive Prinzip unseres Geistes.

Die ersten neunzehn dieser Faktoren, nämlich diejenigen, die allen Klassen des heilsamen Bewußtseins gemeinsam sind, stellen das Gegenteil der unheilsamen Faktoren dar und sind darum, so weit als möglich, parallel angeordnet. Ein vollkommener Parallelismus ist natürlich nur zwischen mathematischen Größen, nicht aber zwischen psychologischen Begriffen denkbar. Es mag zum Beispiel vorkommen, daß ein Faktor der einen Kategorie zwei oder drei Faktoren der anderen Kategorie entspricht.

So ist gläubiges Vertrauen (*saddhâ*) nicht nur dem Zweifel (*vicikicchâ*) entgegengesetzt, sondern auch der Verblendung (*moha*), denn Vertrauen, *saddhâ* im buddhistischen Sinne, ist nicht blinder Glaube, sondern eine Haltung inneren Geöffnetseins ohne Aufgabe der eigenen Vernunft. Seelisches Gleichgewicht oder geistiges Über-den-Dingen-Stehen (*tatramajjhattatâ*), die Ruhe psychischer Elemente oder des Bewußtseins als Ganzem (*kâya-* und *citta-passaddhi*) stehen Unruhe (*uddhacca*), Selbstqual und Zweifel (*kukkucca* und *vicikicchâ*) gegenüber. Spannkraft (*lahutâ*), Schmiegsamkeit (*mudutâ*), Aktivität (*kammaññatâ*) und Tauglichkeit (*pâguññatâ*) psychischer Elemente und des Bewußtseins sind in Opposition zu *thîna-middha*, Trägheit und Müdigkeit. Die Beziehungen der übrigen Faktoren sind eindeutig:

Geistesklarheit (*sati*) hebt Verblendung (*moha*) auf, Scham (*hiri*) hebt Schamlosigkeit (*ahirika*) auf, Feinfühligkeit (*anottapa*) hebt Skrupellosigkeit (*ottapa*) auf, Gierlosigkeit (*alobha*) hebt Gier (*lobha*) auf, Haßlosigkeit (*adosa*) hebt Haß (*dosa*) auf. Gradheit und Aufrichtigkeit psychischer Elemente (*kâyujjakatâ*) und des Bewußtseins (*cittujjakatâ*) sind dem Zweifel entgegengesetzt.

Der Ausdruck *«kâya»* bedeutet hier nicht «Körper», sondern bezieht sich auf *nâmakâya*, die Gruppe psychischer Elemente, im Gegensatz zu *rûpakâya*, die körperlichen Aggregate. Da die letzteren hier nicht in Frage kommen, so wird mit *kâya* und *citta* der Unterschied zwischen psychischen Elementen oder Bewußtseins*faktoren* und dem Bewußtsein als solchem zum Ausdruck gebracht: oder tatsächliches Bewußtsein im Gegensatz zu seinen potenziellen Elementen.

Die drei Leidenschaftsenthaltungen, die zwei unermeßlichen Zustände und Vernunft (*paññindriya*) sind von einer allgemeineren Natur. Sie sind nicht irgendeinem einzelnen unheilsamen Faktor entgegengesetzt, sondern dem unheilsamen Bewußtsein als Ganzem. Es mag verwunderlich erscheinen, «rechte Rede, rechtes Handeln, rechte Lebensführung» unter den Bewußtseinsfaktoren aufzuzählen; aber, daß man es getan hat, beweist, daß diese Begriffe hier nicht im landläufigen Sinne zu verstehen sind, sondern im Sinne von «Einstellungen» oder jenen psychischen Voraussetzungen, aus denen Rede, Handlung und Lebensführung erwachsen.

In der nächstfolgenden Gruppe der heilsam-schönen Faktoren werden von den vier «Unermeßlichen» – d. h. die Schranken der Ichheit und des begrenzten Objektes aufhebenden Faktoren: *mettâ* (Nächstenliebe), *karuṇâ* (Mitleid), *muditâ* (Mitfreude) und *upekkhâ* (Gleichmut) – nur die beiden mittleren, *karuṇâ* und *muditâ* genannt. Der Grund hierfür ist, daß *adosa* im Buddhismus mehr ist als die bloße Negierung des Hasses, sondern sein Gegenteil, und daß somit *mettâ* bereits in der ersten Gruppe heilsamer Faktoren durch *adosa* gekennzeichnet ist, während der Gleichmut (*upekkhâ*) durch *tatramajjhattatâ* in der gleichen Gruppe vertreten wird.

Es ist bemerkenswert, daß die «Leidenschaftsenthaltungen» und die «Unermeßlichen» diejenigen Faktoren sind, welche die Gruppen des sogenannten «erhabenen» (*mahaggata*) Bewußtseins der Versenkungsstufen von denen des überweltlichen (*lokuttara*) Bewußtseins unterscheiden. Das «erhabene» Bewußtseins als Mittler zwischen dem sinnenweltlichen und dem überweltlichen ist ein in gewissem Sinne neutrales Bewußtsein: es setzt zwar die Abwesenheit der vierzehn unheilsamen Faktoren voraus, enthält sich aber jeglicher auf ein bestimmtes Ziel eingestellter Richtung. Die Leidenschaftsenthaltungen (*viratiyo*) bedeuten aber bereits eine positive Einstellung, die nicht nur die

Vermeidung des als unheilsam Erkannten, sondern die Ausübung des heiligen Wandels erstrebt. Letzteres aber ist das ausschlaggebende Motiv des überweltlichen Bewußtseins, in dessen sämtlichen Klassen wir demzufolge die *viratiyo* vorfinden.

Umgekehrt verhält es sich mit *karuṇâ* und *muditâ.* Diese erscheinen zwar in den vier ersten Klassen des Formwelt-Bewußtseins, nicht aber im überweltlichen, denn Mitleid und Mitfreude haben immer noch sinnenweltliche Objekte zum Gegenstand, während das überweltliche Bewußtsein ganz auf das letzte und höchste Ziel, *nibbâna,* eingestellt ist. Auch die jeder emotionell-konkreten Bewußtseinssonderung fremde fünfte Versenkungsstufe, zu der auch die vier Nichtformwelt-Stadien gehören, kann darum nicht mit *karuṇâ* und *muditâ* verbunden sein.

Als letzter der zweiundfünfzig Faktoren des heilsamen Bewußtseins erscheint *paññindriya,* was wir mit «Vernunft» wiedergegeben haben. Er findet sich in *allen* vier Bereichen des Bewußtseins und muß sich daher, seinem relativen Charakter entsprechend, jeweils dem Niveau der betreffenden Bewußtseinsklasse anpassen, der er sich verbindet. So wie *chanda,* je nach dem Auftreten, sich entweder als *kâmacchanda* oder als *dhammacchanda* manifestieren kann, so kann *paññâ* Verstehen, Erkennen, Wissen, Weisheit oder höchste Erkenntnis sein.

Im Sinnenwelt-Bewußtsein mag es sich zum Beispiel darum handeln, die Folgen des augenblicklichen Wirkens zu übersehen und sie so als heilsam oder unheilsam zu erkennen, während es sich im überweltlichen Bewußtsein um die Erkenntnis der letzten Dinge handelt, um jene Erkenntnis, die zugleich Erlösung und Erfüllung bedeutet. *Paññindriya* ist also das Prinzip, vermöge dessen wir uns geistig entwickeln, so wie *jîvitindriya* das Prinzip darstellt, vermöge dessen unsere vitalen Kräfte sich entfalten: beide sind Regulatoren (*indriya*) wichtiger Energieströme.

Bevor wir unsere Übersicht über die zweiundfünfzig Bewußtseinsfaktoren abschließen, wollen wir die sekundären Faktoren (*pakiṇṇakâ*) auf ihren Zusammenhang mit dem Versenkungsbewußtsein prüfen. Die speziellen Faktoren der ersten Versenkungsstufe sind, wie wir gesehen haben, Denkanregung (*vitakka*), Erwägung (*vicâra*), Lust oder der inspirationelle Impuls (*pîti*), Beseligung (*sukha*) und Einsgerichtetsein (*ekaggatâ*). Außer *ekaggatâ* und *sukha* finden wir sämtliche Faktoren unter der sekundär-neutralen Gruppe. *Ekaggatâ* behandelten wir bereits in der primären Gruppe dieser Faktoren.

Vitakka-vicâra erwähnten wir als Kennzeichen diskursiven Denkens. Dies beleuchtet den Unterschied zwischen *vitakka-vicâra* und *manasikâra* sowie den Grund, warum *vitakka-vicâra* der sekundären, *manasikâra* hingegen der primären Gruppe zugeteilt wird, obwohl «Aufmerksamkeit» doch nicht ohne vorhergehende «Anregung» zu denken ist: *vitakka-vicâra* kennzeichnet wechselnd auftauchende und verschwindende Elemente des Denkens (nicht aber unmittelbarer Sinneseindrücke), ist also nur einer beschränkten, spezialisierten Bewußtseinskategorie zugehörig, während *manasikâra* ein in allen Bewußtseinsvorgängen gegenwärtiges und somit primäres Element ist.

Pîti verhält sich zu *sukha* wie Vorfreude zu Erfüllung. Ersteres ist die lustvolle Spannung zwischen Wunsch und Erfüllung, jene Spannung, die die treibende Kraft jeglichen Interesses, jeglicher Inspiration ist. Es ist das dynamische Element aller geistigen Betätigung und vor allem der Meditation. Es kann sich bis zur Ekstase (*ubbega pîti*) oder zur Verzückung (*pharaṇâ pîti*) steigern. Nichts wäre jedoch unzutreffender, als die buddhistische Meditation als «Ekstase» zu bezeichnen, denn *pîti* wird, bevor sie sich zu diesem emotionellen Extrem entwickelt, in den ruhevolleren Zustand seelischer Beglückung (*sukha*) übergeführt. *Pîti* kommt daher nur in den ersten drei Stufen vor. Ekstase ist geradezu das Gegenteil der Versenkung, denn «Ekstase» bedeutet «Außersichsein», Versenkung aber «Insichruhen». Dem widerspricht nicht, daß beide Zustände gleichartige Wirkungen haben können. Der eine überwindet sein Ich durch Aufhebung äußerer Grenzen, auf emotionellem Wege, der andere durch Aufhebung der inneren Grenzen, auf spirituellem Wege.

Der Erfüllung genießende, ruhevolle Zustand des von innerem Glück durchdrungenen, der mit *sukha* bezeichnet wird und schließlich in die höchste Form von *upekkhâ* übergeht, offenbart sich am deutlichsten in der in den Lehrtexten stereotyp wiederkehrenden Formel *«upekkhako satimâ sukha viharati»*, «der Gleichmütig-Besonnene weilt im Glück».

Diese fünf, in der ersten Versenkungsstufe sich vereinigenden Bewußtseinsfaktoren heben die ihnen und somit jedem Versenkungsbewußtsein entgegengesetzten unheilsamen Eigenschaften auf, die unter der Bezeichnung *nîvaraṇâni* (Hemmungen) bekannt sind. Durch Denkanregung (*vitakka*) werden Trägheit (*thîna*) und Müdigkeit (*middha*) aufgehoben, durch Erwägung (*vicâra*) Unklarheit bzw. Zweifel (*vicikiccha*), durch freudige Empfindungen (*pîti*) wird Haß (*byâpâda, dosa*) ausgelöscht, durch seelische Heiterkeit und Glücksempfinden (*sukha*) werden Unruhe und Selbstqual (*uddhacca-kukkucca*) vernichtet, und durch *upekkhâ,* wozu Einsgerichtetsein (*ekaggatâ*) im Zustand der Versenkung sich steigert, wird Begierde (*lobha*) aufgehoben (siehe linke Seite der folgenden Gegenüberstellungstabelle).

Daß gerade Freude die Eigenschaft ist, die in uns das Aufkeimen des Hasses verhindert, ist eine Erkenntnis, deren Bedeutung nicht hoch genug eingeschätzt werden kann. Mehr als durch alles Moralisieren und durch alle Verbote und Abschrekkungsmethoden ließe sich durch Freude zum Heil der Menschheit wirken.

Auf der anderen Seite ist zu bemerken, daß von den drei Grundübeln durch diese Versenkungsfaktoren nur Haß und Begierde aufgehoben werden. Nichtwissen, bzw. Verblendung (*moha*), wird nur in einer seiner Erscheinungsformen (*uddhacca*) vernichtet. Dies weist darauf hin, daß Versenkungsbewußtsein nicht unbedingt mit Erkenntnis, bzw. vollkommener Einsicht im Sinne von *sammâ diṭṭhi,* verbunden sein muß. Durch falsche Anwendung der Konzentrationspraxis, wie durch falsche geistige Voraussetzungen, kann die Versenkung zu leidvollen Zuständen führen (wie aus dem siebenten Kapitel des Abhidhammattha-Sangaha ersichtlich ist, in dem *domanassa* neben *sukha* und *upekkhâ* unter den sieben im *jhâna*-Bewußtsein auftretenden Faktoren aufgezählt wird). Was der Verblendung in erster

DIE ZWEIUNDFÜNFZIG BEWUSSTSEINSFAKTOREN (CETASIKÂ)

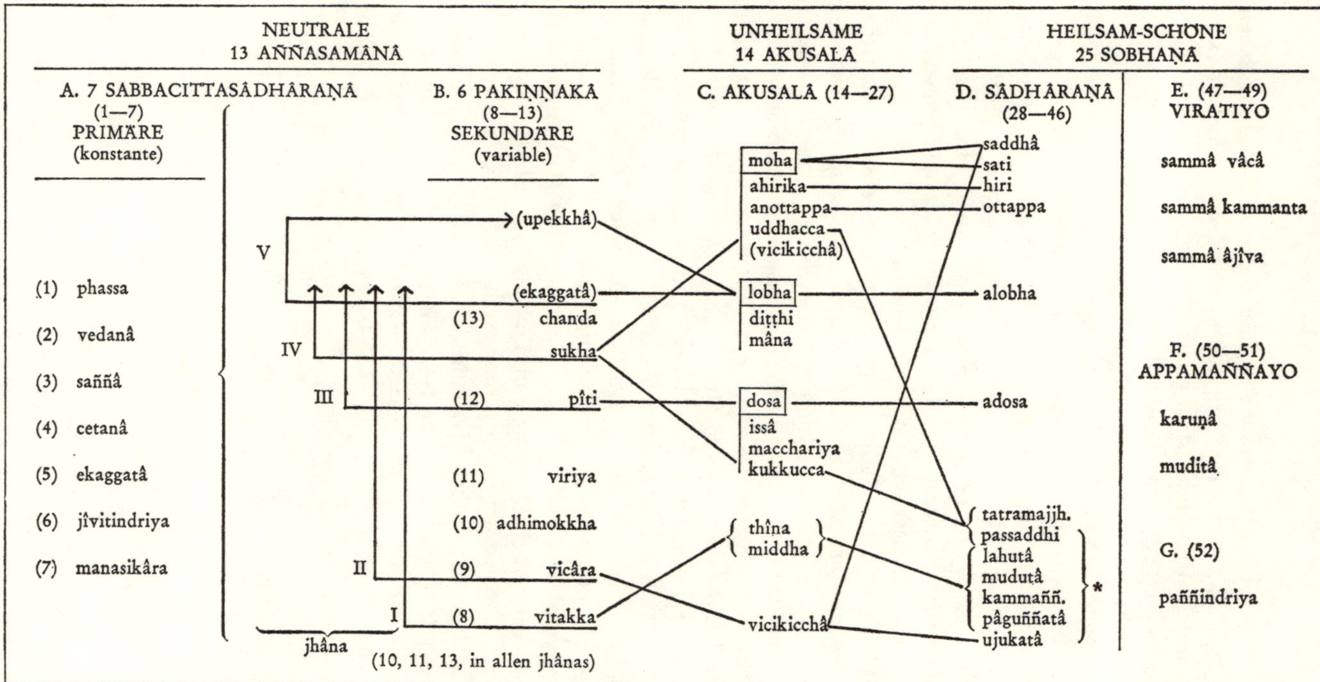

Zur Beachtung: Termini, die miteinander durch gerade Linien verbunden sind, sind einander entgegengesetzt und schließen sich normalerweise gegenseitig aus. Die mit einem * bezeichneten 6 letzten *sâdhâranâ* sind doppelt zu zählen, da jeder dieser Termini mit «*kâya-*» und «*citta-*» zu kombinieren ist. Beispiel: *kâya-kammaññatâ, citta-kammaññata.*

Linie entgegenwirkt, ist, wie unsere Gegenüberstellungstabelle zeigt, *saddhâ* (Vertrauen) im Verein mit Geistesklarheit (*sati*), durch welche die zunächst nur gefühlsmäßige oder intellektuell begründete Überzeugung zum unmittelbaren Erlebnis, ja, zur anschaulichen Gewißheit wird.

Die vorstehende Gegenüberstellungstabelle zeigt die zweiundfünfzig Bewußtseinsfaktoren in ihrer logischen Anordnung und in ihren gegenseitigen Beziehungen. Faktoren, die ihrer Natur nach entgegengesetzt sind und die sich demgemäß gegenseitig aufheben, sind mit geraden Linien verbunden. Die linke Seite zeigt, wie die Faktoren, die für die erste Stufe der Versenkung (*jhâna*) charakteristisch sind, die fünf Hemmungen ausschließen, die unter der unheilsamen Gruppe der *cetasika* als sieben Faktoren geführt werden. Die rechte Seite zeigt die parallele Anordnung der sich ausschließenden heilsam-schönen (*sobhaṇa-sâdhâraṇâ*) und der unheilsamen (*akusala*) Bewußtseinsfaktoren. Mit Hilfe dieser Tafel ist es möglich, nicht nur zu sehen, wie ein Faktor den anderen ausschließt, sondern auch wie durch Eliminierung des einen Faktors ein anderer (oder mehrere andere) an seiner Stelle entstehen können. *Vitakka*, zum Beispiel, eliminiert *thîna-middha* und macht in dieser Weise Platz für *kâyalahutâ, cittalahutâ, k. + c.-mudutâ, k. + c.-kammaññatâ, k. + c.-pâguññatâ;* oder, um einen einfacheren Fall zu nehmen: *pîti* überwindet Haß (*dosa*) und bringt auf diese Weise eine sympathische Geisteshaltung (*adosa*) hervor. Die Nummern in der Tafel zeigen die traditionelle Aufeinanderfolge. Die letzten sechs durch eine gemeinsame Klammer mit Stern (*) bezeichneten Faktoren der *sâdhâranâ*-Gruppe sind doppelt zu zählen, da jeder von ihnen sowohl mit *«kâya-»* wie mit *«citta-»* kombiniert ist.

Sechster Teil

DIE FUNKTIONEN DES BEWUSSTSEINS UND DER WAHRNEHMUNGSVORGANG

«Genau genommen ist die Dauer eines Lebewesens außerordentlich kurz: sie ist nicht länger als die Dauer eines Gedankens. So wie ein Wagenrad im Rollen wie im Stehen nur in einem Punkte den Boden berührt, in gleicher Weise existiert ein Lebewesen nur für die Dauer eines Gedankens. Sobald dieser Gedanke aufhört, hat auch das Lebewesen aufgehört, so heißt es. Darum wurde gesagt: ‚Das Lebewesen des vergangenen Bewußtseinsaugenblicks hat gelebt, aber lebt nicht mehr und wird nicht leben. Das Wesen eines zukünftigen Bewußtseinsaugenblickes wird leben, aber es hat noch nicht gelebt und es lebt noch nicht. Das Lebewesen des gegenwärtigen Bewußtseinsaugenblicks lebt (wirklich), hat aber nicht gelebt, noch wird es in Zukunft leben.'»

(Buddhaghosa: «Visuddhi-Magga» VIII)

I

DIE DYNAMISCHE NATUR DES BEWUSSTSEINS

Entsprechend der Erkenntnis von der Vergänglichkeit aller Lebenserscheinungen, die sich innerlich in der Flüchtigkeit der Bewußtseinsvorgänge, äußerlich in der langsameren, aber ebenso ununterbrochenen Veränderung des Körpers darstellen, vergleicht der Buddhist das Dasein mit einem Strome, der seine Quelle in der Geburt und seine Mündung im Tode hat. Da aber Geburt und Tod nur Durchgangszustände sind, die von einem Leben zum anderen führen, so ist der Strom der kausal zusammenhängenden, kontinuierlichen Lebens- oder richtiger Bewußtseins-Vorgänge (in denen allein sich das Dasein darstellt), dasjenige, das die verschiedenen Existenzen eines Individuums, ebenso wie die verschiedenen Phasen innerhalb eines Lebens, verbindet.

Jeder Augenblick ist genau genommen der Übergang zu einer neuen Lebensform, denn in jedem Augenblick stirbt etwas in uns und wird Vergangenheit, während zugleich etwas Neues geboren wird und in Erscheinung tritt. Der Ausdruck für Geburt, oder richtiger «Wiedergeburt», ist *paṭisandhi,* was wörtlich «Wiedervereinigung» bedeutet und hier nicht im physiologischen, sondern im psychologischen Sinne zu verstehen ist. Der Ausdruck für Tod ist *cuti,* was wörtlich «Abschneiden» bedeutet. Die «Wiedervereinigung» besteht also in den zu einer neuen «Quelle» gesammelten und wieder zutagetretenden Elementen des eine Zeitlang unterirdisch verlaufenden Flusses, der, in seinem sichtbaren Laufe wie «abgeschnitten» im Boden verschwand, um an anderer Stelle wiederaufzutauchen. Der oberirdisch verlaufende Fluß besteht aus den geistigen und körperlichen Elementen (*nâma-rûpa*) des zwischen Geburt und Tod in sichtbare Erscheinung tretenden «Individuums». Der unterirdisch verlaufende Teil des Flusses besteht aus den im subliminalen Tiefenbewußtsein verankerten Bildekräften (*saṅkhâra*), die im Augenblick, in dem die körperlichen Organe (infolge mangelnder Erneuerungsfähigkeit oder Krankheit oder gewaltsamer Zerstörung) zu funktionieren aufhören, sich in einem neuen Lebenskeim kristallisieren. *Paṭisandhi* ist also nicht als Geburt im physiologischen Sinne zu verstehen, sondern als der Moment oder der Vorgang, in dem die Lebensenergie sich in einem neuen Ansatzpunkt sammelt, welcher als Keim zu einem neuen Individuum, zu einem neuen Dasein sich entfaltet.

Der Strom oder Fluß (*sota*), mit welchem die (die Kontinuität des Daseins ausmachende) Funktion *bhavaṅga* verglichen wird, hat mit dieser weiterhin gemein, daß er als Ganzes beharrend erscheint, obwohl der Strom, den ich heute sehe, nicht derselbe ist, den ich gestern sah, da ja nicht ein einziger Tropfen des gestrigen Stromes mehr in dem Strom, den ich heute sehe, vorhanden ist. Weiterhin ist der Strom ein anderer an seiner Quelle als an seinem Mittellauf oder an seiner Mündung. Also besteht weder eine Identität in seiner räumlichen Erscheinung noch in seinem zeitlichen Bestand. Aber trotzdem ist die Existenz nicht in Frage zu stellen, und zweifellos kann man in gewissem Sinne von seinem Bestand reden. Aber dieser ist nicht irgendwie gegenständlich, sondern die Relationen materieller, räumlicher und zeitlicher Art, die unter den wechselnden Komponenten bestehen, sind das konstante. Ebenso erweckt die Stetigkeit der Relationen im dauernd sich erneuernden Vorgang des Bewußtwerdens (denn Bewußt*sein* gibt es nur als Begriff, nicht aber in Wirklichkeit, die nur ein dauerndes Bewußt*werden* kennt), den Anschein einer *bestehenden* Ichheit oder Persönlichkeit.

Wenn Schopenhauer die Erkenntnis von der Vergänglichkeit der Dinge als ein Argument für die Ewigkeit unseres inneren Wesens aufstellt – so wie man den raschen Lauf eines Schiffes nur im Hinblick auf das feste Ufer wahrnähme – so geht die buddhistische Argumentation gerade vom entgegengesetzten Ende aus und sagt: «Wenn das Subjekt sich selbst gleich bliebe, würde es ein zugestandenermaßen sich änderndes Objekt zu verschiedenen Zeiten auch als verschieden, aber niemals als ein und dasselbe ansehen und sei es auch nur in zwei aufeinanderfolgenden Augenblicken. Aber die Tatsache, daß wir ein sich veränderndes Objekt zu verschiedenen Zeiten und selbst nach Ablauf einer längeren Zeitspanne, als identisch betrachten können, zeigt dem Buddhisten, daß das Subjekt auch nicht für die Zeit von nur zwei aufeinanderfolgenden Augenblicken sich gleich bleiben kann» (Shwe Zan Aung).

Das Verhältnis von Subjekt und Objekt ist also das zweier sich bewegender Systeme: ist ihre Bewegung gleichartig, so entsteht der Anschein der Unveränderlichkeit, ist ihre Bewegung verschiedenartig, so erscheint das der Beobachtung ausgesetzte und somit zum Objekt der Betrachtung werdende System, bewegt, im Gegensatz zu dem des betrachtenden Subjekts, das dementsprechend ruhend erscheint.

Da der Mensch vorwiegend die Außenwelt zum Gegenstand seiner Betrachtung macht, hält er sich selbst, je mehr er die Vergänglichkeit der Welt konstatiert, für beharrend. Würde er sich selbst zum Gegenstand der Untersuchung machen, so hätte er bald Gelegenheit, seine eigene Veränderlichkeit zu erkennen. Dem widerspricht nicht die Möglichkeit, in sich selbst zu ruhen, denn Ruhe bedeutet nicht notwendigerweise Stillstand, sondern vielmehr ein Nichtwiderstreben gegen den natürlichen Rhythmus des Geschehens, in dem alles Leben besteht.

Kehren wir zum Gleichnis des Stromes zurück. Wo macht sich die Bewegung der Strömung am meisten bemerkbar? Doch wohl an den Ufern, weil diese selbst sich augenscheinlich nicht verändern, während die Mitte am ruhigsten und, wenn man von den Ufern absieht, sogar ganz unbeweglich erscheint, vorausgesetzt, daß der Strom nicht durch Zuflüsse oder Abflüsse oder irgendwelche Hindernisse innerer oder äußerer Art gestört wird.

Das Bewegte kann über seine eigene Bewegung nichts aussagen, es sei denn im Hinblick auf ein anderes. So auch erscheint die Ruhe, die wir unter günstigen Umständen in uns selbst finden können, nur dann, wenn wir von allem außerhalb unserer selbst und seinen Einwirkungen auf uns absehen. Sobald sich aber irgendein innerer Widerstand erhebt oder durch äußere Einflüsse (Sinneseindrücke) diese Ruhe gestört wird, bricht sich die ruhige Strömung, unterbricht ihre Kontinuität und verwandelt die gleichmäßige Fortbewegung des Strömens in die für Augenblicke beharrende und je nach der Intensität des Widerstandes mehr oder weniger große Vibration, die in Form von aufsteigenden Wahrnehmungen, Vorstellungen und Gedanken bewußt wird.

Wir erwähnten bereits, daß Bewußtsein als eine Widerstandserscheinung definiert werden kann – als eine Hemmung des Daseinsstromes (*bhavaṅga-sota*) –, und verglichen es mit der Entstehung von Wärme und Licht als Widerstandserscheinungen des elektrischen Stromes. Wir können noch weitergehen und behaupten, daß überhaupt jegliches Wirken Widerstandserscheinung ist. Erst der Widerstand des Dampfkessels macht aus dem Dampf eine wirkende Kraft; denn «Kraft an sich» ist etwas ebenso Unmögliches wie «Widerstand an sich». Widerstand ist Beharrung in bezug auf eine bewegende Kraft: womit Bewußtsein sich als die Resultierende zweier Komponenten, nämlich Bewegung und Beharrung, erweist. Bildlich dargestellt erscheint diese Resultierende als Vibration oder Schwingung – wohl das tiefste Symbol alles Wirkens. Wenn die Vibration stark genug ist, wird der Daseinsstrom unterbrochen, und zwar, weil seine Bewegung sozusagen abgebogen, in der Schwingung interferiert wird. Je nachhaltiger die Vibration ist, desto intensiver ist das Bewußtsein.

Aus diesen Voraussetzungen ließe sich der Beharrungsdrang bewußter Wesen erklären, insbesondere die Idee des beharrenden Ich im Menschen. Denn Bewußtsein selbst ist als Widerstandserscheinung ein stetig sich erneuerndes Beharrenwollen und in jeder Phase in *diesem* Punkte mit dem vorhergehenden identisch. Daher das Erlebnis «Ich bin Ich». Man könnte weiterhin formulieren: Wenn Bewußtsein (wir sprechen hier selbstverständlich immer nur vom normalen Wachbewußtsein) Widerstandserscheinung ist, so muß es am intensivsten in denjenigen Daseinsformen auftreten, deren Existenz den größten Widerständen ausgesetzt ist.

Die Natur bestätigt, soweit wir es beobachten können, diese Vermutung: Die Pflanze ist bewußter als das Mineral, das Tier ist bewußter als die Pflanze, der Mensch ist bewußter als das Tier. Und wenn wir der buddhistischen Vorstellung über die Beschaffenheit himmlischer, d. h. glücklicherer Wesen folgen wollen, so ergibt sich die in diesen Gedankengang sich durchaus einfügende Feststellung, daß die Wesen höherer Welten, deren Existenz erheblich geringeren Widerständen ausgesetzt ist und deren Bestand dementsprechend von erheblich längerer Dauer ist, ein entsprechend weniger differenziertes (und damit weniger Ich-betontes) Bewußtsein besitzen.

Anders formuliert – um zunächst nur ganz allgemein die Idee zu skizzieren, die ich mit allem Vorbehalt hier vorbringe: Je beharrender die Form, desto geringer das Bewußtsein (das innere Beharrungsmoment). Je wechselnder, je bewegter, je oszillierender die Form, desto stärker das innere Beharrungsmoment, das Bewußtsein der inneren Identität («Ich-Bewußtsein»). Bewußtsein erscheint in diesem Sinne als eine Ausgleichserscheinung oder ein nach innen verlegtes Beharrungsvermögen. Materielle Form ist nach außen verlegtes, d. h. sichtbar gewordenes Bewußtsein.

Also: wer Beharrung erstrebt, bleibt im Extrem, im Unwirklichen (im wahren Sinne «Nicht-wirkenden») stecken; wer nach Vernichtung strebt, entzieht sich der Wirklichkeit im Sinne des anderen Extrems. Die Wirklichkeit ist das stete Wechselspiel zwischen Beharrung (Sein) und Bewegung (Nichtsein), die im gesetzmäßigen *Werden* sich vollziehende Synthese beider Prinzipien.

Jedes Werden kann als eine Aufeinanderfolge von drei Phasen aufgefaßt werden: Entstehen, Bestehen, Vergehen; auf unser spezielles Thema angewandt: *paṭisandhi, bhavaṅga, cuti.* Die wichtigste dieser Phasen ist *bhavaṅga.* In Sumaṅgala's *«Abhidhammattha-Vibhâvanî»*, einem mittelalterlichen ceylonesischen Kommentar wird *bhavaṅga* erklärt als «Ursache, Grund, unerläßliche Vorbedingung unseres subjektiv als kontinuierlich betrachteten Seins: die sine qua non unseres Daseins, dasjenige, ohne welches man weder existiert noch fortdauert» (p. 140). Ledi Sayadaw definiert *bhavaṅga* als die «Seinsfunktion, auf Grund welcher die passive Seite des Daseins (*upapatti-bhava*) dauernd fortbesteht solange als das *janakakamma* (das reproduktive Karma) der Vergangenheit, die diese Existenz verursachte, dauert» (Compendium, p. 266).

Dies ist der allgemeine Aspekt von *bhavaṅga;* es kann jedoch auch einen funktionellen Zustand des subperipherischen Bewußtseins darstellen, der eintritt, wenn ein äußeres Objekt durch die fünf «Sinnentore» (*pañca-dvârâ*) oder ein inneres Objekt durch das «Geistestor» (*mano-dvâra*) in den Daseinsstrom (*bhavaṅga-sota*) tritt und ihn in Schwingung (*bhavaṅga-calana*) versetzt. Sobald diese Schwingung oder dieser Zustand des Vibrierens seinen Höhepunkt erreicht hat, wird der Strom, der unterhalb der Grenze des aktuellen oder peripherischen Bewußtseins verläuft, in seinem ruhigen Lauf unterbrochen (*bhavaṅg-uppaccheda*) und steigt, nachdem er so gestaut ist, über seine früheren Begrenzungen und wandelt sich von einem Zustand potenziellen zu einem Zustand aktuellen Bewußtseins. In anderen Worten, der Strom hat aufgehört zu fließen, er ist unterbrochen (*uppaccheda*), in seiner Fortbewegung aufgehalten; und so, wie wir nicht mehr von einem «Strom» reden können, wenn die Bewegung des Fließens aufgehört hat, so kann man auch nicht mehr von einem *bhavaṅga-sota* sprechen, wenn die Kontinuität seiner Bewegung durch Vibration aufgehalten wird, obwohl es dieselbe Energie ist, die von einer Bewegungsart in eine andere überführt wird – so wie eine horizontal wirkende Kraft durch ein Hindernis in ihrer Bahn in eine vertikale Bewegung verwandelt werden kann.

II

DIE FUNKTIONEN DES BEWUSSTSEINS UND DAS PROBLEM DER MATERIE

Mit der Unterbrechung des *bhavaṅga-sota* können elf Funktionen in Tätigkeit treten:

(1) *âvajjana:* Gewahrwerden (Perzeption)
(2) *dassana:* Sehen,
(3) *savana:* Hören,
(4) *ghâyana:* Riechen,

(5)	*sâyana:*	Schmecken,
(6)	*phusana:*	Tasten,
(7)	*sampaṭicchana:*	Aufnehmen (Rezeption),
(8)	*santîraṇa:*	Prüfen, Untersuchen,
(9)	*voṭṭhappana:*	Bestimmen,
(10)	*javana:*	Erkennen, Vollbewußtwerden (Apperzeption)
(11)	*tadârammaṇa:*	Identifizieren, Registrieren, Gedächtnis-Einverleibung (Retention)

Mit den drei schon erwähnten Funktionen (*paṭisandhi, bhavaṅga, cuti*) erhöht sich ihre Anzahl auf vierzehn. Werden diese Funktionen unter dem Gesichtspunkt des Bewußtseins*zustandes* (*ṭhâna*) betrachtet, so erhalten wir ihrer zehn, da die fünf Sinneseindrücke nur Modifikationen derselben Bewußtseinsart sind, die als solche nur durch jeweils *eine* Klasse innerhalb desselben Wahrnehmungsprozesses vertreten sein kann.

Die Maßeinheit dieser Bewußtseinszustände und Funktionen ist der Bewußtseinsmoment (*cittakkhaṇa*), von dem die Kommentatoren sagen, daß er weniger als den billionsten Teil der Zeit darstellt, die ein Augenzwinkern oder der kürzeste Blitzstrahl beansprucht.

Aber selbst in diesem unvorstellbar kleinen Zeitraum unterscheidet man noch drei Phasen (*khaṇa*): die der Entstehung (*uppâda*), die der Vollentwicklung oder des relativen Bestehens (*ṭhiti*) und die des Vergehens oder der Auflösung (*bhaṅga*). So wie man sich die Atome als kleinste, nicht mehr teilbare Einheit der Materie dachte, so stellen die *khaṇa's* die letzte, minimalste Zeiteinheit dar.

Siebzehn Bewußtseinsmomente bilden den längsten Bewußtseinsprozeß, wie er auf Grund sinnlich wahrnehmbarer Objekte aufgelöst wird; und im Zusammenhang hiermit werden auch für die Dauer einer materiellen Erscheinung siebzehn Bewußtseinsmomente in der buddhistischen Philosophie angenommen.

Dies ist – selbst als Hypothese – insofern für uns von Interesse, als der Zusammenhang zwischen Physischem und Psychischem, die prinzipielle Einheit geistiger und materieller Gesetzmäßigkeit, hiermit proklamiert wird, wodurch letzten Endes auch das Materielle zu einem Sonderfall psychischer Erfahrung gestempelt und in die Reihe der Bewußtseinselemente aufgenommen wird.

Somit kann selbst da, wo der Buddhist von Materiellem oder Körperlichem spricht (*rûpadhammâ*), dies nicht im Sinne eines essentiellen Gegensatzes zum Psychischen aufgefaßt werden – und das um so weniger, als seinem Weltbild der Substanzbegriff fremd ist –, sondern eher im Sinne einer inneren und äußeren Erscheinungsform desselben Vorganges, der für ihn nur soweit von Interesse ist, als er ins Gebiet unmittelbarer Erfahrung fällt und das lebendige Individuum, die Vorgänge des Bewußtseins betrifft.

Infolge dieser psychologischen Einstellung wirft der Buddhist nicht die Frage nach dem Wesen der Materie auf, sondern nur nach dem Wesen jener Sinneswahrnehmungen und Erfahrungen, welche die Vorstellung oder die Idee des Materiellen in uns erzeugt. «Die Frage nach dem Wesen der sogenannten äußeren Erscheinungen wird nicht im voraus entschieden: die Möglichkeit bleibt bestehen, daß das Sinnliche [1] und das Geistige, obgleich Korrelate, nicht aufeinander zurückzuführen sind, aber doch dieselbe Quelle haben. Jedenfalls ist auch bei den alten Scholiasten nach der Karmatheorie die Außenwelt ein Bestandteil der Persönlichkeit [2].»

So entgeht der Buddhismus dem Dilemna des Dualismus, bei dem Geist und Materie «zufällig zusammengetroffene Einheiten bleiben, deren Zusammenhang besonders motiviert werden muß». Und nur so läßt es sich verstehen, daß unter den elf Qualitäten oder Prinzipien *rûpa*'s sowohl materielle wie immaterielle Elemente aufgezählt werden, wie wir im dritten Kapitel des vierten Teils gesehen haben. Wir müssen daher Rosenberg beipflichten, wenn er betont, daß die Dharma-Kategorien Kor-

[1] *rûpa.*

[2] Otto Rosenberg: «Die Probleme der buddhistischen Philosophie», Seite 148.

relate seien, welche sich gegenseitig ergänzen, d. h. welche zusammen das Bewußtsein und seinen Inhalt ergeben. «Die Rûpadharma sind nicht von den anderen dharma-Kategorien, dem Bewußtsein, den Emotionen usw., loszulösen, sondern entstehen und verschwinden allaugenblicklich, wie sie, und treten als selbstständige Korrelate in den Bestand flüchtiger Kombinationen, aus welchen sich der Bewußtseinsstrom zusammensetzt [3].»

III

DER WAHRNEHMUNGSPROZESS

Zur Erläuterung des Wahrnehmungsprozesses auf Grund eines, sagen wir, sichtbaren Objektes, das die Dauer von siebzehn jener obenerwähnten Bewußtseinsaugenblicke (*cittakkhaṇa*) besitzt, bedient sich die buddhistische Tradition des folgenden, durch Buddhaghosa populär gewordenen Gleichnisses (cfr. Aṭṭhasâlinî, p. 359 seq.; S. Z. A. p. 30 seq.): Ein Mann schläft mit bedecktem Kopf unter einem früchtetragenden Mangobaum. Der Wind streicht durch die Zweige und bringt eine reife Mangofrucht zum Fallen. Der Mann erwacht von dem Geräusch, zieht die Decke vom Gesicht, öffnet die Augen und blickt um sich. Dann streckt er seine Hand nach der Frucht aus, befühlt und drückt sie, riecht an ihr und ißt sie, woraufhin er sich wieder hinlegt und weiterschläft.

Der Zustand des Schlafens entspricht dem unterbewußten, ruhig dahinfließenden Daseinsstrom (*bhavaṅga-sota);* der Augenblick, in dem die Frucht fällt und den Schlaf durch das Geräusch des Aufschlagens unterbricht, dem noch für einen Bewußtseinsmoment (*«pubbevatitakam eka-cittakkhaṇaṃ*) ruhig weiterfließenden und dann durch Einwirkung des Objektes in Schwingung versetzten (*bhavaṅga-calanâni*), sich stauenden und am Ende des zweiten Vibrationsmomentes unterbrochenen Stromes (*bhavaṅguppaccheda*). Dem Erwachen des Mannes entspricht

[3] Op. cit. p. 146.

das Wachwerden des Bewußtseins, das auf Grund der wahrgenommenen Störung sich den Fünfsinnentoren zuwendet (*pañcadvârâvajjana*). Das Zurückschlagen der Decke und das Öffnen der Augen entspricht der Funktion des Sehens (*cakkhuviññâṇa*), das Ergreifen der Mangofrucht der Funktion des Aufnehmens (*sampaṭicchana*); das Befühlen und Drücken der Frucht der Funktion des Prüfens (*santîraṇa*); das Beriechen und die Feststellung weiterer charakteristischer Eigenschaften der Frucht der Funktion des Bestimmens (*voṭṭhappana*). Das Essen der Frucht gleicht der Funktion des vollen Erkennens (*javana*), dem geistigen Einverleiben des Objekts; während das Herunterschlucken der letzten im Mund zurückgebliebenen Reste oder der noch lange fortdauernde Nachgeschmack (wie Mrs. Rhys Davids vorschlägt) mit der Funktion des Zurückhaltens, des identifizierenden und registrierenden Gedächtnisses (*tadâlambaṇa*) zu vergleichen ist.

Shwe Zan Aung führt das Streichen des Windes durch den Baum als Vergleich für den «zu Anfang vergangenen Bewußtseinsmoment» an, während welchem das Objekt in den Daseinsstrom tritt und von ihm weitergetragen wird, ohne ihn zu stören. Das Schwingen der Äste (durch die der Wind streicht) vergleicht er – oder die Quelle, der er folgt – mit der Vibration des Daseinsstromes, das Fallen der Frucht mit der Unterbrechung desselben. Im übrigen folgt seine Darstellung den von Buddhaghosa gegebenen Richtlinien, wie wir sie oben kennengelernt haben. Buddhaghosas Fassung erscheint uns jedoch glücklicher, da sie die Einheit des Vergleiches wahrt und nicht zwischen zwei Bezugspunkten schwankt und zum einen Teil den Baum, zum anderen den erwachenden Mann als Vergleichsobjekt wählt, wie bei Shwe Zan Aung.

Der Wahrnehmungsprozeß, der in diesem Gleichnis dargestellt ist, enthält siebzehn Bewußtseinsmomente. Wenn ein Sinnenobjekt in den Daseinsstrom eintritt, so braucht es einen Augenblick bis die Schwingung einsetzt (*bhavaṅga-calana*) und zwei weitere Augenblicke bis die Strömung durch die wachsende Intensität dieser Schwingungen unterbrochen ist (*bhavaṅguppaccheda*).

DER WAHRNEHMUNGSPROZESS AUF GRUND DER FÜNF SINNE

(PANCADVÂRE VÎTHI-CITTA-PPAVATTI-NAYO)

cuddasa vîthi-cittuppâdâ (14 Momente im Prozeß der Bew.-Entstehung)

	1	pubbevâtîtakam eka-citta-kkhaṇaṃ (ein [zu Beginn] vergangener Bewußtseinsmoment)
	2	(dve bhavaṅga-calaṇâni (zwei Vibrationsmomente des fortlaufenden Werdeprozesses)
	3	
1	4	rûpârammaṇam âvajjantaṃ *pañca-dvârâvajjaṇa-cittaṃ* (zu den 5 Toren sich wendendes Bewußtsein [Gewahrwerden])
2	5	rûpaṃ passantaṃ *cakkhu-viññâṇaṃ* (Sehbewußtsein)
3	6	sampaṭicchantaṃ *sampaṭicchana-cittaṃ* (rezeptives Bewußtsein)
4	7	santîraṇamânaṃ *santîraṇa-cittaṃ* (prüfendes Bewußtsein)
5	8	vavatthapentaṃ *votthappana-cittaṃ* (bestimmendes Bewußtsein)
6	9	Tato param ekûnatiṃsa-kâmâvacara-javanesu yaṃkiñci laddha-paccayaṃ yebhuyyena *sattakkhattuṃ javanaṃ* javati. (7 Momente des Erkennens)
7	10	
8	11	
9	12	
10	13	
11	14	
12	15	
13	16	dve tadâlambaṇa-pâkâṇi (2 zurückhaltende, nachwirkende Bewußtseins-Momente)
14	17	

satta vîthi cittâni (7 Bewußtseinsklassen im Wahrnehmungsprozeß)

Die folgenden Funktionen entstehen der Reihe nach für je einen Bewußtseinsmoment:

âvajjana	(im vierten Moment)
dassana, bzw. savana, *ghâyana*, *sâyana*, *phusana*	(im fünften Moment)
sampaṭicchana	(im sechsten Moment)
santîraṇa	(im siebenten Moment)
voṭṭhappana	(im achten Moment)

Der Höhepunkt des ganzen Vorganges ist *javana*, das Erkennen oder volle Bewußtwerden (Apperzeption) des Objektes, dem die Dauer von sieben Bewußtseinsmomenten (vom neunten bis zum fünfzehnten inklusive). Der Wahrnehmungsprozeß endet in zwei Momenten der Identifikation und Registrierung oder Einordnung (*tadârammaṇa*) nach dem das Bewußtsein wieder in den ruhigen Fluß des Daseinsstromes zurücksinkt und von ihm absorbiert wird.

Dieser vollständige Wahrnehmungsprozeß von siebzehn Momenten findet nur dann statt, wenn der Intensitätsgrad des Sinnenobjektes *sehr groß* (*atimahanta*) ist; ist er nur groß (*mahanta*), so kommt es nicht mehr zur Funktion des identifizierenden Zurückhaltens (*tad-ârammaṇa* oder *tad-âlambaṇa*), und seine Dauer beträgt nur fünfzehn Bewußtseinsmomente. Ist die Intensität des Sinneneindrucks gering (*paritta*) oder sehr gering (*atiparitta*), so verläuft der Prozeß rein funktionell, d. h. es findet kein vollbewußtes Erkennen (*javana*) statt und somit keine geistige Stellungnahme, keine geistige Einverleibung, kein seelisches Handeln (*kamma*) im Sinne einer Bejahung oder Verneinung – wodurch für die Zukunft eine positive oder negative Tendenz (*saṅkhâra*) geschaffen werden könnte.

Javana ist also die karmisch entscheidende, die Zukunft formende Funktion: der aktive Aspekt des Karma, in dem der freie Wille des Menschen zum Ausdruck kommt, während alle vorangehenden Funktionen durch frühere *javana*-Momente, vorwiegend vorgeburtlicher Art (Anlage, Charakter) den passiven Aspekt der *saṅkhârâ*, die kausal gebundene, nicht dem freien Willen unterworfene Seite des Bewußtseins darstellen.

INTENSITÄTSGRADE DES WAHRNEHMUNGSPROZESSES

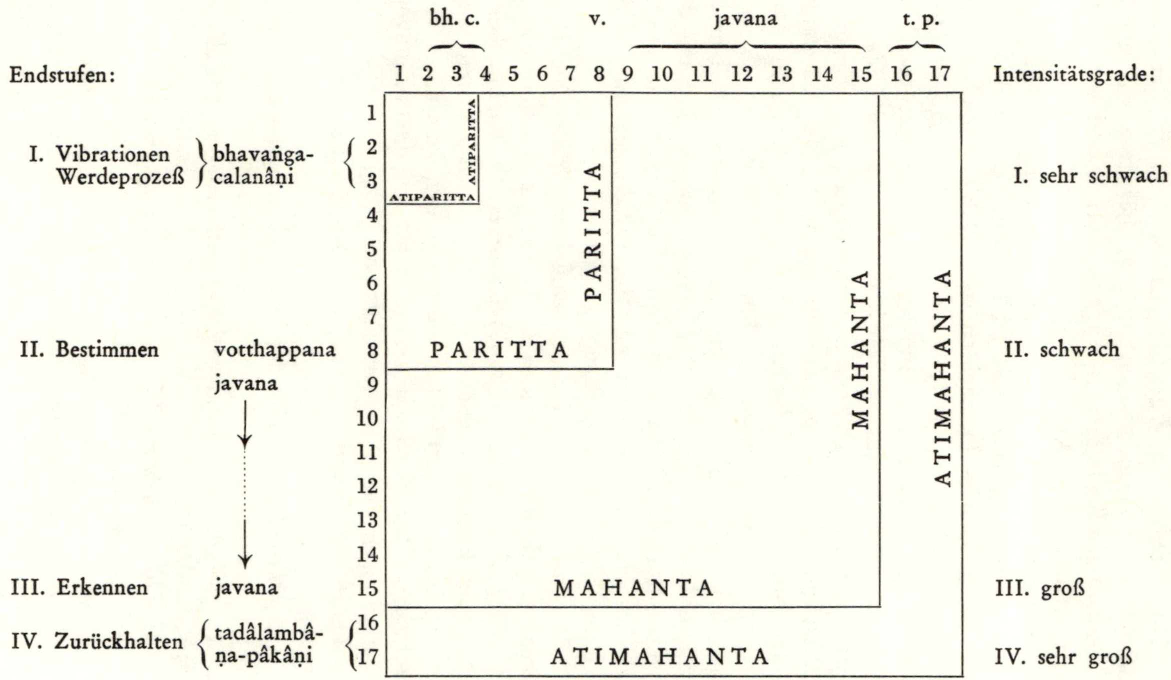

Das Problem der Willensfreiheit ist also nicht mit einem glatten Ja oder einem glatten Nein zu beantworten. In gewisser Hinsicht sind wir frei, in anderer unfrei, und wo die Grenze zwischen diesen Zuständen verläuft, ist kein objektives, sondern ein subjektives Problem. Auch bei körperlichen Vorgängen können wir das Ineinandergreifen willentlicher und automatischer Funktionen beobachten, wie Dahlke so überzeugend in seinem Buch «Heilkunde und Weltanschauung» (p. 66) zeigt: «Ich habe bis zu einem gewissen Grade die Machtvollkommenheit über meine Glieder. Ich kann Hände und Füße bewegen, wie ich will, aber ich kann meiner Körperlänge nicht einen Zoll zusetzen. Ich kann atmen, wie ich will, aber ich kann mein Herz nicht schlagen lassen, wie ich will, ausgenommen rückläufig von der Atmung aus. Ich kann essen, was ich will, aber ich kann über die Art, wie das Gegessene verarbeitet wird, nichts bestimmen. Auch hier besteht nur die Freiheit des sich selber Bindens. Der Entschluß der Nahrungsaufnahme ist frei, die Verarbeitung der Nahrung erfolgt in der gebundenen Marschroute, in der alle Ernährung verläuft.»

Wir haben bisher nur den einfachen Wahrnehmungsprozeß kennen gelernt, einen idealen Ausschnitt aus dem vielfältigen Gewebe des Bewußtwerdungsvorganges. In Wirklichkeit gehören zum Erkennen eines Objektes – von der ersten Wahrnehmung bis zur begrifflichen Formulierung, zumindest vier verschiedene Bewußtseinsprozesse, deren jeder in unzähligen Wiederholungen und Varianten auftritt.

Diese vier Prozesse (*vîthi*) auf Grund einer Sinneswahrnehmung sind:

1. *pañca-dvâra-vîthi:* der Wahrnehmungsprozeß auf Grund der fünf Sinnentore,
2. *tad-anuvattaka-mano-dvâra-vîthi:* der reproduktive Prozeß,
3. *nâma-paññatti-vîthi:* der Benennungsprozeß,
4. *attha-paññatti-vîthi:* der Prozeß der Sinneserfassung.

Shwe Zan Aung erläutert diesen vierfachen Prozeß an einem noch weiter detaillierten, sich streng an die Tradition haltenden Beispiel: Um sagen zu können, «Ich sehe eine Rose», muß man zunächst eine solche auf Grund äußerer Anschauung in der oben beschriebenen Weise visuell wahrnehmen (*cakkhu-dvâra-vîthi*). Dieser Wahrnehmungsprozeß wiederholt sich unzählige Male, und es folgt ihm jedesmal, nach Dazwischentreten von ein oder zwei unterbewußten Momenten (*bhavaṅga*), der «das Erfassen des Vergangenen» (*atîtaggahaṇa*) genannte Prozeß, in dem die verschiedenen Teileindrücke des Objektes reproduziert werden.

Diese zwei Prozesse wechseln einander einige hunderttausendmal ab, ehe der synthetische Prozeß (*samûhaggahaṇa*) stattfinden kann. Dieser wiederholt sich ebenfals mehrere Male und formt aus den einzelnen, abwechselnd vorgestellten Teilbildern das Gesamtbild der Rose.

Im nächsten Stadium, das als das «Erfassen des Sinnes» (*atthaggahaṇa*) bezeichnet wird, wird die Idee des Objektes, entsprechend dem Bild, unter dem das Original vorgestellt wird, geformt. Auch dieser Prozeß wiederholt sich für eine gewisse Zeitspanne.

Im Stadium der «Erfassung des Namens» (*nâmaggahaṇa*) endlich, wird ein Name geschaffen, um die Idee auszudrücken. Wenn jedoch der Name dem Perzipienten bereits bekannt ist, so können drei weitere Prozesse zwischen diesem und dem vorhergehenden Stadium stattfinden: In dem als «Konvention» (*saṅketa*) bezeichneten Prozeß denkt er an das konventionelle Kennzeichen, durch welches eine solche Idee für gewöhnlich charakterisiert wird; in dem «Vergleichung» (*sambandha*) genannten Prozeß, vergleicht er die in Frage stehende Idee mit früheren durch dieses Kennzeichen charakterisierten Ideen. Wenn er bei diesem Vergleich gewisse Ähnlichkeiten zwischen den allgemeinen Attributen entdeckt, bildet er das Urteil: «Dies ist eine Rose», was der Prozeß des Urteilens (*vinicchaya*) genannt wird. Und endlich im Prozeß der Namenserfassung gibt er dem Objekt den Klassennamen. In anderen Worten, er bringt den Begriff unter eine bekannte Klasse.

Diese komplizierten Prozesse der reproduktiven und konstruktiven Bildwerdung, der Erinnerung, Vorstellung, Unterscheidung, des Urteilens und Klassifizierens folgen einander so schnell, daß der Wahrnehmende glaubt, er «sehe» die Rose augenblicklich (S. Z. A., p. 32 seq.).

Der Wahrnehmungsprozeß auf Grund eines «inneren» oder geistigen Objektes, das «durch das Geistestor» eintritt (*mano-dvâra*), verläuft in ähnlicher Weise wie der eben beschriebene. Seine größere oder geringere Intensität wird als *vibhûta* oder *avibhûta,* als «klar» oder «unklar» bezeichnet.

Im meditativen Erkennen (*appanâ javana*) gibt es weder einen Unterschied in der Intensität des Objektes oder seiner Klarheit, noch findet ein registrierendes Zurückhalten (*tadârammaṇa*) desselben statt, denn in diesem Zustand richtet sich die Aufmerksamkeit des Geistes nicht nur auf die Oberfläche des Objektes, sondern es versinkt in ihm, dringt in seine Tiefe, wird eins mit ihm. Dieser Geisteszustand wird als *samâdhi* bezeichnet. Der Unterschied zwischen *samâdhi* und einem Zustand erzwungener Konzentration, mit Hilfe derer der Intellektuelle gewaltsam in den Bereich inneren Erlebens und geistiger Schauung einzudringen versucht, wird sehr gut durch ein von Shwe Zan Aung angeführtes Gleichnis erläutert. Der meditative Konzentrationszustand (*jhâna*), der seine Kulmination in *samâdhi* findet, wird mit einem massiven Körper verglichen, der ins Wasser geworfen, auf den Grund sinkt und dort liegen bleibt, bis man ihn herausnimmt, während die nur intellektuelle Konzentration des der Sinnenwelt verhafteten Bewußtseins einem hohlen Körper gleicht, der mit Gewalt unter Wasser gehalten werden muß, andernfalls er sofort wieder emportauchen würde.

Wenn wir versuchen würden, den Wahrnehmungsprozeß oder die komplizierte Natur auch nur eines einzigen Bewußtseinszustandes erschöpfend zu beschreiben, so würde dies weit über den Rahmen unserer gegenwärtigen Betrachtung gehen, denn jeder Bewußtseinsaugenblick reflektiert das ganze System, von dem es ein Teil ist, und seine vollständige Analyse würde einer detaillierten Darstellung der gesamten Psychologie und Philosophie des Buddhismus gleichkommen. Für unseren Zweck war es genügend, die allgemeine Struktur und ihre direktiven Prinzipien sichtbar zu machen.

Bewußtsein, vom hedonischen Gesichtspunkt betrachtet, enthüllte uns den Ursprung des Leidens und den Weg zu seiner Überwindung und ebenso auch die positive Seite des Problems, nämlich den Ursprung und die Bedeutung der Freude. Hierdurch legten wir die ethischen Fundamente des Buddhismus frei.

Und wenn wir sahen, wie die scheinbar einfachsten Bewußtseinsvorgänge sich als ein höchst kompliziertes Zusammenwirken unzähliger Elemente, Kräfte und Gegenkräfte erweisen, die nicht als der Ausdruck einer Ich-Entität oder eines unveränderlichen Ich-Substrates betrachtet werden können, sondern im Gegenteil die Ich-Idee als das Produkt gewisser Funktionen enthüllt, dann wurde hierdurch ein weiteres Fundament des Buddhismus freigelegt: die *anattâ*-Idee.

Und wenn der Maßstab der Zeit auf die Phänomene des Bewußtseins angewandt wurde und selbst die letzten, scheinbar konstanten Elemente in Schwingungen und Vibrationen feinster Art aufgelöst wurden, deren Dauer nur in infinitesimalen Zeiteinheiten ausgedrückt werden konnte, dann enthüllte sich uns das Gesetz der Momentanheit und Veränderlichkeit aller Dinge und Zustände: *anicca.*

Wenn wir weiterhin sahen, daß diese Veränderlichkeit keine willkürliche, chaotische, sinnlose Unbeständigkeit ist, sondern die Kontinuität eines Stromes besitzt, dann erschloß sich uns die Gesetzmäßigkeit der wirkenden Tat (*kamma*) und die innere Einheit der universellen und individuellen, der materiellen und der geistigen Gesetzmäßigkeit, die sich in dem allumfassenden, in keiner anderen Sprache völlig wiederzugebenden Worte *dhamma* (Sanskrit: *dharma*) ausdrückt.

Wie sehr die Weltanschauung des Westens, nicht nur im Gebiete der exakten Wissenschaften, sondern auch im Gebiete der Psychologie und des religiösen Denkens der Auffassung des Buddhismus nahe gekommen ist, mögen die folgenden Zeilen, die wie eine moderne Illustration der im Abhidhamma niedergelegten Lehren wirken, aufzeigen.

«Im Interesse der lebendigen Erfahrung und um Eindrücke oder Wahrnehmungen zu erfassen, bricht der Intellekt das Erleben, das in Wirklichkeit ein kontinuierlicher Strom ist – ein unaufhörlicher Vorgang von Wechsel und Rückwirkung ohne getrennte Teile –, in eine Anzahl rein konventioneller ‚Momente', ‚Perioden' oder psychische ‚Zustände'. Er wählt aus dem Strome der Wirklichkeit jene Bruchstücke, die für das menschliche Leben Bedeutung haben, die es ‚interessieren', seine Aufmerksamkeit auf sich ziehen. Aus diesen Bruchstücken baut er sich eine mechanische Welt auf, in der er lebt und die ganz wirklich zu sein scheint, solange sie nicht kritischer Beobachtung unterworfen wird. Der Intellekt, sagt Bergson in einem zutreffenden und bereits berühmt gewordenen Gleichnis, übt die Tätigkeit eines Kinematographen aus: er macht Momentaufnahmen von dauernd sich bewegenden Dingen, und vermittels dieser aufeinanderfolgenden statischen Aufnahmen – von denen keine die Wirklichkeit wiedergibt, denn das wirkliche Leben, das der Gegenstand der Aufnahmen war, war nie statisch – läßt er ein Bild des Lebens, der Bewegung wiedererstehen. Dieses Bild, diese ziemlich sprunghafte Darstellung der göttlichen Harmonie, aus der unzählige Momente ausgelassen sind, ist für praktische Zwecke sehr brauchbar; aber es ist nicht Wirklichkeit, denn es ist nicht lebendig.

Diese ‚wirkliche Welt' ist somit das Resultat eurer selektiven Tätigkeit, und die Natur eurer Auswahl ist zum großen Teil außerhalb eurer Kontrolle. Euer kinematographischer Apparat hat eine gewisse Geschwindigkeit und macht Momentaufnahmen in gewissen Intervallen. Was für diese Intervalle zu schnell geht, wird entweder nicht registriert oder verschmilzt mit den vorhergehenden oder folgenden Bewegungen, um ein Bild zu formen, das seinem Auffassungsvermögen entspricht. So verfahren wir zum Beispiel mit dem Sturm von Vibrationen, den wir in ‚Ton' und ‚Licht' verwandeln. Verlangsame oder beschleunige die Geschwindigkeit, ändere den Rhythmus, und sogleich haben wir eine andere Folge von Momentaufnahmen und dementsprechend ein anderes Bild von der Welt. Dank des Zeitmaßes, auf das der normale menschliche Apparat abgestimmt ist, registriert er für uns, was wir in unserer Einfalt die ‚natürliche Welt' nennen. Etwas mehr Bescheidenheit oder gesunder Menschenverstand könnte uns lehren, daß wir besser daran täten, von ‚*unserer* natürlichen Welt' zu sprechen.

Sobald wir also das menschliche Bewußtsein ändern oder über seinen Rhythmus hinausgehen, so können wir einen anderen Aspekt der Welt oder irgendeine andere Welt als die unsrige erleben. Daher kann die Behauptung der Mystiker, daß sie in ihren Ekstasen die Bedingungen des Bewußtseins ändern und eine tiefere Wirklichkeit wahrnehmen, die menschliche Sprache nicht auszudrücken vermag, nicht als unvernünftig von der Hand gewiesen werden [4].»

Den Rhythmus des menschlichen Bewußtseins zu ändern, ihn zu transzendieren ist das Ziel des geistigen Trainings des Buddhismus in den höheren Stadien der Meditation, die dem Erleben höherer Daseinsstufen entsprechen. Obwohl diese Erfahrungen nicht das letzte Ziel des buddhistischen Pfades sind, zeigen sie, daß unsere menschliche Welt eben nur eine unter unzähligen andern ist und daß die Welten der buddhistischen Kosmologie nicht in den Mysterien des Weltraumes zu suchen sind, sondern in den Mysterien unseres eigenen Geistes, in dem alle Welten als Möglichkeiten der Erfahrung existieren. Sobald der Mensch die Relativität seiner eigenen Welt und die latenten Fähigkeiten des Bewußtseins erkannt hat – in anderen Worten, wenn er begriffen hat, daß er nicht an diese ihm eigentümliche Welt (die Welt seiner Sinne) gebunden ist, sondern daß er in genau der Welt lebt, die dem «Rhythmus» seines Geistes entspricht, hat er bereits den ersten Schritt zu seiner Befreiung gemacht. Das höchste Ziel jedoch ist, den Rhythmus unseres ganzen Lebens zu ändern und ihn in jene höchste Harmonie zu verwandeln, die, wie der Buddha erklärte, durch die Abwesenheit von Gier, Haß und Wahn gekennzeichnet wird und die er umschrieb mit dem Wort *nibbâna*.

Es ist klar, daß der Buddhismus eine vollkommene Umkehrung aller konventionellen Ansichten darstellt und daß der negative Charakter seiner Formulierungen zu den Schwierigkeiten beiträgt, die den Durchschnittsmenschen beängstigen, denn ihm erscheint die *anattâ*-Idee als die Vernichtung seiner Persönlichkeit, die *anicca*-Idee als die Auflösung seiner Welt.

[4] Evelyn Underhill: «*Mysticism*», p. 36 f.

Die *anicca*-Idee verleugnet jedoch nicht die «Existenz» der Dinge, sondern nur ihre Dauer, und in gleicher Weise proklamiert die *anattâ*-Idee nicht, daß es kein «Selbst» gibt, sondern nur, daß es kein unveränderlich-dauerndes Selbst gibt, das als eine separate Einheit ewig fortdauert. In Wirklichkeit ist es gerade die *anattâ*-Idee, welche die Möglichkeit der Entwicklung und des Wachstums des Individuums garantiert, indem sie demonstriert, daß das «Ich» oder «Selbst» nicht eine absolute Größe ist, sondern eine Bezeichnung für die relative Begrenzung, die das Individuum entsprechend seines Erkenntnisstandes sich selber schafft. Der primitive Mensch empfindet den Körper als sein «Selbst», der mehr entwickelte seine seelischen und geistigen Funktionen. Der Buddha betrachtet jedoch weder Körper noch Geist als sein «Selbst», da er ihre Relativität und ihre bedingte Entstehung kennt.

Gerade letztere ist das Element, welches das Prinzip der relativen individuellen Beständigkeit oder Kontinuität enthält. Die körperlichen und geistigen Aufbaustoffe mögen mit der größten Geschwindigkeit wechseln, sie werden nichtsdestoweniger immer die besondere Form aufbauen und erfüllen, die auf Grund des Gesetzes der bedingten Entstehung dem Entwicklungsniveau des betreffenden Individuums entspricht.

Somit macht die *anicca*-Idee die Welt nicht weniger wirklich, sondern zeigt im Gegenteil, daß die Welt ausschließlich im Wirken besteht. Nirgends kann es Stillstand geben, nirgends Begrenzung. Nichts existiert für sich selbst oder in sich selbst. Es gibt nichts Beharrendes; aber statt einer Welt voll toter Dinge gibt es einen lebendigen Kosmos, der sein Gegenstück im Bewußtsein jedes Individuums und seinen Brennpunkt in jedem Atom findet, ebenso wie jeder Augenblick, vom Standpunkt infinitesimaler Teilbarkeit betrachtet, die Grenzenlosigkeit der Zeit enthält. So finden wir gegenwärtig in uns die Ewigkeit und Fülle, die uns so lange vorenthalten bleiben, als wir sie in den Wahngebilden der äußeren Welt oder in der Enge eines abgesonderten kleinen Ichs suchen.

Wer dem Pfad des Buddha folgen will, muß alle «Ich»- und «Mein»-Gedanken aufgeben. Aber dieses Aufgeben macht uns nicht ärmer, sondern im Gegenteil reicher, denn was wir aufgeben und zerstören, sind die Mauern, die uns gefangen hielten; und was wir gewinnen, ist jene höchste Freiheit, die nicht als ein einfaches Verschmelzen in eine ununterschiedliche Einheit aufzufassen ist oder als das Gefühl der Identität mit Anderen, sondern als das Erlebnis unbegrenzter Beziehungen, derzufolge jedes Individuum in seinem tiefsten Wesen mit allem verbunden ist, das existiert und so alle lebenden Wesen in seinem Geiste umfängt, teilnehmend an ihrem tiefsten Erleben, an ihren Schmerzen wie an ihren Freuden.

ANHANG

Und ich entdeckte jene tiefe Wahrheit, die so schwer zu begreifen, so schwer zu verstehen ist, die beruhigende, erhabene, nicht durch bloßes Denken erreichbare, nur den Weisen erkennbare Wahrheit.

Die Welt jedoch ist dem Vergnügen hingegeben, von Vergnügen betört von Vergnügen berauscht. Wahrlich, solche Wesen werden kaum imstande sein, das Gesetz der Verursachung, des bedingten Entstehens aller Dinge zu begreifen, und ebenso unbegreiflich wird ihnen das Aufhören aller Gestaltungen, aller Wiedergeburtsursachen sein, die Aufgabe des Verlangens, die Loslösung, die Erlöschung, das Nibbâna.

Dennoch gibt es Wesen, deren Augen nur mit wenig Staub bedeckt sind: sie werden die Wahrheit verstehen. *(Majjhima-Nikâya 26)*

I

SYSTEMATISCHE DARSTELLUNG DER ABHIDHAMMA-PSYCHOLOGIE

Um die allgemeine Struktur des Bewußtseins, so wie sie sich aus der systematischen Darstellung des Abhidhamma ergibt, zu erkennen, müssen wir uns kurz mit den mehr oder weniger scholastischen Klassifikationen und ihrer Terminologie befassen. Ihr genetischer Zusammenhang mit den frühesten Stadien buddhistischen Denkens ist so stark und logisch begründet, daß es kaum möglich ist, diese Klassifikationen unbeachtet zu lassen, selbst wenn es sich nur um einen allgemeinen Überblick über die psychologischen Tendenzen der frühen buddhistischen Philosophie handelt. Ich gebrauche den Ausdruck «früh» im Gegensatz zu den späteren Formen buddhistischer Philosophie, wie sie uns im Sanskrit, im Chinesischen und im Tibetischen erhalten sind.

Ich könnte von der Philosophie und Psychologie des Pâli-Buddhismus gesprochen haben; aber seine grundlegenden Ideen, die das Hauptthema dieses Buches bilden – das Gesetz der bedingten Entstehung, der Vier Edlen Wahrheiten, der Achtfache Pfad, die Augenblicklichkeit aller Phänomene, das Problem von Freude und Leid, die Verneinung des Ichprinzips, die psychophysischen Aggregate und die Formen und Bestandteile des Bewußtseins, auf denen die Theorie und Praxis der Meditation begründet ist: – alle diese Dinge sind nicht das ausschließliche Eigentum des Pâli-Buddhismus oder irgendeiner bestimmten Schule, sondern sie sind das Charakteristikum der frühesten philosophischen und psychologischen Formulierungen des Buddhismus. Sie sind Buddhismus par excellence und wurden von den Theravâdins mit großer Treue bewahrt und nur in geringem Maße elaboriert oder erweitert, so daß selbst spätere Werke dieser Schule, wie Thera Anuruddhas *Abhidhammattha-Saṅgaha*, ein früheres Studium budhistischen Denkens darstellen, als Werke anderer Schulen, die vom rein zeitlichen Standpunkt einer bedeutend älteren Periode angehören.

Aber abgesehen hiervon: so wie wir die Umstände, unter

denen der Buddhismus in Erscheinung trat und die Richtung des geistigen Weges, der zu ihm führte, in Betracht ziehen mußten, so müssen wir uns klar sein über die Richtung, in die er sich entwickelte, denn nur dies kann uns in die Lage versetzen, die tatsächliche Position und Haltung des Mittleren Pfades zu beurteilen und die organische Einheit seiner verschiedensten Phasen zu erkennen. Es ist in diesem Sinne, daß unser Exkurs in die mehr scholastischen Einzelheiten der Abhidhamma-Literatur zu bewerten ist.

Indem wir uns der Klassifizierungen des *Abhidhammattha-Saṅgaha*[1] bedienen, auf denen die folgenden Tabellen beruhen, haben wir uns auf jene Züge beschränkt, die als Ausdruck des ursprünglichen Systems der buddhistischen Psychologie betrachtet werden können oder die dazu beitragen, es in wesentlichen Punkten unserem Verständnis näher zu bringen.

Anuruddha's *Abhidhammattha-Saṅgaha* ist tatsächlich eine Zusammenfassung des Inhalts der sieben Bücher des *Abhidhamma-Piṭaka*, das mit Ausnahme des später hinzugefügten *Kathâ-Vatthu* die früheste Formulierung buddhistischer Philosophie und Psychologie darstellt und nichts anderes sein will als eine systematische Anordnung der in den Reden des Buddha und seiner Hauptjünger enthaltenen Ideen.

Die sieben Bücher des *Abhidhamma-Piṭaka* sind:

1. *Dhamma-Saṅgaṇi*, eine Aufzählung psychischer und materieller Eigenschaften, d. h. der Elemente und Objekte des Bewußtseins.

2. *Vibhaṅga*, achtzehn Abhandlungen über verschiedenartige Themen philosophischen, psychologischen und ethischen Charakters.

[1] Veröffentlicht im Journal der Pâli Text Society von 1884. Shwe Zan Aung's Übersetzung, wie auch meine eigene (Deutsch im Benares-Verlag, München-Neubiberg, 1930, unter dem Titel «Abhidhammattha-Saṅgaha») sind nach diesem Pâli-Text hergestellt. Shwe Zan Aung's Übersetzung, die mit vielen Anmerkungen und einer sehr wertvollen Einführung versehen ist, entstand in Zusammenarbeit mit Mrs. C. A. F. Rhys Davids und wurde von der Pâli Text Society unter dem Titel «Compendium of Philosophy» veröffentlicht.

3. *Kathâ-Vatthu*, Buch der Streitfragen, betreffs der (häretischen) Anschauungen anderer buddhistischer Sekten.

4. *Puggala-Paññatti*, Buch der Charaktereigenschaften oder der Typen von Individuen.

5. *Dhâtu-Kathâ*, Darlegung der Sinnesfunktionen in ihren achtzehn grundlegenden Elementen: der sechs Organe, der sechs ihnen entsprechenden Klassen von Objekten und der sechs Bewußtseinsklassen, die aus der gegenseitigen Beziehung zwischen den Sinnesorganen und ihren Objekten resultieren.

6. *Yamaka*, Buch der Gegensatzpaare.

7. *Paṭṭhâna*, Buch der Entstehung psychischer und materieller Zustände: Kausalität und gegenseitige Abhängigkeit.

2. KLASSEN, FAKTOREN UND FUNKTIONEN DES BEWUSSTSEINS

Hauptprinzipien der Klassifizierung der Tabellen I—IV

Die folgenden Pâli-Tabellen sind auf dem hier gegebenen Schema aufgebaut, nach dem das Bewußtsein nach den Prinzipien der Richtung, des Formbereiches, der Vorbedingung und des potenziellen Wertes klassifiziert wird, wie aus dem dritten Kapitel des vierten Hauptteiles ersichtlich ist (vergl. Tabelle, Seite 127).

RICHTUNG:	*l o k i y a*													*lokuttara*
FORM-BEREICH:	I KÂMÂVACARA-CITTÂNI							II RÛPÂVACARA-CITTÂNI			III ARÛPÂVACARA-CITTÂNI			IV (LOKU-TTARA)
VOR-BEDINGUNG:	A. AKUSALA (Sahetuka)	B. AHETUKA			C. SAHETUKA									
	a b c	a	b	c	a	b	c	A	B	C	A	B	C	A B
POTENZIEL-LER WERT:	akusala	akus.	kusala	kriyâ	kus.	vipâka	kriyâ	kus.	vip.	kriyâ	kus.	vip.	kriyâ	magga phala

BEWUSSTSEINSKLASSEN								FAKTOREN DES BEWUSSTSEINS																					FUNKTIONEN (KICCA)											
KÂMÂVACARA-CITTÂNI								A.	B. Pakiṇṇakâ						C. Akusala-cetasikâ								D.	E.	F.	G.														
			sahagataṃ	sampayuttaṃ	vippayuttaṃ	cittaṃ	saṅkhârikaṃ	sâdhâraṇâ	vitakka	vicâra	adhimokkha	viriya	pîti	chanda	moha ahirika anottappa uddhacca	lobha	diṭṭhi	mâna	dosa issâ macchariya kukkucca	thina	middha	vicikicchâ	sobhana-sâdhâraṇâ	viratiyo	karuṇâ muditâ	paññindriya	+ +) ±	−	paṭisandhi bhavaṅga, cuti	âvajjana	dassana	savana	ghâyana	sâyana	phusana	sampaṭiccana	santîraṇa	voṭṭhappana	javana	tadârammaṇa
								1—7	8	9	10	11	12	13	14—17	18	19	20	21—24	25	26	27	28—46	47—49	50—51	52														
A. AKUSALA-CITTÂNI	a. lobha	1	so.	diṭ.			a-	+	+	+	+	+	+	+	+	+	+	−	−	−	−	−	−	−	−	−	19	33											O	
		2	so.	diṭ.			sa-	+	+	+	+	+	+	+	+	+	+	−	−	+)	+)	−	−	−	−	−	21	31											O	
		3	so.		diṭ.		a-	+	+	+	+	+	+	+	+	+	−	+)	−	−	−	−	−	−	−	−	19	33											O	
		4	so.		diṭ.		sa-	+	+	+	+	+	+	+	+	+	−	+)	−	+)	+)	−	−	−	−	−	21	31											O	
		5	up.	diṭ.			a-	+	+	+	+	+	−	+	+	+	+	−	−	−	−	−	−	−	−	−	18	34											O	
		6	up.	diṭ.			sa-	+	+	+	+	+	−	+	+	+	+	−	−	+)	+)	−	−	−	−	−	20	32											O	
		7	up.		diṭ.		a-	+	+	+	+	+	−	+	+	+	−	+)	−	−	−	−	−	−	−	−	18	34											O	
		8	up.		diṭ.		sa-	+	+	+	+	+	−	+	+	+	−	+)	−	+)	+)	−	−	−	−	−	20	32											O	
	b. paṭigha	9	do.	pa.			a-	+	+	+	+	+	−	+	+	−	−	−	+ ± ± ±	−	−	−	−	−	−	−	20	32											O	
		10	do.	pa.			sa-	+	+	+	+	+	−	+	+	−	−	−	+ ± ± ±	+)	+)	−	−	−	−	−	22	30											O	
	c. momûha	11	up.	vi.				+	+	+	−	+	−	−	+	−	−	−	−	−	−	+	−	−	−	−	15	37											O	
		12	up.	ud.				+	+	+	+	+	−	−	+	−	−	−	−	−	−	−	−	−	−	−	15	37											O	
B. AHETUKA-CITTÂNI	a. akusala (vipâka)	1	up.			pañca-viññâṇâni		+	−	−	−	−	−	−	−	−	−	−	−	−	−	−	−	−	−	−	7	45			O									
		2	up.					+	−	−	−	−	−	−	−	−	−	−	−	−	−	−	−	−	−	−	7	45				O								
		3	up.					+	−	−	−	−	−	−	−	−	−	−	−	−	−	−	−	−	−	−	7	45					O							
		4	up.					+	−	−	−	−	−	−	−	−	−	−	−	−	−	−	−	−	−	−	7	45						O						
		5	du.					+	−	−	−	−	−	−	−	−	−	−	−	−	−	−	−	−	−	−	7	45							O					
		6	up.			sp.		+	+	+	+	−	−	−	−	−	−	−	−	−	−	−	−	−	−	−	10	42								O				
		7	up.			st.		+	+	+	+	−	−	−	−	−	−	−	−	−	−	−	−	−	−	−	10	42	O								O			O
	b. kusala (vipâka)	8	up.			pañca-viññâṇâni		+	−	−	−	−	−	−	−	−	−	−	−	−	−	−	−	−	−	−	7	45			O									
		9	up.					+	−	−	−	−	−	−	−	−	−	−	−	−	−	−	−	−	−	−	7	45				O								
		10	up.					+	−	−	−	−	−	−	−	−	−	−	−	−	−	−	−	−	−	−	7	45					O							
		11	up.					+	−	−	−	−	−	−	−	−	−	−	−	−	−	−	−	−	−	−	7	45						O						
		12	su.					+	−	−	−	−	−	−	−	−	−	−	−	−	−	−	−	−	−	−	7	45							O					
		13	up.			sp.		+	+	+	+	−	−	−	−	−	−	−	−	−	−	−	−	−	−	−	10	42								O				
		14	so.			st.		+	+	+	+	−	+	−	−	−	−	−	−	−	−	−	−	−	−	−	11	41									O			O
		15	up.			st.		+	+	+	+	−	−	−	−	−	−	−	−	−	−	−	−	−	−	−	10	42	O								O			O
	c. kriyâ	16	up.			pd.		+	+	+	+	−	−	−	−	−	−	−	−	−	−	−	−	−	−	−	10	42		O										
		17	up.			ma.		+	+	+	+	+	−	−	−	−	−	−	−	−	−	−	−	−	−	−	11	41		O										
		18	so.			ha.		+	+	+	+	+	+	−	−	−	−	−	−	−	−	−	−	−	−	−	12	40											O	
TABELLE I							+	30	20	20	19	14	6	10	12	8	4	4	2	5	5	1	0	0	0	0	+													
							−	0	10	10	11	16	24	20	18	22	26	26	28	25	25	29	30	30	30	30		−												

BEWUSSTSEINSKLASSEN						FAKTOREN DES BEWUSSTSEINS																					KICCA		
Kâmâvacara-Cittâni						A.	B. Pakiṇṇakâ						C. Akusala-cetasikâ								D.	E.	F.	G.					
		sahagataṃ	sampayuttaṃ	vippayuttaṃ	saṅkhârikaṃ	sâdhâraṇâ	vitakka	vicâra	adhimokkha	viriya	pîti	chanda	moha ahirika anottappa uddhacca	lobha	diṭṭhi	mâna	dosa issâ macchariya kukkucca	thina	middha	vicikicchâ	sobhaṇa-sâdhâraṇâ	viratiyo	karuṇâ muditâ	paññindriya	+ ± (±)	–	paṭisandhi bhavaṅga, cuti	javana	tadârammana
						1—7	8	9	10	11	12	13	14—17	18	19	20	21—24	25	26	27	28—46	47—49	50—51	52					
C. a.	1	so.	ñâṇa		a-	+	+	+	+	+	+	+	–	–	–	–	–	–	–	–	+	±	±	+	38	14		O	
	2	so.	ñâṇa		sa-	+	+	+	+	+	+	+	–	–	–	–	–	–	–	–	+	±	±	+	38	14		O	
	3	so.		ñâṇa	a-	+	+	+	+	+	+	+	–	–	–	–	–	–	–	–	+	±	±	–	37	15		O	
kusala	4	so.		ñâṇa	sa-	+	+	+	+	+	+	+	–	–	–	–	–	–	–	–	+	±	±	–	37	15		O	
	5	up.	ñâṇa		a-	+	+	+	+	+	–	+	–	–	–	–	–	–	–	–	+	±	(±)	+	37	15		O	
	6	up.	ñâṇa		sa-	+	+	+	+	+	–	+	–	–	–	–	–	–	–	–	+	±	(±)	+	37	15		O	
	7	up.		ñâṇa	a-	+	+	+	+	+	–	+	–	–	–	–	–	–	–	–	+	±	(±)	–	36	16		O	
	8	up.		ñâṇa	sa-	+	+	+	+	+	–	+	–	–	–	–	–	–	–	–	+	±	(±)	–	36	16		O	
b.	9	so.	ñâṇa		a-	+	+	+	+	+	+	+	–	–	–	–	–	–	–	–	+	–	–	+	33	19	O		O
	10	so.	ñâṇa		sa-	+	+	+	+	+	+	+	–	–	–	–	–	–	–	–	+	–	–	+	33	19	O		O
SAHETUKA-CITTÂNI	11	so.		ñâṇa	a-	+	+	+	+	+	+	+	–	–	–	–	–	–	–	–	+	–	–	–	32	20	O		O
	12	so.		ñâṇa	sa-	+	+	+	+	+	+	+	–	–	–	–	–	–	–	–	+	–	–	–	32	20	O		O
vipâka	13	up.	ñâṇa		a-	+	+	+	+	+	–	+	–	–	–	–	–	–	–	–	+	–	–	+	32	20	O		O
	14	up.	ñâṇa		sa-	+	+	+	+	+	–	+	–	–	–	–	–	–	–	–	+	–	–	+	32	20	O		O
	15	up.		ñâṇa	a-	+	+	+	+	+	–	+	–	–	–	–	–	–	–	–	+	–	–	–	31	21	O		O
	16	up.		ñâṇa	sa-	+	+	+	+	+	–	+	–	–	–	–	–	–	–	–	+	–	–	–	31	21	O		O
c.	17	so.	ñâṇa		a-	+	+	+	+	+	+	+	–	–	–	–	–	–	–	–	+	–	±	+	35	17		O	
	18	so.	ñâṇa		sa-	+	+	+	+	+	+	+	–	–	–	–	–	–	–	–	+	–	±	+	35	17		O	
	19	so.		ñâṇa	a-	+	+	+	+	+	+	+	–	–	–	–	–	–	–	–	+	–	±	–	34	18		O	
kriyâ	20	so.		ñâṇa	sa-	+	+	+	+	+	+	+	–	–	–	–	–	–	–	–	+	–	±	–	34	18		O	
	21	up.	ñâṇa		a-	+	+	+	+	+	–	+	–	–	–	–	–	–	–	–	+	–	(±)	+	34	18		O	
	22	up.	ñâṇa		sa-	+	+	+	+	+	–	+	–	–	–	–	–	–	–	–	+	–	(±)	+	34	18		O	
	23	up.		ñâṇa	a-	+	+	+	+	+	–	+	–	–	–	–	–	–	–	–	+	–	(±)	–	33	19		O	
	24	up.		ñâṇa	sa-	+	+	+	+	+	–	+	–	–	–	–	–	–	–	–	+	–	(±)	–	33	19		O	
TABELLE II					+	24	24	24	24	24	12	24	0	0	0	0	0	0	0	0	24	± 8	± 16	12	+				
					–	0	0	0	0	0	12	0	24	24	24	24	24	24	24	24	0	16	8	12		–			

BEWUSSTSEINSKLASSEN					FAKTOREN DES BEWUSSTSEINS															KICCA	
MAHAGGATA-CITTÂNI					A.	B. Pakiṇṇakâ						C.	D.	E.	F.	G.					
				jhâna	sâdhâraṇâ	vitakka	vicâra	adhimokkha	viriya	pîti	chanda	akusala-cetasikâ	sobhana-sâdhâraṇâ	viratiyo	karuṇâ muditâ	paññindriya	+	−	paṭisandhi bhavaṅga, cuti	javana
					1—7	8	9	10	11	12	13	14—27	28—46	47—49	50—51	52	±			
II. Rûpâvacara-cittâni	A. kusala	1	vit-vic-pî-su-ek	I	+	+	+	+	+	+	+	−	+	−	±	+	35	17		O
		2	vic-pî-su-ek	II	+	−	+	+	+	+	+	−	+	−	±	+	34	18		O
		3	pî-su-ek	III	+	−	−	+	+	+	+	−	+	−	±	+	33	19		O
		4	su-ek	IV	+	−	−	+	+	−	+	−	+	−	±	+	32	20		O
		5	ek	V	+	−	−	+	+	−	+	−	+	−	−	+	30	22		O
	B. vipâka	6	vit-vic-pî-su-ek	I	+	+	+	+	+	+	+	−	+	−	±	+	35	17	O	
		7	vic-pî-su-ek	II	+	−	+	+	+	+	+	−	+	−	±	+	34	18	O	
		8	pî-su-ek	III	+	−	−	+	+	+	+	−	+	−	±	+	33	19	O	
		9	su-ek	IV	+	−	−	+	+	−	+	−	+	−	±	+	32	20	O	
		10	ek	V	+	−	−	+	+	−	+	−	+	−	−	+	30	22	O	
	C. kriyâ	11	vit-vic-pî-su-ek	I	+	+	+	+	+	+	+	−	+	−	±	+	35	17		O
		12	vic-pî-su-ek	II	+	−	+	+	+	+	+	−	+	−	±	+	34	18		O
		13	pî-su-ek	III	+	−	−	+	+	+	+	−	+	−	±	+	33	19		O
		14	su-ek	IV	+	−	−	+	+	−	+	−	+	−	±	+	32	20		O
		15	ek	V	+	−	−	+	+	−	+	−	+	−	−	+	30	22		O
			âyatana	V																
III. Arûpâvacara-cittâni	A. kusala	1	âkâsânañca-	(VI)	+	−	−	+	+	−	+	−	+	−	−	+	30	22		O
		2	viññâṇañca-	(VII)	+	−	−	+	+	−	+	−	+	−	−	+	30	22		O
		3	âkiñcañña-	(VIII)	+	−	−	+	+	−	+	−	+	−	−	+	30	22		O
		4	nevasaññânâsaññâ-	(IX)	+	−	−	+	+	−	+	−	+	−	−	+	30	22		O
	B. vipâka	5	âkâsânañca-	(VI)	+	−	−	+	+	−	+	−	+	−	−	+	30	22	O	
		6	viññâṇañca-	(VII)	+	−	−	+	+	−	+	−	+	−	−	+	30	22	O	
		7	âkiñcañña-	(VIII)	+	−	−	+	+	−	+	−	+	−	−	+	30	22	O	
		8	nevasaññânâsaññâ-	(IX)	+	−	−	+	+	−	+	−	+	−	−	+	30	22	O	
	C. kriyâ	9	âkâsânañca-	(VI)	+	−	−	+	+	−	+	−	+	−	−	+	30	22		O
		10	viññâṇañca-	(VII)	+	−	−	+	+	−	+	−	+	−	−	+	30	22		O
		11	âkiñcañña-	(VIII)	+	−	−	+	+	−	+	−	+	−	−	+	30	22		O
		12	nevasaññânâsaññâ-	(IX)	+	−	−	+	+	−	+	−	+	−	−	+	30	22		O
TABELLE III				+	27	3	6	27	27	9	27	0	27	0	±12	27	+			
				−	0	24	21	0	0	18	0	27	0	27	15	0		−		

KLASSEN					FAKTOREN DES BEWUSSTSEINS														KICCA
IV. Lokuttara-Cittâni					A.	B. Pakiṇṇakâ						C.	D.	E.	F.	G.			
			cittaṃ	jhâna	sâdhâraṇâ	vitakka	vicâra	adhimokkha	viriya	pîti	chanda	akusala-cetasikâ	sobhana-sâdhâraṇâ	viratiyo	karuṇâ muditâ	paññindriya			javana
					1—7	8	9	10	11	12	13	14—27	28—46	47—49	50—51	52	+	—	
A. MAGGA (kusala)		1		I	+	+	+			+		—			—		36	16	
		2		II	+	—	+			+		—			—		35	17	
	(1)	3	sotâpatti	III	+	—	—	+	+	+	+	—	+	+	—	+	34	18	○
		4		IV	+	—	—			—		—			—		33	19	
		5		V	+	—	—			—		—			—		33	19	
		6		I	+	+	+			+		—			—		36	16	
		7		II	+	—	+			+		—			—		35	17	
	(2)	8	sakadâgâmi	III	+	—	—	+	+	+	+	—	+	+	—	+	34	18	○
		9		IV	+	—	—			—		—			—		33	19	
		10		V	+	—	—			—		—			—		33	19	
		11		I	+	+	+			+		—			—		36	16	
		12		II	+	—	+			+		—			—		35	17	
	(3)	13	anâgâmi	III	+	—	—	+	+	+	+	—	+	+	—	+	34	18	○
		14		IV	+	—	—			—		—			—		33	19	
		15		V	+	—	—			—		—			—		33	19	
		16		I	+	+	+			+		—			—		36	16	
		17		II	+	—	+			+		—			—		35	17	
	(4)	18	arahatta	III	+	—	—	+	+	+	+	—	+	+	—	+	34	18	○
		19		IV	+	—	—			—		—			—		33	19	
		20		V	+	—	—			—		—			—		33	19	
B. PHALA (vipâka)		21		I	+	+	+			+		—			—		36	16	
		22		II	+	—	+			+		—			—		35	17	
	(5)	53	sotâpatti	III	+	—	—	+	+	+	+	—	+	+	—	+	34	18	○
		24		IV	+	—	—			—		—			—		33	19	
		25		IV	+	—	—			—		—			—		33	19	
		26		I	+	+	+			+		—			—		36	16	
		27		II	+	—	+			+		—			—		35	17	
	(6)	28	sakadâgâmi	III	+	—	—	+	+	+	+	—	+	+	—	+	34	18	○
		29		IV	+	—	—			—		—			—		33	19	
		30		V	+	—	—			—		—			—		33	19	
		31		I	+	+	+			+		—			—		36	16	
		32		II	+	—	+			+		—			—		35	17	
	(7)	33	anâgâmi	III	+	—	—	+	+	+	+	—	+	+	—	+	34	18	○
		34		IV	+	—	—			—		—			—		33	19	
		35		V	+	—	—			—		—			—		33	19	
		36		I	+	+	+			+		—			—		36	16	
		37		II	+	—	+			+		—			—		35	17	
	(8)	38	arahatta	III	+	—	—	+	+	+	+	—	+	+	—	+	34	18	○
		39		IV	+	—	—			—		—			—		33	19	
		40		V	+	—	—			—		—			—		33	19	
TAB. IV				+	40	8	16	8	8	24	8	0	8	8	0	8	+		
				—	0	32	24	0	0	16	0	40	0	0	40	0		—	

Zeichen:

+	Auftreten	eines Faktors oder einer Faktorengruppe
—	Nichtauftreten	
±	zeitweise und getrennt auftretend	+) zeitweise auftretend
()	nach anderer Theorie nicht vorkommend	

Abkürzungen:

diṭ.	=	diṭṭhi
do.	=	domanassa
du.	=	dukkha
ek.	=	ekaggatâ
ha.	=	hasituppâda
ma.	=	manodvârâvajjana
pa.	=	paṭigha
pd.	=	pañcadvârâvajjana
pî.	=	pîti
so.	=	somanassa
sp.	=	sampaṭicchana
st.	=	santîrana
su.	=	sukha
ud.	=	uddhacca
up.	=	upekkhâ
vi.	=	vicikiccha
vic.	=	vicâra
vit.	=	vitakka

Zahlen:

Die linke Zahlenreihe bezieht sich auf die im dritten Kapitel des vierten Teiles aufgezählten Bewußtseinsklassen.

Die rechte Zahlenreihe zeigt die Anzahl der gegenwärtigen [+] oder abwesenden [—] Faktoren in jeder Bewußtseinsklasse.

Die obere Zahlenreihe dient der Aufzählung der in Teil V beschriebenen 52 Bewußtseinsfaktoren.

Die untere Zahlenreihe zeigt wieviele Male jeder einzelne Faktor in jeder Hauptgruppe von Bewußtseinsklassen gegenwärtig oder abwesend ist.

Tabelle V

VEDANÂ

I KÂMÂVACARA A	I KÂMÂVACARA B	I KÂMÂVACARA C	II RÛPÂVACARA A	II RÛPÂVACARA B	II RÛPÂVACARA C	III ARÛPA A—C	IV LOKUTTARA A	IV LOKUTTARA B			SUKHA	DUKKHA	UPE-KKHÂ	VEDANÂ	
	5											1		dukkha	PHYSISCH
	12										1			sukha KÂYIKA	PHYSISCH
	1—4								4				8	adukkham-asukha	PHYSISCH
	8—11								4						
9—10												2		DOMANASSA	
1—4									4						SEELISCH-MENTAL
		1—4							4					kâmâvacara-somanassa	
		9—12							4	18					
		17—20							4						
	14, 18		*1—4*	*6—9*	*11—14*				2						
									12		62			SOMANASSA	
							1—4	*6—9*	8					[cetasikâ-] sukha	
							11—14	*16—19*	8	44					
							21—24	*26—29*	8						
							31—34	*36—39*	8						
5—8									4						
11, 12									2						
	6, 7, 13								3					kâmâvacara-upekkhâ	
	15 - 17								3	24					
		5—8							4						
		13—16							4					UPEKKHÂ (negativ)	
		21—24							4				47		
			5	*10*	*15*				3						
						1—12			12	23				upekkh'-ekaggatâ	
							5, 10	*25, 30*	4						
							15, 20	*35, 40*	4						
		1—24							24					TATRA-MAJJHAT-TATÂ (positiv)	GEISTIG
			1 — 15						15				[59]		
TABELLE V						*1—12*			12						
							(1) — (8)		8						

63 + 3 + 55 = 121 cittâni.

III

VEDANÂ

(Tabelle V)

Sukha, im Sinne von physischem Wohlsein und dukkha, im Sinne von physischem Schmerz, treten nur in jeweils *einer* Bewußtseinsklasse auf (Tabelle V; I. B. 5 und 12), und zwar infolge körperlicher Berührung. *Domanassa* (Kummer) entsteht in den zwei mit Widerwillen (*paṭigha*) begleiteten Klassen unheilsamen Sinnenweltbewußtseins (I. A. 9 und 10), *somanassa* (Freude) in achtzehn Klassen des gleichen Bereiches, und zwar: in den vier ersten mit Begierde (*lobha*) verbundenen Klassen unheilsamen Sinnenweltbewußtseins (I. A. 1 bis 4); in zwölf Klassen des wurzelursachen-besitzenden, heilsam-schönen Sinnenweltbewußtseins (I. C. 1–4, 9–12, 17–20); in zwei Klassen nicht durch Wurzelursachen bedingten Bewußtseins, nämlich im prüfenden Bewußtsein (I. B. 14) und in dem der Entstehung ästhetischen Vergnügens (I. B. 18).

Sukha, im Sinne von Glücksempfinden (was hier als rein psychologischer Wert aufzufassen ist, nicht als ethischer; ob er zu einem solchen wird, hängt von der Einstellung des Meditierenden ab), erscheint in jeder der vier ersten Versenkungsstufen, d. h. in zwölf Klassen des Bewußtseins der Reinen Form (II. A. 1–4, B. 6–9, C. 11–14) und in den entsprechenden zweiunddreißig Klassen des überweltlichen Bewußtseins; also in vierundvierzig Klassen im ganzen.

Upekkhâ im Sinne von weder-wohligem-noch-schmerzlichem Empfinden (*adukhamasukha*), resultiert aus allen Sinneseindrücken mit Ausnahme der körperlichen Berührung, d. h. aus den diesbezüglichen zweimal vier Klassen des nicht von Wurzelursachen bedingten Sinnenweltbewußtseins (I. B. 1–4, 8–11). Als seelisch negativer Faktor, der Abwesenheit von Gemütsbewegungen kennzeichnet, tritt *upekkhâ* in vierundzwanzig Klassen des Sinnenweltbewußtseins auf und in Verbindung mit *ekaggatâ* in 23 Klassen des Versenkungsbewußtseins – sowohl in

Form- und Nichtformwelt, als auch im überweltlichen Bewußtsein –, im ganzen also in siebenundvierzig Klassen.

Als positiver, geistiger Faktor erscheint *upekkhâ* unter der Bezeichnung von *tatramajjhattatâ* in neunundfünfzig Bewußtseinsklassen, und zwar in den vierundzwanzig Klassen des heilsam-schönen [wurzelursachen-bedingten] Sinnenweltbewußtseins, in den fünfzehn Klassen des Bewußtseins der Reinen Form, in den zwölf Klassen des Nichtformweltbewußtseins und den acht großen Klassen des überweltlichen Bewußtseins. Der Bereich des negativen *upekkhâ* greift also zum Teil in das des positiven *tatramajjhattatâ* über, wie im Falle der Klassen 5–8, 13–16, 21–24 des wurzelursachen-besitzenden Sinnenweltbewußtseins (I. C.), der Klassen 5, 10 und 15 im Formweltbewußtsein, sämtlicher Klassen im Nichtformweltbewußtsein und der Klassen 5, 10, 15, 20, 25, 30, 35, 40 im überweltlichen Bewußtsein.

Wir kommen also zu dem Resultat, daß von 121 Bewußtseinsklassen fünfundfünfzig hedonisch indifferent, dreiundsechzig freudvoll und nur drei leidvoll sind. Die grundlegende Bedeutung dieser Tatsache in bezug auf die allgemeine Haltung des Buddhismus haben wir bereits im dritten Kapitel des dritten Hauptteils erwähnt.

IV

ASSOZIATIVES, REFLEXIVES UND INTUITIVES BEWUSSTSEIN

Aus der Tatsache, daß Wille (*cetanâ*), Einsgerichtetsein (*ekaggatâ*) und Aufmerksamkeit (*manasikâra*) allen 121 Klassen des Bewußtseins inhärent sind, geht hervor, daß die buddhistische Psychologie keineswegs eine erschöpfende Darstellung aller Bewußtseinsstadien und Kombinationen geben will, sondern nur eine bestimmte Art derselben darzustellen beabsichtigt, nämlich diejenigen, die für unsere Erkenntnis und die Beherrschung unseres Geistes wesentlich sind. Alle rein assoziativen oder unterbewußten Zustände, in denen diese drei Faktoren (oder auch nur einer von ihnen) abwesend sind, sind von dieser systematischen Übersicht ausgeschlossen.

Wenn man aber hieraus folgern wollte, daß sich die buddhistische Psychologie nur mit rein gedanklich-intellektuellen Bewußtseinsakten beschäftige, so beweist die Miteinbeziehung der Versenkungsstufen (im Bewußtsein der Reinen Form, der Nichtform und im überweltlichen Bewußtsein), daß auch diese Annahme nicht zutrifft. Nach Wegfall von Anregung und Erwägung, den Kennzeichen diskursiven Denkens – in welchem Sinne *vitakka* und *vicâra* gemeinhin gebraucht werden – bleibt nur mehr das unmittelbare Erlebnis des intuitiven Schauens.

Die herrschende Vorstellung, daß das Versenkungsbewußtsein (*jhâna*), infolge des Wegfalls der erwähnten Faktoren intellektueller Aktivität, ein rein passiver Zustand sei, wird durch einen Blick auf Tabellen III und IV widerlegt. Wir finden in sämtlichen Versenkungsstufen, ganz abgesehen von den allgemeinen positiven Faktoren, die jeder Bewußtseinsklasse eignen, Entschlußkraft (*adhimokkha*), Energie (viriya) und Verwirklichungswillen (in diesem Falle zur Verwirklichung des Zieles) (*chanda*).

Es ist überhaupt interessant, an Hand der Tabellen, entsprechend dem Vorhandensein oder Ausfall einzelner Bewußtseinsfaktoren, den positiven oder negativen Charakter gewisser Bewußtseinsklassen zu vergleichen. So fällt z. B. ohne weiteres in die Augen, daß die Bewußtseinsklassen überwiegend negativen oder passiven Charakters, die viele irrtümlicherweise in den Versenkungsstufen gesucht hätten, sich gerade innerhalb des alltäglichsten Sinnenweltbewußtseins befinden, und zwar in jener aus Sinneseindrücken resultierenden Gruppe (I. B). Abgesehen davon, daß überhaupt keine anderen als neutrale Faktoren in dieser Gruppe vorkommen, ist von letzteren Verwirklichungswille in keiner einzigen Klasse, Anstrengungen (*viriya*) nur in zweien (17 und 18) und Entschluß (*adhimokkha*) in Begleitung von diskursivem Denken (*vitakka-vicâra*) nur in acht (von 18) vorhanden. In zehn Klassen, nämlich denen des unmittelbaren Sinnenbewußtseins, sind auch die sekundären Bewußtseinsfaktoren ausgeschaltet, so daß nur die primären übrigbleiben.

Dieses unmittelbare Sinnenbewußtsein und das *intuitive* Versenkungsbewußtsein sind die beiden Extreme der hier behandelten Bewußtseinsskala – sie berühren sich in dem Faktum, daß beiden das diskursive (bzw. reflektive) Denken fehlt, indem die erstgenannte Gruppe noch nicht dazu gekommen ist, die letztgenannte Gruppe aber es schon wieder überwunden hat.

In der Mitte steht also das *Denkbewußtsein.* Während die beiden extremen Gruppen, trotz des einen Berührungspunktes sich gegenseitig ausschließen, greift das Denkbewußtsein in die anderen beiden Gruppen hinüber; in die des Sinnenbewußtseins in den erwähnten acht Klassen (6, 7, 13–18), in die des Versenkungsbewußtseins in den jeweils ersten beiden Stufen (d. h. 22 im ganzen: 1, 2, 6, 7, 11, 12 und 1, 2, 6, 7, 11, 12, 16, 17, 21, 22, 26, 27, 31, 32, 36, 37), die, wenn sie auch nicht in jedem Falle als intuitiv bezeichnet werden können, es doch wohl vielfach schon sind. Die Anfangsstadien der *jhânas* besitzen, auch wenn sie noch nicht rein intuitiv sind, zumindest intuitive Elemente, durch die sie sich von den reflektiven Zuständen des gewöhnlichen *Kâmaloka*-Bewußtseins unterscheiden.

Das reine Denkbewußtsein hat die Möglichkeit, heilsam oder unheilsam zu sein – hier scheidet sich Gut und Böse –, während das intuitive Bewußtsein die unheilsamen Faktoren ausschließt, weil es jenseits des Gegensatzpaares «Gut und Böse» steht, gleich dem Vollendeten, auf den diese Begriffe keine Anwendung mehr haben, da sein Handeln nicht mehr von der Illusion begrenzter Ichheit geleitet ist.

Das reine Sinnenbewußtsein hingegen steht *diesseits* von Gut und Böse, d. h. es ist noch nicht zu dieser Unterscheidung vorgedrungen, weil es noch ganz im Funktionellen befangen ist, sich noch nicht im Spiegel des reflektierenden, unterscheidenden, wertenden und wählenden Denkbewußtseins gesehen hat. Tiere und Kinder frühesten Alters stehen diesseits von Gut und Böse. Sobald aber die Tätigkeit des Denkens eingesetzt hat und wir uns selbst im Spiegel gegenüber getreten und zu «Individuen» geworden sind, die sich bewußt aus dem wogenden Hintergrunde universeller Lebenskräfte gelöst haben, gibt es kein Zurück mehr in die «Unschuld», sondern nur ein Weiterschreiten in der eingeschlagenen Richtung, ein Zuendegehen des eingeschlagenen Weges, denn «Leben» ist wie «Zeit», ein nichtumkehrbarer Prozeß und nur durch ein Zuendegehen des Weges können wir uns von seinem Zwange befreien. Alle religiösen Übungen, die ein Zurücksinken ins Unbewußte anstreben, sind nichts anderes als Betäubungsmittel, die uns unsere Leiden und Konflikte zwar vergessen lassen (und darum ein zeitweises Wohlsein vortäuschen), nicht aber zu ihrer Lösung, Überwindung, Befreiung beitragen. Wir müssen also den Weg des Denkens zuendegehen, wenn wir uns von ihm und seinen Konflikten befreien wollen und nicht auf halbem Wege stehen bleiben, wie es jene Pseudomystiker tun, die sich in Trancezustände hineinhypnotisieren oder sich an Paradoxen berauschen und auf diese Weise das Denken «überwunden» zu haben glauben, bevor sie auch nur den Versuch gemacht haben, mit ihm fertig zu werden, d. h. bis an seine Grenzen vorzudringen und somit einen Blick in jenen Bereich zu gewinnen, der jenseits dieser Grenzen liegt.

Im Denken erreichen wir die Peripherie unseres Wesens, wo die letzte Entscheidung fällt, die Wege sich scheiden: der Weg zu tieferer Bewußtheit, in der Universelles und Individuelles sich in größter Klarheit durchdringen und erfüllen – und der Weg der Vereinzelung, der Zersplitterung des Oberflächenbewußtseins, des intellektuellen Leerlaufs, der kein anderes Ende kennt, als das der Selbstaufhebung, der endgültigen Vernichtung. Darum ist Denken, wenn auch nicht Zweck und noch weniger Gipfel der Meditation, so doch ihr Ausgangspunkt; also dasjenige, ohne welches der Gipfel nicht erreicht werden kann, die conditio-sine-qua-non der Meditation, das richtunggebende Moment (Peripherie als notwendiger Durchgangspunkt).

Dieses direktive Moment ist von größter Bedeutung, denn es bestimmt die drei Formen des Bewußtseins: das Sinnenbewußtsein durch das Sinnesobjekt, das Denkbewußtsein durch das Denkobjekt, das intuitive Bewußtsein durch das Nachinnengerichtetsein. Es mag hier erwähnt sein, daß ein Denkobjekt nicht notwendigerweise ein «intellektuelles» Objekt, im Sinne eines abstrakten Begriffes oder dergleichen sein muß, sondern ebensowohl von einem Vorstellungsbild ausgehen kann, wie z. B.

von der Gestalt des Buddha, wie dies in den Ländern des Buddhismus mehr oder weniger der Brauch ist. «Denken» umfaßt also nicht nur begriffliches, sondern auch bildhaftes Denken und die (wie im Falle der Buddhagestalt) mit ihm verbundenen Emotionen der Ehrfurcht, der Hingabe, der Verehrung, der Dankbarkeit und dergleichen, die an sich schon richtunggebende Kräfte sind, ohne in irgendwelcher Weise einem folgerichtigen oder vernunftgemäßen Denkvorgang im Wege zu stehen.

Ebensowenig besteht ein Widerspruch zwischen bewußter Konzentration und Intuition, zwischen Gerichtetheit und Spontaneität, zwischen Gedankensammlung und Freiheit von aller Begrenztheit. Wir müssen unseren Geist zur Einheit bringen, bevor wir zum Erlebnis der Allheit vordringen können, so wie wir erst zur Individualität werden müssen, bevor wir unsere Universalität erfahren können. Wir müssen von einem unsteten, chaotisch bewegten Bewußtsein, das von Sinneneindrücken, Emotionen und äußeren Geschehnissen hin und hergeworfen wird, zu einem gerichteten, d. h. co-ordinierten oder harmonisierten Bewußtsein fortschreiten, das, auch wenn es nicht auf einen bestimmten Punkt oder ein fest umrissenes Objekt gerichtet ist, die Eigenschaft besitzt, alle Elemente seiner Wahrnehmung zu integrieren.

«Einsgerichtetsein» (*ekkaggatâ*) als grundlegendes Element der Meditation ist somit nicht eine Vergewaltigung des Geistes durch den Willen, der nicht nur das Objekt, sondern den Weg seiner Verfolgung vorherbestimmt und dadurch das spontane Wirken und die Freiheit des Geistes unterbindet, sondern ein Stimulus zur Vereinheitlichung und zum Zusammenwirken aller Bewußtseinskräfte unter Ausschluß alles dessen, was diesem Zusammenwirken im Wege stehen könnte: So wie der Fokus einer Linse als solcher nicht auf irgend etwas gerichtet ist, sondern nur die zerstreuten Strahlen der Sonne sammelt und vereint und so ein *vollständiges* Bild der Sonne in *einem* Punkt wiedererstehen läßt. Und dieser Punkt, obwohl er keine räumliche Ausdehnung besitzt, beeinträchtigt nicht die Unendlichkeit der Strahlen, die durch ihn gehen. Hier haben wir ein praktisches Beispiel für das Paradox, wie das Endliche (der Punkt) und das

Unendliche (der Strahl) vereint und co-existent werden können.

Das «Einsgerichtetsein» unseres Bewußtseins kann, wie der Brennpunkt einer Linse, ebensowohl dazu dienen, einen einzelnen Gegenstand in den Brennpunkt zu bringen als auch das Bewußtsein selbst in einen Zustand der Sammlung oder Konzentration zu bringen, nämlich durch Ausschluß jeglichen Sonderobjektes, durch ein Zurruhekommenlassen des Bewußtseins in sich selbst, ein Ruhen in der Wahrnehmung des eigenen Soseins. Um uns aber von der Vielfältigkeit der Sinneseindrücke zu befreien, ist es notwendig, unsere Aufmerksamkeit zunächst auf *ein* Objekt oder Thema zu richten, um dann, wenn es uns gelungen ist, alle inneren und äußeren Störungen auszuschalten, auch dieses Objekt fallen zu lassen – sofern es nicht von sich aus verschwindet und seinen Objektcharakter verliert in dem Augenblick, in dem der Meditierende mit ihm eins wird und der Zustand intuitiver Empfänglichkeit und Erlebnisfähigkeit erreicht ist, in dem wir nicht mehr an Formen und Objekte, Ziele und Absichten gefesselt sind.

Meditation (*bhâvanâ*) umfaßt im Buddhismus sowohl die präliminaren Stufen des Denkens, Reflektierens und Konzentrierens auf ein Objekt oder Thema (*parikamma-bhâvanâ*) wie die Erreichungszustände vollkommener Integrierung (*appanâ-bhâvanâ*) und intuitiver Wahrnehmung oder Schauung (*jhâna*). In diesem Zusammenhang dürfte es nicht unangebracht sein, auf gewisse parallele Gedankengänge hinzuweisen, die aus der meditativen Erfahrung des Mahâyâna-Buddhismus hervorgegangen sind.

Betreffs des «gerichteten» und des «ungerichteten» Bewußtseins gibt das *Mahâyâna-Śraddhotpâda-Śâstra* eine treffende Definition: «Der Geist (*manas*) hat zwei Tore, von denen seine Tätigkeiten ausgehen: das eine führt zur Verwirklichung der reinen Geistesnatur (*âlaya-vijñâna*), das andere zur Vielfältigkeit des Erscheinens und Verschwindens, des Lebens und Sterbens. Was aber ist die Natur des Geistes? Es ist die äußerste Klarheit und Einheit, die allumfassende Ganzheit, die Quintessenz der Wirklichkeit.» – Was zur Verwirklichung der reinen

Geistesnatur führt, ist das «gerichtete» oder harmonisierte Bewußtsein; was zur Vielfältigkeit, zur Differenzierung und Fragmentierung führt, ist das «ungerichtete», richtungslose, unkoordinierte Bewußtsein des wurzellos gewordenen, von der Tiefe getrennten Weltmenschen.

Nach dem *Laṅkâvatâra-Sûtra* besteht das Richten des Geistes auf seine eigene Quelle in einer inneren Umkehr im tiefsten Grunde des Bewußtseins, in einem Sichabwenden von aller bloß-begrifflichen Gedankentätigkeit, da es ja gerade die Rationalisierung und intellektuelle Sezierung ist, die uns tiefer in die Illusion einer außerhalb unserer bestehenden «Welt» hineinführt. Es handelt sich hier nicht um die Aufhebung der Sinnentätigkeit oder um Unterdrückung des Sinnenbewußtseins, sondern um eine neue Haltung ihnen gegenüber, die in der Aufhebung willkürlicher Unterscheidungen, Verhaftungen und Vorurteile besteht.

Wenn wir bei Gelegenheit des reinen Sinnenbewußtseins das Tier und das Kind frühesten Alters erwähnten, so sollte damit nicht gesagt sein, daß diese Bewußtseinsart schlechthin diejenige dieser beiden Lebensformen sei. Im allgemeinen wird das assoziative Bewußtsein vorherrschen, so wie es auch beim reifen Menschen eine größere Rolle spielt, als man meinen sollte. Aber diese Art ungerichteten und unabgegrenzten Bewußtseins konnte nicht der Gegenstand der buddhistischen Psychologie sein, da es weder für die theoretische Kenntnis noch für die Praxis der Geistesschulung, die das Hauptmotiv dieser Psychologie ist, irgendwelche Bedeutung hat. Die buddhistische Psychologie kann nur vom Gesichtspunkt dieses Motivs eingeschätzt und verstanden werden. Logik ist hier nur ein ordnendes Element, nicht aber ein führendes oder beweisendes.

Darum spielen auch Theorien nur eine untergeordnete Rolle und kommen nur insoweit in Betracht, als es sich um die Darstellungs*form* oder die Interpretierung gewisser schwer faßlicher Begriffe handelt. Der Ausgangspunkt ist jedoch immer die Erfahrung, und das aus ihr Gewonnene wird nur soweit dargestellt, als es zur religiösen Praxis in Beziehung steht. Wenn wir also hier und da auf Dinge stoßen, die uns unverständlich oder nicht einleuchtend erscheinen, so liegt es, wenn nicht sprachliche Schwierigkeiten vorliegen, daran, daß uns die entsprechende Erfahrung fehlt.

Darstellungsmittel und Bezugssysteme

Der empirische Standpunkt der buddhistischen Psychologie und Philosophie wird durch die besondere Art der Definition erhellt (die sogenannte *Kattusâdhana*-Definition), deren sie sich bedient und in der die Gegenstände der Definition durch ihre Funktionen und die aus ihnen resultierenden Beziehungen umschrieben werden. Wir sind daher berechtigt, den Buddhismus eine Philosophie der Beziehungen zu nennen, wofür solche grundlegenden Ideen wie *anicca* und *anattâ* typische Beispiele sind. Die *anicca*-Idee enthüllt den dynamischen Charakter der Welt, die *anattâ*-Idee, daß es nichts gibt, das beziehungslos in sich selbst beharrt, oder positiv ausgedrückt: daß alles zu allem in Beziehung steht.

Diese dynamisch-relativistische Einstellung, zu der Europa sich erst in der letzten Epoche seiner geistigen Entwicklung durchgerungen hat – nur mit dem Unterschied, gänzlich andere Konsequenzen daraus zu ziehen als der Buddhismus –, muß notwendigerweise in Funktionen und Relationen denken und kann sich nicht mit der spekulativen Gruppierung abstrakter Ideen begnügen, was bestenfalls zu einem sterilen Idealismus führen würde. Aus diesem Grunde ist eine tabellarische Darstellung des ganzen Systems von größter Wichtigkeit, denn nur auf diese Weise wird die Gesamtheit und Gleichzeitigkeit allseitiger Beziehungen sinnfällig und auch dem Außenstehenden leicht faßlich. Die Sprache, ihrer logisch-kausalen Struktur gemäß, ist an ein zeitliches Nacheinander gebunden und hinkt darum immer weit hinter der Wirklichkeit zurück, die außerdem noch ein Neben- und Ineinander, eine Gleichzeitigkeit vielfältiger Relationen kennt.

In den frühesten Zeiten des Buddhismus war eine solche Tabellarisierung noch nicht notwendig (und ebensowenig war dazu eine Gelegenheit, da die Kunst des Schreibens noch unbekannt war: die schriftliche Niederlegung des buddhistischen Kanons erfolgte etwa 400 Jahre nach dem *Parinabbâna* des Buddha), da das gesamte Geistesgut, das vom Buddha und seinen Jüngern überliefert worden war, systematisch memoriert wurde, so daß neben der lebendigen inneren auch die äußere Form zum geistigen Besitz wurde. Derjenige aber, dem die ganze Lehre und ihr systematischer Aufbau im Geiste gegenwärtig war, erlebte jenes gleichzeitige Neben- und Ineinander aller Beziehungen und Zusammenhänge. Von diesem Gesichtspunkt mögen die hier wiedergegebenen Tabellen einem ähnlichen Zweck dienen wie die im tantrischen Buddhismus gebräuchlichen *Yantras* oder Diagramme, die in Form geometrischer, im allgemeinen konzentrisch angeordneter Zeichnungen die für die Meditation wesentlichen geistigen Eigenschaften, ihre gegenseitigen Beziehungen und im meditativen Vorgang wirkenden Funktionen darstellen. So wie eine Landkarte dem Reisenden zur Orientierung dient, so dient das Yantra dem Meditierenden als Wegweiser auf dem inneren Pfad.

Als typisches Beispiel eines solchen *Yantra* sei hier der Grundriß des gewaltigen Terrassen-Stûpa von Borobudur auf Java genannt, der so wie viele ähnliche Monumente dieser Art in Tibet (wie z. B. der Kumbum in Gyantse), das stufenartige Aufsteigen des Meditierenden durch verschiedenartige geistige Erlebnisse und Bewußtseinsbereiche zur endgültigen Befreiung symbolisiert [2].

Bei der zunehmenden Vielfältigkeit und Verfeinerung meditativer Methoden, entwickelten sich diese abstrakt-geometrischen *Yantras* zu immer komplizierteren vielfarbigen *Maṇḍalas*, in denen geistige Qualitäten und Erlebnisse von der Starre scholastischer Begriffe befreit in die Form sichtbarer Symbole und Schaubilder verwandelt wurden. Nur diejenigen, die den Erlebnissen der Meditation teilhaftig geworden sind, können das

[2] Den Nachweis hierfür gab ich in einer früheren Studie, die als Monographie unter dem Titel «Some Aspects of Stûpa Symbolism» von Kitabistan, Allahabad & London, 1940, veröffentlicht wurde.

innere Wesen der aus der Meditationspraxis hervorgegangenen Symbole völlig erfassen. Ähnlich verhält es sich mit den Diagrammen und Tabellen, die sich aus der systematischen Betrachtung des *Abhidhamma* ergeben. Die in ihnen enthaltenen psychologischen und philosophischen Begriffe sind nichts anderes als Symbole eines in bestimmter Richtung liegenden Erlebens. Meditation ist das Alpha und Omega für das Verständnis dieser Materie.

Tabelle VI

HETU

I. KÂMÂVACARA CITTÂNI						II.	III.	IV.			
A. AKUSALA-CITTÂNI			B. AHE-TUKA	C. SAHETUKA		RUPÂ-VACA-RA-C.	ARÛPÂ-VACA-RA-C.	LOKUT-TARA-CITT.	KLASSEN		HETU
a. lobha	b. paṭigha	c. moha		ñâṇa-vippayut.	ñâṇa-sampayut.						
			1—18							18	a-hetuka	
		11, 12								2	eka-hetuka	moha
1—8									8	22	dvi-hetuka	lobha moha
	9, 10								2			dosa moha
				3, 4, 7, 8 *11, 12* *15, 16* *19, 20* *23, 24*					12			alobha adosa
					1, 2, 5, 6 *9, 10* *13, 14* *17, 18* *21, 22*				12	47	ti-hetuka	alobha, adosa, amoha
TABELLE VI						*1—15*	*1—12*	*(1)—(8)*	15 12 8			

71+18 = 89 cittâni

V

DIE SECHS WURZELURSACHEN (HETU)

1. Allgemeine Beobachtungen

Hetu haben wir mit «Wurzelursache» wiedergegeben, weil mit diesem Ausdruck jene psychischen Grundeinstellungen gekennzeichnet werden, welche die Wurzel aller moralisch entscheidenden Bewußtseins- oder Denk-Akte sind. Aber so, wie die Wurzel einer Pflanze abhängig ist vom Samenkorn, aus dem sie entstand, so ist *hetu* abhängig von Karma (*kamma-vipâka*). Der Ausdruck «Wurzelursache» ist also nur im erwähnten relativen Sinne, nicht aber als «ultima causa» zu verstehen, und wenn Karma und *hetu* in Gegenüberstellung gebracht würden, wäre letzteres im Verhältnis zu Karma als Bedingung oder Motiv zu bezeichnen.

Die drei positiven Wurzelursachen, Begierde (*lobha*), Haß (*dosa*) und Wahn (*moha*) – «positiv» mit Recht, da sie das Leitmotiv des Weltkonzertes bilden – sind nichts anderes als die dreifache Erscheinungsform von *avijjâ*, zu deren Überwindung das ganze Gebäude der buddhistischen Heilslehre geschaffen ist. Entsprechend dem überwältigenden Einfluß dieser positiven Wurzelursachen sind die drei sie aufhebenden negativen Gegenbegriffe, nämlich Begierdenlosigkeit (*alobha*), Haßlosigkeit (*adosa*) und Wahnlosigkeit (*amoha*), von höchster Bedeutung und erweisen sich vom Gesichtspunkte des Heilspfades aus, der eine Umwertung aller bisherigen Werte voraussetzt, als durchaus positiv. Daher finden wir *adosa* im Sinne von Sympathie, *amoha* im Sinne von Einsicht oder Wissen angewandt.

Diese Methode, durch negative Ausdrücke oder Definitionen positive Ziele und Ideen auszudrücken, zeigt den Wirklichkeitssinn des Buddhismus. Positive Begriffe sind da, um greifbar zu machen, d. h. zu begrenzen. Wirklichkeit aber kennt keine Grenzen, und wenn es das Ziel ist, ihr Gegenteil, das Nichtwissen, die Verblendung, aufzuheben, dann können nur negative

Begriffe zureichend sein. Etwas Paralleles ergibt sich für die Praxis. Es handelt sich nicht darum, positiv Neues, Niedagewesenes, nur in der Vorstellungskraft eines Idealisten Vorhandenes der Wirklichkeit entgegenzusetzen, sondern darum, die Hindernisse, die uns an der Erkenntnis der Wirklichkeit hindern, aus dem Wege zu räumen. Das mag denen, die nicht einsehen, was dadurch gewonnen werden kann, als eine rein negative Beschäftigung erscheinen. Aber alles wahrhaft Schöpferische ist nichts anderes als die Überwindung unserer Hemmungen, und Genie könnte man, wie Dahlke einmal formulierte, in gewissem Sinne als «erhaltene Unbefangenheit» charakterisieren. Der Weise, der Heilige und mehr noch der Erleuchtete, ist der Mensch, der alle Schranken in sich niedergerissen hat, aller Beschränktheit entledigt und darum selbst wirklich und wirkend – schlechthin schöpferisch geworden ist. Er selbst ist der vollkommenste Ausdruck seines Wirkens geworden und somit der sich selbst gestaltende und «entstaltende», der im Gestalten und Entstalten sich befreiende Mensch. Er wird zu einem lebendigen Brennpunkt der Wirklichkeit, der weit über seine individuellen Grenzen hinauswirkt. Während diejenigen, welche noch nicht diese Reinheit des Geistes erreicht haben, sich durch ihre eigenen Handlungen binden, befreit der Heilige sich selbst in seinem eigenen Werk.

Unter dem Gesichtspunkt der *hetus* können wir zwei an Umfang sehr verschiedene Gruppen von Bewußtseinsklassen unterscheiden: solche, die durch Wurzelursachen bedingt und solche, die von ihnen frei sind. Das durch Wurzelursachen bedingte Bewußtsein ist entweder dynamisch oder statisch. In ersterem Falle stellt es sich als wirkend dar, und zwar im heilsamen (*kusala*) oder unheilsamen (*akusala*) Sinne – im letzteren entweder als Ergebnis früheren Wirkens (nachwirkend, resultierend: *vipâka)* oder als karmisch nicht-wirkend (d. h. rein funktionell: *kriyâ*). Im Gegensatz zu den «wirkenden» Klassen, die stets heilsam oder unheilsam sind, erweisen sich die nachwirkenden und nichtwirkenden als in diesem Sinne neutral.

Die höchsten Bewußtseinszustände, d. h. die der erreichten Arahatschaft, gehören diesen neutralen und statischen Klassen an: der Heilige ist jenseits von Gut und Böse. Ganz abgesehen von der Relativität dieser Begriffe, deren Werte auf jeder Geistesstufe des buddhistischen Heilsweges wechseln, könnte man sagen, daß der eine der Ausfallswert des anderen sei und somit nach völliger Überwindung von *avijjâ* alle Gegensätzlichkeit aufgehoben ist. Die ausgeglichene und in diesem Sinne statische Natur höchster Geisteszustände wird auch darin bestätigt, daß ein Vollendeter als *asekha* oder Nichtmehrstrebender im Gegensatz zum *sekha*, dem Strebenden, bezeichnet wird.

Das, was bei allen anderen Menschen als ein Manko angesehen würde, gereicht dem Vollendeten zum Ehrentitel, und umgekehrt sind alle die Eigenschaften, die man bei anderen und überhaupt im gewöhnlichen Verstande als «gut» bezeichnen würde, für den Vollendeten die einzig mögliche Ausdrucksform. Es ist also nicht an dem, daß ein Vollendeter sich vollkommen passiv verhält und weder Gutes noch Böses tut, welches beides gleichermaßen in seiner Macht läge, und ebensowenig ist es an dem, daß er die «böse» Hälfte menschlicher Eigenschaften in sich ausgerottet hätte, wodurch nur die «gute» übriggeblieben wäre, die nun nur infolge der fehlenden Gegenkräfte nicht als «gut» gelten oder so benannt werden könnte. Nein, die Einstellung ist eine andere geworden, weil die gewohnten Vorurteile (*avijjâ*) gefallen sind, wodurch jene Hemmungserscheinungen, die im buddhistischen Sinne als «unheilsam» bezeichnet wurden, nicht mehr existieren.

Er ist also im wahrsten Sinne «heil», «ganz», «vollständig», in sich eins, d. h. gesund geworden. Er hat die Krankheit der Entzweiung überwunden, jener durch Ich-Täuschung verursachten Entzweiung, die im dauernden Zwiespalt mit der Wirklichkeit steht und die Ursache von «Gut» und «Böse» ist. Es handelt sich also nicht darum, irgend einer vitalen Eigenschaft zu entsagen, sondern um die Behebung einer Gleichgewichtsstörung bestehender Kräfte, durch deren Wiederausbalancierung nichts vernichtet und nichts hinzugeschaffen wird. Wie bei einer Waage, deren Schalen ungleichmäßig herabhängen, dieser Fehler, anstatt mit einer Ausgleichsbelastung der höherstehenden Schale, besser mit einer Neueinstellung des Waagebalkens durch

Verschiebung seines Schwerpunktes behoben wird, so kann die Disharmonie menschlicher Psyche durch Verlegung des Schwerpunktes aus dem «Ich» in das «Nicht-Ich» behoben werden.

Im Zusammenhang mit diesen Betrachtungen wird der Gebrauch der Ausdrücke «heilsam» und «unheilsam» für *kusala* und *akusala* ohne weiteres verständlich, weil «gut» und «böse» ebensowenig wie «moralisch» und «amoralisch» dem buddhistischen Standpunkt gerecht werden. Der Buddhist erkennt die Idee der Sünde ebensowenig an wie die Idee eines Gottes, der etwas verbietet oder befiehlt, wogegen man sündigen könnte; für ihn gibt es höchstens Irrtum, Nichtwissen, Verblendung, und jedes damit verbundene Denken und Handeln ist für den Urheber selbst am Unheilvollsten. Dementsprechend kann man die Wirkung einer Handlung oder eines Denkaktes nur als heilsam» oder «unheilsam» bezeichnen, entsprechend seiner Übereinstimmung oder Nichtübereinstimmung mit der Wirklichkeit, anders ausgedrückt: entsprechend seiner Erkenntnis (*vijjâ*) oder Nichterkenntnis (*avijjâ*) derselben.

Weder die Überwindung der Begierde noch des Hasses sind zur völligen Befreiung (*nibbhâna*) ausreichend. Die Überwindung der Begierde führt höchstens zur äußersten Genügsamkeit, zur Frugalität eines asketisch-primitiven Lebens; die Überwindung des Hasses zur Duldsamkeit oder im positiven Falle zur Nächstenliebe. Der Genügsame ist ebensowenig ein Vollendeter wie der Mitleidige, so hoch sie auch über dem Durchschnitt der Menschen stehen mögen. Erst die Erkenntnis, das Fallen der Illusion, der geistigen Beschränkung, das Über-den-Dingen-Stehen, gibt der Begierdenlosigkeit und Nächstenliebe ihren Sinn und macht diese Eigenschaften zu Attributen des Vollendeten.

So wie Begierde und Widerwillen (Haß) nichts weiter als die polaren Erscheinungsformen des Nichtwissens sind – die einander bedingen wie der positive und negative Pol eines Magneten, indem der eine anziehend, der andere abstoßend wirkt –, so sind Begierdenfreiheit und Sympathie der negative und positive Pol der Wahnüberwindung, die notwendige Auswirkung aufgehender Erkenntnis der Wirklichkeit, in der kein Platz für ein «Ich» und somit weder für Egoismus in begehrender noch gehässig-zurückstoßender Form ist.

2. *Verteilung der «hetus» innerhalb der 121 Klassen des Bewußtseins*

Die Gruppe der achtzehn Bewußtseinsklassen ohne Wurzelursachen (*ahetuka:* I. B. 1–18), die, wie wir gesehen haben, vorwiegend passiv-rezeptiven Charakter und nur neutrale Faktoren besitzt, verfügt über keine karmisch aktiven Klassen, sondern nur über nachwirkende und karmisch nichtwirkende Klassen. Von den nachwirkenden sind die ersten sieben das Resultat schlechten Karmas (d. h. schlechter in der Vergangenheit begangener Taten) und die übrigen acht das Resultat guten Karmas. Beide Resultate sind als solche moralisch neutral, insofern sie (wie aus ihren Faktoren ersichtlich) keinerlei Wirkung auf den Heilsweg ausüben können.

Von den durch Wurzelursachen bedingten (*sahetuka*) Bewußtseinsklassen werden zwei von nur *einer* [unheilsamen] Ursache bedingt (*eka-hetuka*), und zwar die zwei Wahnverwurzelten des unheilsamen Sinnenweltbewußtseins. Zweiundzwanzig Klassen werden durch *zwei* Wurzelursachen bedingt (*dvi-hetuka*): die acht begierdeverbundenen Klassen des unheilsamen Sinnenweltwandels, die durch Begierde und Wahn verursacht sind (Tabelle I. A. a. 1–8), die beiden nächstfolgenden (9–10), die durch Haß und Wahn bedingt sind, und die zwölf nicht mit Wissen verbundenen Klassen (I. C. 3, 4, 7, 8, 11, 12, 15, 16, 19, 20, 23, 24), die durch Begierdenlosigkeit und Haßlosigkeit (Sympathie) bedingt sind. Siebenundvierzig Klassen werden durch *drei* [heilsame] Wurzelursachen bedingt (*ti-hetuka*): die zwölf mit Wissen verbundenen Klassen der letzterwähnten Gruppe (I. C. 1, 2, 5, 6, 9, 10, 13, 14, 17, 18, 21, 22), sodann die fünfzehn der Formwelt (*rûpâvacara-cittâni*), die zwölf der Nichtformwelt (*arûpâvacara-cittâni*) und die acht überweltlichen (Tabelle IV: [1] bis [8]).

3. Die drei üblen Wurzelursachen

Von den drei Grundübeln (*lobha, dosa, moha*) werden nur Haß und Gier von den Faktoren des Versenkungsbewußtseins (*jhâna*) aufgehoben. Unwissenheit oder Verblendung (*moha*) werden nur in einer ihrer Formen zerstört (*uddhacca*). Dies weist auf die Tatsache hin, daß Versenkungszustände (und das gilt um so mehr von dem, was gewöhnlich unter «Trance» verstanden wird) nicht notwendigerweise mit Einsicht verbunden sind – und noch weniger mit jener völlig unvoreingenommenen Einsicht (*sammâ diṭṭhi*) in die Wirklichkeit – und wie wir aus der Aufzählung der sieben *jhâna*-Faktoren im siebenten Kapitel des *Abhidhammattha-Saṅgaha* erfahren, kann auch Kummer (*domanassa*) zu einer Begleiterscheinung des Versenkungsbewußtseins werden.

Auf Grund falscher Anwendung der Konzentration, wie dies bei falsch verstandener oder mißbrauchter Yogatechnik und in Folge falscher geistiger Voraussetzungen (Vorurteile, Kritiklosigkeit, Leichtgläubigkeit, Aberglauben, Ehrgeiz, Machtstreben) der Fall sein mag, können Versenkungszustände zu schmerzlichen Erfahrungen Anlaß geben. Zu diesen falschen geistigen Voraussetzungen müssen auch hypnotische und mediumistische Zustände gerechnet werden, in denen der in den Trancezustand Eintretende in die Zone des ungerichteten Bewußtseins zurückfällt und sich somit Kräften und Einflüssen öffnet, die außerhalb seiner Kontrolle liegen.

In der Aufzählung der Hemmungen (*nîvaraṇâni*) im obengenannten Kapitel des A. S. wird Unwissenheit (*avijjâ*) als sechste Hemmung erwähnt. Dic unerwartete Gegenwart von *domanassa* in der ersterwähnten Gruppe des gleichen Kapitels und der sonst nicht gebräuchliche Einschluß von *avijjâ* unter den Hemmungen ist kein bloßer Zufall, sondern weist auf einen inneren Zusammenhang hin, der auf die Bedeutung und Definition von *jhâna* in den kanonischen Texten Licht wirft.

Die Tatsache, daß diese Texte nur fünf Hemmungen erwähnen, zeigt, daß sie nicht von Versenkungs- oder Trance-Zuständen im allgemeinen sprechen, sondern von der in buddhistischen

Kreisen gepflegten Versenkung (*jhâna*), die *sammâ diṭṭhi* zur Voraussetzung hatte, also eine von keinen Vorurteilen getrübte Einsicht in die Wirklichkeit. Diese Haltung kann selbstverständlich nicht von Anfang an mit der völligen Vernichtung des Nichtwissens gleichgesetzt werden, sondern eher als ein Mittel, durch das die gröberen Formen der Unwissenheit zerstört werden – ein weiterer Grund, warum *avijjâ* nicht unter den überwundenen Hemmungen aufgezählt wurde.

Die Fähigkeit, die dieser partiellen oder graduellen Eliminierung des Nichtwissens entspricht, ist *saddhâ*, das wir als jenes innere Vertrauen oder Zutrauen, oder besser noch jene innere Zuversicht bezeichnen können, die sowohl aus einer intuitiven wie vernunftgemäßen (denn wahre Intuition und wahre Vernunft widersprechen sich nicht: sind sie doch nur verschiedene Wege oder Anschauungsmittel zur Erfassung der Wirklichkeit) Einsicht in die Wahrheit des *dhamma* entsteht und die im Laufe der Meditation, auf Grund tiefer und unmittelbarer Erfahrung, zu einem Zustand der Gewißheit und der Erkenntnis wird, in der auch die letzten Spuren der Verblendung ausgelöscht sind.

Tabelle VII

ÂLAMBANA

TABELLE VII

ALAMBANA

I. KÂMÂVACARA-CITTÂNI: A	I. B. AHETUKA			I. C. SAHETUKA			II. RÛPÂVACARA-CITTÂNI			III. ARÛPÂVACARA-CITTÂNI			IV. LOKUTTARA		
a b c	a (vipâka)	b (vipâka)	c	a	b	c	A	B	C	A	B	C	A. B.		
akusala	akus.	kus.	kriyâ	kus.	vipâka	kriyâ	kus.	vip.	kriyâ	kus.	vip.	kriyâ	magga / phala	Classes	
	1—7	*8—15*	*16, 18*		*9—16*									25	parittâlamban
1—12				*3, 4* *7, 8*		*19, 20* *23, 24*								20	lokuttara-vajjita- (sabbâlambaṇâni)
				1, 2 *5, 6*			*5*							5	arahatta magga-phala-vajjita- (sabbâlambaṇâni)
			17			*17, 18* *21, 22*			*15*					6	[sabbâlamb.] (sabbâlambaṇâni)
										2, 4	*6, 8*	*10, 12*		6	mahaggata- (alambaṇâni)
							1—5	*6—10*	*11—15*	*1, 3*	*5, 7*	*9, 11*		21	paññatti- (alambaṇâni)
													(1) — *(8)*	8	nibbâna- (alambaṇâni)

VI

DIE OBJEKTE DES BEWUSSTSEINS

1. Ihre Verteilung unter den 121 Bewußtseinsklassen

Eine Einteilung der Bewußtseinsklassen nach ihren Objekten ergibt drei Hauptgruppen:

1. Die fünfundzwanzig Klassen niederer oder geringerer (d. h. begrenzter) Objekte (*parittâlambaṇâni*), die alle Bewußtseinsklassen ohne Wurzelursachen (*ahetuka:* I. B. 1–15, 16, 18) mit Ausnahme der Geistestorwahrnehmung (I. B. 17) und die nachwirkenden Klassen des heilsamen wurzelursachenbedingten Bewußtseins (I. C. 9–16) umfaßt;

2. die einunddreißig Klassen mit verschiedengearteten Objekten (*sabbâlambaṇâni*);

3. die fünfunddreißig Klassen höherer oder erhabener (d. h. unbegrenzter) Objekte (*mahaggata-paññatti-nibbânâlambaṇâni*).

In der zweiten Hauptgruppe können sechs Klassen alle (*sabba*) Objekte haben ohne Ausnahme (1),

fünf Klassen alle außer denen der Heiligkeit, des Pfad- und des Frucht-Bewußtseins (*arahatta-magga-phala-vajjita-sabbâlambaṇâni*) (2),

und zwanzig Klassen alle Objekte außer den überweltlichen (*lokuttara-vajjita-sabbâlambaṇâni*) (3).

(1) Die erste dieser drei Untergruppen enthält ausschließlich karmisch nichtwirkende Klassen: die der Geisttorwahrnehmung (I. B. 17), die vier wissensverbundenen «großen» nichtwirkenden Klassen (I. C. 17, 18, 21, 22) und die fünfte Stufe des nichtwirkenden Formweltbewußtseins (II. C. 15).

(2) Die zweite Untergruppe umfaßt ausschließlich heilsam wirkende Klassen, und zwar die entsprechenden vier mit Wissen verbundenen «großen» (I. C. 1, 2, 5, 6) und die fünfte Stufe des heilsamen Formweltbewußtseins (II. A. 5).

(3) Die dritte Untergruppe besteht aus den zwölf unheilsamen (I. A. 1–12) und acht nicht mit Wissen verbundenen Klassen

des heilsam wirkenden und nichtwirkenden «großen» Bewußtseins (I. C. 3, 4, 7, 8 und 19, 20, 23, 24).

Was die dritte Hauptgruppe anbelangt, so werden in den fünfunddreißig Klassen höherer Objekte wiederum drei Untergruppen unterschieden:

1. Die Objekte der zweiten und vierten *arûpa-jhâna*-Stufe («Bewußtseinsunendlichkeit» und «Weder-Wahrnehmung-noch-Nicht-wahrnehmung») werden entwickelte (*mahaggata:* groß gewordene) genannt.

2. Die verbleibenden sechs Klassen der *arûpâvacara-cittâni*, nämlich die drei Klassen der «Raumunendlichkeit» und die drei Klassen der «Nichtetwasheit», sowohl wie die fünfzehn Klassen des Reiches der Reinen Form (also im ganzen 21) haben als ihre Objekte «intuitive» Vorstellungen oder Ideen (*paññattâlambaṇâni*).

3. Das Objekt der acht überweltlichen Klassen ist *Nibbâna.*

Die Unterscheidung der *arûpa*-Objekte in «intuitive» und «entwickelte» beruht darauf, daß Raumunendlichkeit und Nichtetwasheit unmittelbare Erlebnisse sind, während die folgenden zwei Stufen und ihre Objekte aus ihnen entwickelt oder abgeleitet werden. Das erste *arûpa*-Objekt ist die intuitiv vorgestellte Idee (*paññatti*) des Raumes (*âkâsa*), die weit über ein bloß begriffliches Denken hinausgeht. Das dritte *arûpa*-Objekt ist die in ähnlicher Weise zum Erlebnis gesteigerte Idee der Nichtetwasheit. Im zweiten und vierten *arûpa-jhâna* hingegen wird das Erlebnis der vorhergehenden Stufe zum Objekt des Bewußtseins. So hat die zweite Stufe die erste, die vierte Stufe die dritte zum Objekt.

Der Ausdruck *paññatti*, der oft als «Begriff» wiedergegeben wird, zeigt in diesem Zusammenhang, daß seine Bedeutung nicht auf logische Abstraktion beschränkt ist, sondern auch «Ideen» im Sinne geistiger Urformen oder «Bilder» («eidê») oder Symbole innerer Erfahrung mit einschließt. Dies wird auch durch die Tatsache belegt, daß das sichtbare Nachbild (*paṭibhâga-nimitta*) der *Kasiṇa*-Scheiben (die in gewissen Übungen als visuelle Konzentrationsobjekte zur Erreichung der *rûpa-jhânas* gebraucht werden) unter die *paññatti*-Objekte gezählt werden.

Es ist ja gerade der Unterschied zwischen dem gewöhnlichen diskursiven Denken und dem Versenkungsbewußtsein der *jhânas*, daß das erstere im Banne verbaler oder abstrakt-begrifflicher Erörterungen bleibt, ohne über die konventionelle Bedeutung der Worte hinauszugehen, während letzteres in der Verwandlung einer Idee oder eines Symboles zum Erlebnis, zur inneren Wirklichkeitsschau besteht.

Denken und Reflektieren (*vitakka-vicâra*) sind nur vorbereitende Faktoren im Anfangsstadium der Meditation, die verschwinden, nachdem sie ihrem Zweck gedient haben. Die Meditation schreitet somit vom reflexiven zum intuitiven Geisteszustand fort, der als «Ekstase», «Trance», «Verzückung», «Schauung» und dergleichen von den verschiedenen Übersetzern wiedergegeben wurde. Alle diese Ausdrücke haben eines gemeinsam, nämlich, daß sie einen Zustand andeuten, der die Überwindung begrifflichen Denkens voraussetzt, zugunsten eines die gewöhnlichen Sinne überschreitenden inneren Erlebens. Es ist ein Zustand unmittelbarer Erfassung eines Wirklichkeitsaspektes ohne den Umweg logischer Schlußfolgerungen, wie dies in dem Worte «Schauung» wohl am besten zum Ausdruck kommt.

2. *Bedeutung und Klassifizierung von Paññatti*

Paññatti im weiteren Sinne wird im *Abhidhammattha-Saṅgaha* (VII) als dasjenige erklärt, das durch Ausdrücke, Namen oder Symbole bekannt gemacht wird (*paññâpiyattâ*) und als das, was bekannt macht (*paññâpanato)*. Im ersteren Fall wird *paññatti* als *atthapaññatti*, der Sinn eines Symbols, die Idee oder Vorstellung, die damit verknüpft oder von ihm ausgedrückt wird, definiert. Im zweiten Falle erscheint es als *sadda-paññatti:* der Laut, das Zeichen oder der Name, durch den ein Objekt bekannt ist oder angezeigt wird. *Nâma-paññatti* und *attha-paññatti* bedingen einander wie Subjekt und Objekt. Sie sind logisch untrennbar und auf Grund ihrer Vielsinnigkeit nur im Zusammenhang mit ihren jeweiligen Beziehungen zu verstehen.

Die Position der *jhâna*-Objekte, die unter dem Terminus *paññatti* klassifiziert wurden, wird deutlicher werden, wenn wir einen Blick auf die sechs Kategorien von *attha-paññatti* werfen, die durch folgende Ideen repräsentiert werden:

1. Anorganische, materielle Formen, die von physikalischen Naturgesetzen abhängen. Beispiel: «Land», «Berg».

2. Organisierte materielle Formen, die von konstruktiver Intelligenz abhängen. Beispiele: «Haus», «Wagen».

3. Organische Formen, die von den fünf psycho-physischen Aggregaten (*pañca-khandha*) abhängen. Beispiele: «Mensch», «Individuum».

4. Immaterielle Formen des Raumes (*disâ:* Himmelrichtungen) und der Zeit (*kâla*), die vom Kreisen der Himmelskörper, wie zum Beispiel des Mondes, abhängen.

5. Immaterielle Formen räumlicher Qualität (*asamphuṭṭhâkâra:* unberührbar). Beispiele: «Grube», «Höhle».

6. Immaterielle Formen der Visualisierung, die von geistigen Übungen abhängen (*bhâvanâ:* Meditation). Beispiel: das Nachbild (*paṭibhâga-nimitta*) der *Kasiṇa*-Scheibe.

Paṭibhâga-nimitta ist der dritte Grad der *Kasiṇa*-Konzentration. Im Anfangsstadium (*parikamma-nimitta*) wird das Konzentrationsobjekt als ein äußerer Sinnenstimulus wahrgenommen, auf der zweiten Stufe (uggaha-nimitta) wird es geistig in allen seinen Teilen und Qualitäten reproduziert; auf der dritten Stufe erscheint ein transformierter oder vereinfachter Reflex des geistigen Bildes. Es ist bezweifelt worden, ob dieser Reflex oder das sogenannte «Nachbild» visualisiert werden kann, aber nach anderen Autoritäten wird dieses selbst im Falle solcher Übungen behauptet, die nicht von sichtbaren Objekten ausgehen, sondern beispielsweise von der Betrachtung und Vergegenwärtigung des Atems (*ânâpâna-sati*).

«Kommentatoren haben das Phänomen des *Ânâpâna-sati*-Nachbildes (*paṭibhâga-nimitta*) verglichen mit Sternenlicht, einem runden Juwel oder einer Perle, einer silbernen Gürtelkette, einer Blumengirlande, einem Lotus, einer Rauchsäule, einer ausgebreiteten Wolke, einem Wagenrad, dem Vollmond, der Sonne usw.: Die Anschauungsform des Phänomens hängt gänzlich von den Ideen und der Erkenntnisfähigkeit des Übenden ab: denn es ist die Erkenntnisfähigkeit, die zu diesen verschiedenartigen Erscheinungsformen des ,Nachbildes' Veranlassung gibt.» (Dr. Cassius A. Pereira: «*Anâpâna Sati*», S. 34.)

Nâma- oder *sadda-paññatti*, der Name oder das Wort, durch das ein Ding bekannt gemacht wird, wird ebenfalls in sechs Klassen eingeteilt, je nachdem ob ein Ausdruck etwas darstellt, welches

(a) existiert (*vijjamâna-paññatti*) oder

(b) nicht existiert (*avijjamâna-paññatti*); oder ob er

(b+a) etwas Nichtexistierendes durch etwas Existierendes darstellt; oder

(a+b) etwas Existierendes durch etwas Nichtexistierendes; oder

(a+a) etwas Existierendes durch etwas ebenfalls Existierendes; oder

(b+b) etwas Nichtexistierendes durch etwas, das ebenfalls nicht existiert.

Indem wir uns diese vielfältige Natur von *paññatti* gegenwärtig halten, sind wir imstande, die Position von *paññatti* in der allgemeinen Einteilung der Bewußtseins-Objekte (*dhammâlambaṇâni*) in drei Gruppen oder sechs Klassen zu verstehen:

I. zwei dem Körper zugehörige Klassen:

(1) die sensitiven körperlichen Qualitäten (*pasâda-rûpa*), nämlich Sinnesorgane und Sinnesobjekte;

(2) die subtilen körperlichen Qualitäten (*sukhuma-rûpa*), nämlich die Prinzipien der zwei Geschlechter, das vitale Prinzip, die zwei Medien der Verständigung (Sprache und Geste) (*viññatti*), das Prinzip des Raumes, das Prinzip der Materie (bzw. materieller Eigenschaften) und des Nahrungsprinzips in Nährstoffen [3];

II. zwei Klassen gehören

(3) dem Geist (*citta*) und

(4) seinen Funktionen (*cetasika*);

[3] Cfr. «*Yogâvacara Manual*», VII, 8; C. A. F. Rhys Davids «*Buddhist Psychology*», pp. 207 ff., 172 ff. (Shwe Zan Aung, «*Compendium*», p. 121).

III. und zwei sind mehr abstrakter Natur:
(5) *paññatti* und (6) *nibbâna.*

Während alle Objekte, die durch die Sinne wahrgenommen werden (*pañcâlambaṇâni*), in jedem Falle *gegenwärtige* Objekte sind (selbst ein vergangener Sinneseindruck kann nicht anders als gegenwärtig vorgestellt werden), sind *paññatti* und *nibbâna* zeitbefreite (*kâlavimutta*) Objekte. Die verbleibenden Klassen mentaler Objekte sind entweder gegenwärtige, vergangene oder zukünftige.

Die Zusammenordnung von *paññatti* und *nibbâna* ist ein weiterer Beleg dafür, daß *paññatti* sich nicht auf logische Abstraktionen und Begriffe beschränkt, sondern auch Schauungserlebnisse geistiger Urformen (Archetypen) oder Symbole umfaßt, also auch Objekte der Intuition oder der direkten inneren Erfahrung. Dafür spricht auch der Einschluß der Objekte des dritten Grades der Kasiṇa-Konzentration, die als *paṭibhâga-nimitta* bezeichnet werden. Die Natur dieser Objekte oder geistigen Reflexe erweist sich aus dem Charakter der von den Kommentatoren aufgezählten Symbole, die samt und sonders dem Yoga der psychischen Zentren (*cakra*) entnommen sind: «Sternenlicht», «rundes Juwel» und «Perle» entsprechen dem «flammenden Tropfen» (*bindu*), der potenziellen Kraft des konzentrierten Bewußtseins (oder Geistes), das von Stufe zu Stufe durch die psycho-physischen Zentren, die als verschiedenfarbige Lotosblüten, vielspeichige (oder vielstrahlige) Räder, Sonnen- oder Mondscheiben dargestellt werden. Hier liegt unzweifelhaft der Ursprung der *Kasiṇa*-Scheiben, die mit dem Verlorengehen der vorbuddhistischen Yoga-Tradition (deren Kenntnis und Ausübung der Buddha mehrfach bezeugt) zu einem mechanischen Mittel der Selbsthypnose herabsanken, einer Praxis, die gegen alle Prinzipien buddhistischen Geisteskultur geht, die auf Erweckung, Geistesklarheit und höhere Bewußtwerdung, nicht aber auf einen Rückfall ins Unbewußte oder Unterbewußte, in hypnotische Trancezustände oder dergleichen abzielt. Es ist kaum überzeugend anzunehmen, daß die Kasiṇa-Übungen in nichts anderem bestanden, als in der Betrachtung farbiger Scheiben, einem runden Stück Erde oder einer Schüssel voll

Wasser und ähnlicher materieller Objekte, zum Zwecke der Selbsthypnose, wie dies im heutigen Theravâda-Buddhismus allgemein angenommen wird (weshalb der Ausdruck *kasiṇa* allenthalben mit «hypnotic circles» wiedergegeben wird). Eine solche Methode widerspricht dem Ziel der buddhistischen Meditation, das nicht in einem Einschläfern der Sinne besteht, sondern in einem Zustand höherer Wachheit, in dem die Sinne gemeistert und transzendiert werden. Die *Kasiṇa*-Symbole müssen also eine tiefere Bedeutung haben als diejenige, welche ihnen die landläufige buddhistische Literatur beimißt, und da sowohl die Farben wie die Elemente der *kasiṇas* mit denen der psycho-physischen Bewußtseinszentren des menschlichen Körpers übereinstimmen, so liegt es näher, den Ursprung dieser Symbole hier zu suchen. Darauf weisen auch die Schaubilder der *paṭibhâga-nimittas* hin, die gänzlich ohne Sinn und Zusammenhang mit der bekannten buddhistischen Meditationspraxis stehen, aber durchaus mit der des Cakrasystems übereinstimmen. Die «silberne Gürtelkette» *iḍâ-nâḍî* entspricht, dem lunaren Kraftstrom im menschlichen Körper, die «Blumengirlande» dem solaren Kraftstrom vitaler Energie (*piṅgalâ-nâḍî*), die (emporsteigende) «Rauchsäule» der *suṣumṇâ*, die durch das Zentrum der Wirbelsäule emporsteigend die beiden Kraftströme vereint und sublimiert und so die Ganzheit des Menschen wiederherstellt [4].

[4] Näheres über das Cakra- und Nâḍî-System in meinem Buch «*Grundlagen tibetischer Mystik*»

Tabelle VIII

DAS PSYCHO-KOSMISCHE SYSTEM DES BUDDHISMUS

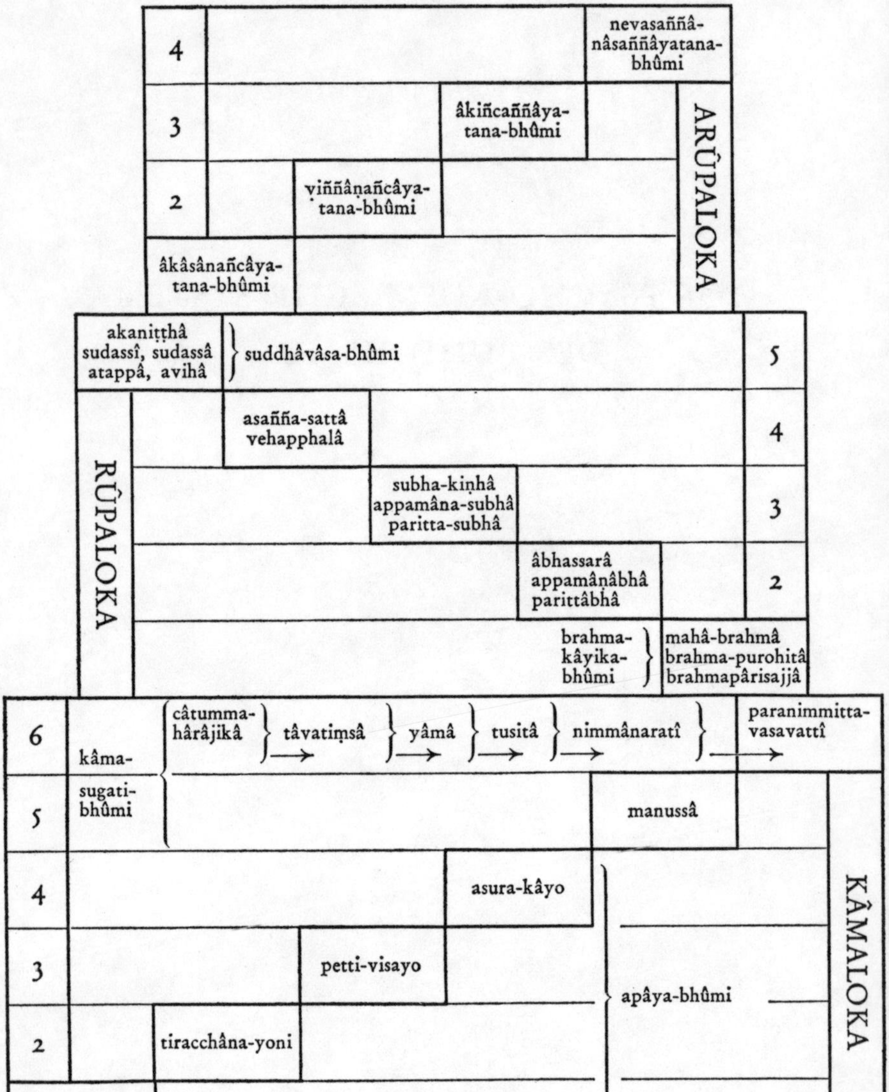
4
nevasaññâ-nâsaññâyatana-bhûmi
3
âkiñcaññâya-tana-bhûmi
2
viññâṇañcâya-tana-bhûmi
âkâsânañcâya-tana-bhûmi
ARÛPALOKA
akaniṭṭhâ
sudassî, sudassâ
atappâ, avihâ
suddhâvâsa-bhûmi
5
asañña-sattâ
vehapphalâ
4
subha-kiṇhâ
appamâna-subhâ
paritta-subhâ
3
âbhassarâ
appamâṇâbhâ
parittâbhâ
2
brahma-kâyika-bhûmi
mahâ-brahmâ
brahma-purohitâ
brahmapârisajjâ
RÛPALOKA
6
kâma-sugati-bhûmi
câtumma-hârâjikâ
tâvatiṃsâ
yâmâ
tusitâ
nimmânaratî
paranimmitta-vasavattî
5
manussâ
4
asura-kâyo
3
petti-visayo
2
tiracchâna-yoni
nirayo
apâya-bhûmi
KÂMALOKA

VII

DAS PSYCHO-KOSMISCHE SYSTEM DES BUDDHISMUS

Die einzige Welt, von der der Buddhist spricht, ist das bewußte Universum, das im Mikrokosmos des menschlichen Geistes erlebt werden kann und das durch die verschiedenen Lebensstufen repräsentiert und von unzähligen Arten von Lebewesen verwirklicht wird. Wenn wir von der Menschenwelt, der Tierwelt, der Pflanzenwelt und dergleichen sprechen, so denken wir nicht an verschiedene räumlich oder materiell verschiedene Welten, und dennoch wissen wir, daß wir von etwas sprechen, das ebenso wirklich oder vielleicht wirklicher ist als irgend ein materielles Objekt, das wir sehen und berühren können.

In gleicher Weise hat das buddhistische Universum mit Gegebenheiten zu tun, deren Wirklichkeit nicht von ihrer Materialität abhängt, sondern von ihrer psychologischen Wahrheit, von ihrer Erfahrungsmöglichkeit, ihrer Erfahrbarkeit. Alle Himmel und Höllen sind in uns selbst, als Möglichkeiten unseres Bewußtseins.

Die Pyramide (Seite 113), in der wir den Parallelismus zwischen den höheren Zuständen des Bewußtseins und den höheren Daseinsebenen demonstrieren, bildet nur den oberen Teil der Lebenspyramide, wie die buddhistische Psychologie sie auffaßt. Denn ebenso, wie es höhere und glücklichere Lebens- und Bewußtseinszustände gibt, als die des normalen Durchschnittsmenschen, in gleicher Weise gibt es auch untermenschliche Daseinszustände, in denen ungezügeltes Verlangen (*taṇhâ*) zu größerer Verknechtung und darum zu größeren Leidensmöglichkeiten Anlaß gibt.

Kâmaloka, der Bereich sinnlichen Verlangens, ist darum, entsprechend seinem Grade von Unfreiheit und Leiden, in sechs Daseinsebenen geteilt. Sie sind die folgenden Wesensbereiche:

(1) der Bereich des Leidens *par excellence* (*niraya*), dem Purgatorium christlicher Anschauung vergleichbar (nicht aber ewigen Höllen),

(2) das Tierreich (*tiracchâna-yoni*) [wörtl.: «der tierische Schoß»)
(3) das Schattenreich [von Wesen, deren Begierden größer sind, als die Möglichkeit ihrer Befriedigung] (*petti-visaya*);
(4) das Dämonenreich, der Bereich des Machtstrebens (*asura-kâya*);
(5) das Menschenreich (*manussâ*);
(6) die Ebenen höherer Wesen innerhalb der Sinnenwelt (*de-valoka*).

Die Übersetzung des Wortes *deva* mit «Gott» mag vom etymologischen Standpunkt berechtigt sein, verfehlt aber den Sinn. Die Idee eines Gottes oder von Göttern setzt zumindest übernatürliche Schöpferkräfte (wenn nicht gar einen Weltschöpfer) voraus und die Fähigkeit, die Geschicke der Menschen zu lenken. Man nimmt an, daß Götter unsterblich sind, Herren über Leben und Tod, die die Gebete ihrer Gläubigen erhören. Für den Buddhisten jedoch sind *devas*, wenn auch höhere, so doch sterbliche Wesen, die dem Gesetz von Ursache und Wirkung ebenso unterworfen sind wie alle anderen Lebewesen. Obwohl sie unter glücklicheren Bedingungen leben und mit höherem Bewußtsein begabt sind, haben sie keine Macht über den Menschen und sind an ihr eigenes Karma gebunden, das sie nach dem Erlöschen ihrer Verdienste wieder in die Menschenwelt zurückführt, da die Menschenwelt als der Ort der Entscheidung gilt, von wo allein die völlige Erlösung erworben werden kann. Deshalb gilt, trotz aller damit verbundenen Leiden, die Geburt in der Menschenwelt als die beste und die Geburt in himmlischen Welten nur als ein Aufschub, eine Art Moratorium. Der Buddhist zieht somit die unvermeidlichen Leiden des menschlichen Lebens der temporären Glückseligkeit himmlischer Welten vor und versucht, statt sich mit Jenseitshoffnungen zu vertrösten, die Gelegenheiten des menschlichen Lebens zur vollen Bewußtwerdung seiner wahren, die Ganzheit des Universums umfassenden Natur, aufs vollste zu nützen. Dies geschieht durch die Herstellung jenes nach innen gerichteten (auf die innere Mitte gerichteten) Bewußtseins, das uns am Abgleiten auf die vier untermenschlichen Ebenen, die als Stätten unglücklicher Wiedergeburten (*apâya-bhûmi*)[5] gelten, zu verhindern. Diese Stätten gelten als unglücklich, nicht nur wegen ihrer überwiegenden Leidhaftigkeit, sondern vor allem wegen ihres Mangels an Erkenntnisfähigkeit. Dies trifft nicht nur auf die Tierwelt zu, sondern auch auf den Bereich ungezügelter Machtgier dämonischer, d. h. zum Selbstzweck gewordener, vom Einklang mit dem Ganzen sich abspaltender Kräfte (wie sie sich z. B. im Krankheitsbild der Schizophrenie offenbaren), die nun als «Gegengötter» (*a-sura*) die Kräfte des Lichtes, die *suras* oder *devas*, bekämpfen. Während also die *asuras* Machtwesen sind ohne Licht, sind die *devas* Lichtwesen ohne Macht. Dies erklärt, warum letztere, obwohl sie nicht in menschliche Geschicke eingreifen können, dennoch als heilsam und segenbringend gelten: wer sich ihrer Lichtnatur öffnet, dem verhelfen sie zum Sehen dessen, was über den Bereich des Materiellen hinausliegt, so wie ein erfahrener Freund einem Minder-Erfahrenen ratend zur Seite stehen kann, oder wie ein Licht unseren Weg erleuchten kann: Gehen oder Handeln aber müssen wir selber. Die *devas* sind also eher jenen Genien der Antike zu vergleichen, die als Inspiratoren und Lichtbringer Dichtern und Denkern leuchtend zur Seite standen und so alles Schöpferische im Menschen förderten.

Wer aber dem Dämonischen sich öffnet, der verfällt dem blinden, das Licht ausschließenden Machttrieb asurischer Kräfte. Im Gegensatz zu den *asuras* sind die als *peta* (Sanskrit: *preta*) bezeichneten Wesen die machtlosen Schemen unerfüllter Begierden und Leidenschaften, die sich von neuem im Menschenreich zu verkörpern suchen, bis dahin aber nur ein schattenhaftes, unterbewußtes (und darum «gespenstisches») Dasein führen. Die Phänomene spiritistischer Sitzungen und des Mediumismus, die heutzutage wieder die gelehrte Welt beschäftigen, haben vielleicht einiges hiermit zu tun und weisen zumindest auf die Möglichkeit hin, daß wir es hier mit psychischen

[5] Im Gegensatz zu den «glücklichen Stätten der Sinnenwelt» *(kâma-sugati-bhûmi)* zu denen die Menschenwelt und die sechs niederen Ebenen des *deva-loka* gerechnet werden.

Abspaltungsprodukten zu tun haben, die sich des – fremden Einflüssen geöffneten und dadurch schutzlos gewordenen – Unterbewußten medialer Individuen bedienen. Wer diesen Schatten Einlaß gewährt und sie mit den lebendigen Kräften des eigenen Bewußtseins ernährt, steht in Gefahr von ihnen aufgesogen zu werden und seiner Denk- und Willensfreiheit verlustig zu gehen.

Im Bereich der Reinen Form (*rûpaloka*) sind die niederen Sinne, die mehr oder weniger von körperlichem Kontakt abhängig sind, wie der Tastsinn, der Geschmack und der Geruchssinn, nicht mehr vorhanden; nur die Eigenschaften des Denkens, Sehens und Hörens bleiben erhalten. Im Nichtform-Bereich verschwinden auch diese Differenzierungen.

In dem Maße, in dem die Zahl der äußeren Sinne abnimmt und ihre physischen Basen oder Organe (*vatthu*) [6] abnehmen, wächst die Intensität des Bewußtseins, d. h. seine Reinheit, seine Helligkeit, Klarheit und Leuchtkraft. Diese Idee kommt in den Namen der Wesensarten, die den Bereich der Reinen Form charakterisieren, deutlich zum Ausdruck: Wesen strahlenden Lichtes (*âbhassarâ*), von begrenzter oder grenzenloser Aura (*paritta-, appamâna-subhâ*), von begrenzter oder unendlicher Strahlung (*parittâbhâ, appamânâbhâ*), Wesen der reinen Gefilde (*suddhâvâsa-bhûmi*), die durch Schönheit und Klarblick ausgezeichnet sind.

Die Beschreibung der Ebenen des Nichtform-Bereiches stimmt mit der Definition der vier Stufen des Nichtform-Bewußtseins überein, wie wir bereits früher sahen. So erreicht die Tendenz zur Vereinheitlichung, die wir im Vorgang der individuellen Versenkung wie in der pyramidalen Struktur des buddhistischen Psychokosmos beobachten konnten, ihre höchste Stufe.

[6] Der Unterschied zwischen *vatthu* und *dvâra* ist, daß ersterer ein physiologischer, letzterer ein rein psychologischer Ausdruck ist. *Pañca-dvâra* stellt sozusagen die nach außen gewandte Seite des Bewußtseins dar, nämlich die nach den Sinnesorganen *(vatthu)* gewandte, *mano-dvâra* dagegen die nach innen gerichtete Seite, welche die Grenze zwischen dem Unterbewußten und dem Bewußten bildet: die Bewußtseinsschwelle. Sobald als der «Werdestrom» *(bhavaṅga-sota)* gehemmt wird und über seine Ufer steigt, tritt *mano-dvâra* in Aktion.

REGISTER

I.

EIGENNAMEN UND BUCHTITEL

II.

PALI TERMINOLOGIE

III.

SANSKRIT-TERMINOLOGIE

IV.

SACHREGISTER

Lama Anagarika Govinda

Die Dynamik des Geistes